希腊化和中世纪早期哲学经典集成

章雪富 主编

时间、恶与意志

问题汇编

[古罗马] 奥古斯丁 著

石敏敏 译

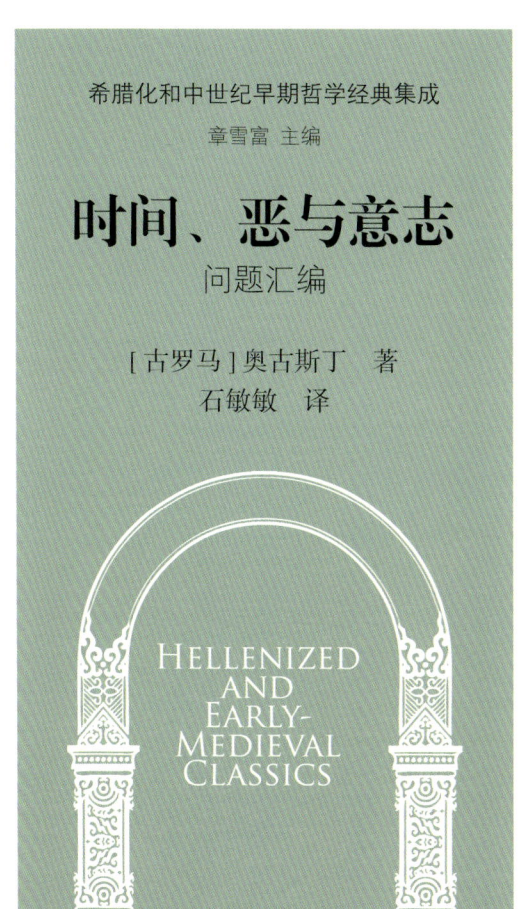

中国社会科学出版社

图书在版编目(CIP)数据

时间、恶与意志:问题汇编/(古罗马)奥古斯丁著;石敏敏译.—北京:中国社会科学出版社,2020.12(2022.4重印)
(希腊化和中世纪早期哲学经典集成)
ISBN 978-7-5203-7548-1

Ⅰ.①时… Ⅱ.①奥…②石… Ⅲ.①奥古斯丁(Augustine,Aurelius 354-430)—哲学思想 Ⅳ.①B503.1

中国版本图书馆 CIP 数据核字(2020)第 236237 号

出 版 人	赵剑英
责任编辑	冯春凤
责任校对	张爱华
责任印制	张雪娇

出　　版	中国社会科学出版社
社　　址	北京鼓楼西大街甲 158 号
邮　　编	100720
网　　址	http://www.csspw.cn
发 行 部	010-84083685
门 市 部	010-84029450
经　　销	新华书店及其他书店
印刷装订	北京君升印刷有限公司
版　　次	2020 年 12 月第 1 版
印　　次	2022 年 4 月第 2 次印刷
开　　本	650×960　1/16
印　　张	18.75
插　　页	2
字　　数	259 千字
定　　价	148.00 元

凡购买中国社会科学出版社图书,如有质量问题请与本社营销中心联系调换
电话:010-84083683
版权所有　侵权必究

敬献给我们亲爱的朋友
Evelyn Whitehead 和 James Whitehead
永远的怀念

目 录

总序 | 1

八十三个问题汇编 | 1

导论 | 3
订正录 I, 26 | 6
论题目录 | 15
八十三个问题 | 19

答辛普利奇的问题汇编 | 161

导论 | 163
订正录 II, 1 | 171
论圣徒的预定 4, 8 | 173
论坚毅的恩赐 20, 52; 21, 55 | 175
书信 37, 致辛普利奇 | 177
第一卷 | 179
第二卷 | 220

杜尔西提乌斯的八个问题 | 249

导论 | 251

订正录 Ⅱ, 65 | 255

八个问题 | 256

中译者后记 | 290

总　序

本卷包括三篇作品。这三篇作品中，第二篇的部分内容以第一篇的部分内容为基础，而第三篇又引用了第二篇的部分内容。有些主题也是共有的，尤其是第一篇与第二篇，第二篇与第三篇之间的共有。但是，希波的奥古斯丁的这三篇作品被纳入本丛书单独成卷（法文版丛书 Bibliotheque Augustinienne 将它们与 The Divinatio of Demons 放一起，单独成卷）的主要原因在于，它们都有大致相同的格式。每一篇都是由别人提出、奥古斯丁回答的问题汇编而成。就《八十三个问题汇编》来说，话题都是由奥古斯丁的修道同工提出，奥古斯丁给予回复，历时约七个年头。在另外两篇作品中，对象分别是辛普利奇（Simplician）和杜尔西提乌斯（Dulcitius），第二篇成书约在第一篇后三十年，两篇都是通过书信提出一些问题，都在较短时间内得到回复。奥古斯丁在这三篇作品中使用的问—答格式再次出现在他的 Questions on the Gospels 中。不过，这并不是奥古斯丁独有的风格。它的源头至少可以追溯到一世纪的斐洛（Philo）和普罗塔克（Plutarch），然后一直延续到四世纪后期的安波罗修（Ambrosiaster）和耶柔米（Jerome）。

《八十三个问题汇编》的全部话题从哲学到圣经解释学，有的讨论几页，有的只有几行，《答辛普利奇的问题汇编》和《杜尔西提乌斯的八个问题》都是专门的圣经话题，每个话题都有相当篇幅。《答辛普利奇的问题汇编》是三篇中最完整，也是最重要的，因为这个文献似乎已经显示出奥古斯丁思想中的一个重大变化，即关于神圣恩典在人的活动中的角色，可以说，他在这个领域作出了最大的神学贡献，促进西方思想的形成，直至今天。

不过，尽管《答辛普利奇的问题汇编》的重要性毋庸置疑，它与本卷收集的另外两篇都不属于奥古斯丁的第一层级作品，在奥古斯丁研究学术圈之外也并非众所周知。但是它们，尤其是前两篇，展现了奥古斯丁的早期思想，可以从中窥见他早期思想的发展：在《答辛普利奇的问题汇编》里，我们看到，对恩典比以往任何人（或许除了圣保罗之外）更加全面的理解逐渐形成，在《八十三个问题汇编》里，奥古斯丁从哲学视角到圣经视角的历史性转变渐渐地并非常清晰地完成了。在所有三篇作品中，我们看到各种至少困扰着奥古斯丁的某些同时代人的哲学和神学问题，也看到这样一个奥古斯丁，尽管回复要占用他大量时间，但是他对所有问题都很重视，对每个提问者都充分尊重。翻译《八十三个问题汇编》和《杜尔西提乌斯的八个问题》所用的拉丁文本出自 Corpus Christianorum, Series Latina 的评论版，volume 44A，由 Almut Mutzenbecher 编辑。

《答辛普利奇的问题汇编》所用拉丁文本源于同一丛书的 44 卷评论版，同样是 Mutzenbecher 博士编辑。附录材料，比如《订正录》的相关摘录，也是引自这两卷。Mutzenbecher 博士的导论，以及 Gustave Bardy、J. - A. Bechaert 在 Bibliotheque Augustinienne 1, 10 的导论和注释，对本卷的导论和注释提供了极大帮助。

奥古斯丁的这三篇作品的英译本极少。David L. Mosher 译了《八十三个问题汇编》，收于教会教父丛书第七卷（Washington：Catholic University of America Press, 1977）。他的导论和注释非常有益，特别是对说英语的人，有助于理解经文产生的困惑以及经文包含的哲学和神学内涵。至于《答辛普利奇的问题汇编》，只有第一卷被 John H. S. Burleigh 译成英文，收于 Augustine：Earlier Writings = Library of Christian

Classics 6（London：SCM Press，1953）376 – 406；第二卷没有英译本。最后，《杜尔西提乌斯的八个问题》由 Mary E. Deferrari 译成英文，收于 Fathers of the Church 16（New York：The Fathers of the Church，1952）423 – 466。

八十三个问题汇编

导论

本卷三篇作品的第一篇是最早也是最长的一篇。奥古斯丁在《订正录》I，26，1告诉我们，这是他于388年从意大利回到非洲，然后在塔迦斯特（Thagaste）建立一个团体，直到395年任希波主教期间收集的问答汇编。《订正录》相应部分提到，他的"弟兄们"就是提出问题让他给予回答的那些人，他们之所以提问是因为看到他有空余时间；我们可以很有把握地推测，这些人应该是奥古斯丁在塔迦斯特和希波建立的那些团体的成员，而不是一般的基督徒家庭的成员。

至于这八十三个问题和回答是否随机编排成书，然后简单地标上数字，"不论谁想翻阅，都可以轻松找到"，对此，奥古斯丁在《订正录》里并没有提到任何线索。然而，我们很难相信，他的修道院弟兄向奥古斯丁提出的问题完全就是现在看到的这个顺序，尽管从总体上看，话题的讨论顺序反映了他的写作过程所呈现的思想发展脉络——即，一开始专注于哲学研究，即使用于基督教的目标，也按照哲学自身的逻辑使用；然后渐渐转向对圣经逻辑的依赖，始终根据信心来解释。前半部分问题基本上致力于哲学—神学材料，后半部分基本上集中于圣经解释。不仅如此，这两大部分问题中，每一部分都有讨论相关话题的问题小群，比如第一部分中，问题三十三至三十五（讨论恐惧和爱），问题四十二至四十四（讨论道成肉身），第二部分中，问题六十一至六十五

（讨论约翰福音的经文），六十六至七十五（讨论保罗书信的经文）。构成这些小群的问题似乎因着它们的题目而串在一起。但是在某些例子中，放在一起的问题，从其题目看不出有什么关联。问题二十三（论圣父和圣子）与二十四（犯罪和正当行为是否归于意志的自由选择）就属于这一情形；不过，两者都提出分有的观念，尽管依据不同的上下文。

所以，在《八十三个问题汇编》（以下简称《汇编》）里还是有某种顺序的。① 只是，它远不能囊括所有问题。比如，一个涉及数字学的问题小群（五十五至五十七）紧跟着三个别类的问题，然后又跟一个显著的数字学问题。问题七十八，讨论《出埃及记》七至八章法老的魔法师所行的神迹，似乎应该放在问题五十三即论以色列人带走埃及人的金银这个问题后面更好。还有一些情形，原本可以采用某种明显的顺序，但出于某种原因没有采用，这样的例子可以轻易找到。

很显然，本《汇编》绝非完全随意排列，但它的顺序又不那么完整，正是这种不周全的顺序构成了该作品最大的奥秘。或许在奥古斯丁看来，一种不经意、未雕琢的布局才是与这个问题汇编相称的，因为其中有些属于他作为一个基督徒的最早期作品，并不代表他后来的成熟思想。或许这些问题中有许多对他来说不过是档案材料，他保存下来只是因为——就如他那著名的《订正录》所表明的——他精心保存他所写的几乎全部作品。②

然而，在奥古斯丁以问—答格式形成的作品中，本《汇编》并非

---

① 还有一点值得注意，本《汇编》里的问题有越往后越长的趋势，但并不表示这种趋势与作品的预定布局有什么关系。不过，问题四十二是所有问题中最短的一个，它恰好位于八十三个问题的正中间位置。
② 使本《汇编》的奥秘更显神秘的是奥古斯丁的追随者和传记作者波西底乌斯（Possidius）编撰的一篇书目作品。他的 Indiculus（书目）就是对奥古斯丁作品的目录编辑，目录中并没有提到该《汇编》本身，但是《汇编》里的论题分布于整个目录，归在各种不同的标题之下。关于 Indiculus 的文本参见 Miscellanea Agostiniana 2（Rome 1931）161 – 208。

唯一个似乎缺乏特定顺序的作品。他的《福音书问题集》(Questions on the Gospels)，写于《八十三个问题汇编》四五年之后，显然就是另一个例子。在该作品的前言中，奥古斯丁解释说，这是从他与一个学生对福音书的讨论中收集的问答集，他承认不曾想过要形成什么有顺序的作品。《问题集》分为两卷，第一卷讨论《马太福音》，第二卷讨论《路加福音》，除此之外，作品没有作任何系统化的处理。

本《汇编》里的问题常常给人便笺随记的感觉。短的那些问题确实是这样的——就它们的论题看，写成专著会使人更受益——寥寥数语，几笔带过，但是切入的视角都很独特。读者若是期待细致入微、全面详尽的讨论，就会对某些问题的论述大失所望，比如，问题十八（"论三位一体"）或者它后面的问题（"论上帝与受造之物"），这些问题的论题很宏大，但论及的内容很有限，这样的题目不免让人产生很大的误解。最后，有些题目，比如三位一体，圣经的创世故事，确实成为长篇大论的专著论题，但另一些题目，比如问题二十九关于是否有高于或低于宇宙的事物存在，却没有再涉及。有些问题可能曾是布道论题。比如问题六十四7里有一个表述似乎是针对听众的，如果不是布道书，这样的表述就没有意义。

似乎是为了强调这部作品无所不包的特点，奥古斯丁在本《汇编》中又一字不差地引入两个其他作家的问题。问题十二引自题为《净化心灵看见上帝》(On Purifying the Mind in order to See God)的作品，作者是迦太基的某位福泰乌斯（Fonteius）；问题三十一摘自西塞罗的《论修辞发明》(De inventione rhetorica)。据《订正录》所说，这两个问题都是奥古斯丁修道院的弟兄们所熟悉的，因为他早就向他们介绍过。弟兄们自己把它们收集起来并希望将它们收入奥古斯丁的作品集。

正文前面列出章目（capitula）属于手稿传统，或许也是《订正录》I, 26, 1所指的，因为奥古斯丁提到"标上章节数字"可以使读者轻松地找到想找的问题。

订正录 I，26

1. 我所写的作品中还有某个冗长的作品，但仍然算作一个独立著作，它的题目是《八十三个问题汇编》。这些问题散布在众多纸片上，因为从我最初皈依，然后来到非洲，我就随意将它们记下，就如弟兄们因看到我有空余时间，就随意向我提出问题。所以，当我做了主教之后，就吩咐把它们汇集起来，单独成册，并且标上章节数字，不论谁想翻阅，都可以轻松找到。

2. 第一个问题，灵魂是否独立存在。

第二，论自由决断。

第三，上帝是否人变恶的原因。

第四，人变恶的原因是什么。

第五，非理性动物是否可能有福。

第六，论恶。

第七，如何恰当称呼一个赋有灵魂的存在才里的灵魂。

第八，灵魂是否自动的。

第九，真理能否通过身体感官得知。在这个问题里，我说："凡是身体感官可接触的事物——其本身被称为可感的事物——都必然在时间中持续变化。"毫无疑问，复活后不朽的身体完全不是这样。但是目前我们的身体感官不可能接触这样的身体，或许某种类此事物可以通过神圣的方式启示出来。

第十，身体是否来自上帝。

第十一，为何基督出生于妇人。

第十二，某位智慧人的话。这不是我的话，但通过我的口让一些弟兄——他们后来非常认真地编辑书稿资料——知道了这段话，他们很喜欢它，希望把它编进我的作品集里。这段话出自《净化心灵看见上帝》，作者是迦太基的某位福泰乌斯，其实当他写作该作品时还是个异教徒，但去世前受洗成了基督徒。

第十三，何种证据表明人高于兽。

第十四，我们主耶稣基督的身体不是幻影。

第十五，论理智。

第十六，论圣子。

第十七，论上帝的知识。

第十八，论三位一体。

第十九，论上帝和造物界。

第二十，论上帝的处所。

第二十一，上帝是否恶的创造者。这里必须搞清楚，我所说的话是否会引起误解："一切存在之物的造主不是恶的造主，因为就它们存在而言，它们是善的"，这话是否会引发这样的想法，即恶人的遭受——对那些受到其惩罚的人来说确实是恶——不是来自于造主。其实我说这话就如同经上说"上帝不曾创造死"（智1：13），尽管另一处它又写道："死亡和生命皆来自耶和华上帝"（便11：14）。恶人的遭受对恶人来说诚然是恶，但它们来自于上帝，仍然属于上帝的良善作为，因为恶人受罚是公义的，凡是公义的就是真正善的。

第二十二，上帝不受制于需要。

第二十三，论父与子，其中我说道："他自身产生智慧，他是因产生智慧而被称为智慧者。"但后来我在一部讨论三位一体的著作里更好地处理了这个问题。

第二十四，是否犯罪与行义都出于意志的自由选择。回答是肯定的，这完全正确，但是人正是靠着上帝的恩典，才能自由地行正当之事。

第二十五，论基督的十架。

第二十六，论不同类别的罪。

第二十七，论神意。

第二十八，上帝为何想要创造世界。

第二十九，是否有什么在宇宙的上面或下面。

第三十，是否一切被造物都为人类之用而造。

第三十一，这个论题不是我自己的话，而是西塞罗的话。只是因为弟兄们也是从我之口知道这段话，所以就把它放在他们所收集的作品中，希望知道他如何区分并定义灵魂的德性。

第三十二，一个人是否能比另一人更好地理解既定之事，这种理解是否可能推向无限。

第三十三，论恐惧。

第三十四，是否除了无惧还应当爱另外的事物。

第三十五，应该爱什么。我并不完全赞同我在这个论题里所说的："拥有应该爱的事物，就是知道它。"因为那些人，就是经上有话对他们说："岂不知你们是上帝的殿，上帝的灵住在你们里头吗？"拥有上帝，但并不认识他，或者没有在应有的程度上认识他。另外，当我说"没有人知道幸福生活同时却是不幸的"时，我说"知道"，意指应该知道。因为人只要在这个问题上使用理性，怎么可能对此一无所知呢？事实上，他们知道自己渴望幸福。

第三十六，论培养仁爱，我在该论题中说："当人只爱上帝和灵魂，不爱任何别的事物时，把这种爱称为仁爱是恰当的，那是极为高洁、非常完全的爱。"果真如此，为何使徒说"从来没有人恨恶自己的身子"（弗 5：29），以此教导人要爱妻子？①

---

① 参见《以弗所书》五章 25，28 节。

第三十七，论那位永远已经出生者。

第三十八，论灵魂的形态。

第三十九，论食物。

第四十，既然灵魂的本性是一，为何人类有不同的意愿？

第四十一，既然上帝创造万物，他为何不把它们造成同等样式？

第四十二，主耶稣是上帝的智慧，① 他如何既在母亲的肚腹出生又在天上出生？

第四十三，为何神子以人的样式出现、圣灵以鸽子的样式出现？②

第四十四，主耶稣基督为何过了那么长时间才来？当我们讨论人类的年岁，把它比作个人的年龄时，我说："主——人模仿他就得以形成最卓越的生活方式——若不是在人的青年时期从天上下来，也是不合适的。"又说："在这一点上，使徒说的对：在律法之下我们就像孩子受家长管教。"③ 但是我们在另外地方说，基督于人类第六阶段到来，可以说是在人的老年阶段④，这就可能引起困惑。其实，在一处说到人的青年时期，是指充满活力的炽热信心，这信心藉着爱有功效，⑤ 而另一处说到老年，则指年龄的计算。两者都可以理解为整个人类，但不可能指个人的生命阶段。年轻和年老不可能同时存在于身体，但可以同时存在于灵魂——前者指活力，后者指庄重。

第四十五，反驳数学家。

第四十六，论理念。

第四十七，我们是否能够看见自己的思想。那里我说："我们必须相信天使的身体——我们希望拥有这样的身体——是非常轻盈而空灵

---

① 参见《哥林多前书》一章 24 节。
② 参见《马太福音》三章 16 节。
③ 参见《加拉太书》三章 23—24 节。
④ 参见问题六十四 2。
⑤ 参见《加拉太书》五章 6 节。

的。"如果认为这是指要除去我们现在所拥有的肢体或者除去实体，那这样的理解是错误的；即使是不朽坏的身体，也是实体。关于看见我们的思想这个问题在《论上帝之城》里有更好的讨论。①

第四十八，论可相信的事物。

第四十九，以色列子孙为何献可见形式的牺祭？

第五十，论子的同等性。

第五十一，论人是按着上帝的形像和样式造的。那里我说："没有生命就不能正确地（recte）称之为人。"那么人的尸体是否也可说是人呢？所以我至少应该说"不能恰当地"（proprie）称为人，而不是说"不能正确地"称为人。我还说："这种区别并非没有益处——上帝的形像和样式……是一回事，按着上帝的形像和样式造，如我们所理解的人类是这样造的，② 是另一回事。"这话不能理解为人（homo）不是上帝的形像，因为使徒说"男人（vir）本不该蒙着头，因为他是上帝的形像和荣耀"（林前 11：7）。但他还是"按着上帝的形像造的"，而［上帝的］独生子不是这样，他就是形像，却不是"按着形像造的"。

第五十二，论经上所说的："我后悔造人了"（创 6：7）。

第五十三，论以色列人从埃及带走的金银。③

第五十四，论经上的话"我亲近上帝是与我有益"（诗 73：28）。那里我说："优于所有灵魂的，我们称为上帝。"我应该说"优于一切被造之灵的"。

第五十五，论经上的话："有六十王后，六十妃嫔，并有无数的童女"（雅 6：8）。

第五十六，论建立圣殿的四十六年。④

---

① 参见二十二，29。
② 参见《创世记》一章 26 节。
③ 参见《出埃及记》三章 22 节；十一章 2 节；十二章 35—36 节。
④ 参见《约翰福音》二章 20 节。

第五十七，论一百五十三条鱼。①

第五十八，论施洗约翰。

第五十九，论十童女。②

第六十，论经上的话"那日子，那时辰，没有人知道，连天上的使者也不知道，子也不知道，惟独父知道"（太24：36）。

第六十一，论福音书上写的：主在山上用五个饼喂饱众人。③ 其中我有说到"两条鱼……似乎是指用来管理百姓的两种职分，即王权和祭司职分……最圣洁的油膏也属于它们"。这里我应该用"尤其属于"，因为我们读到先知有时候也被油膏。④ 我还说："路加认为基督这位祭司洗去我们的罪之后上升，所以按照升序经拿单到大卫，因为拿单是先知，被派去指责大卫，大卫悔改后得以去除自己的罪。"这里不要把先知拿单当作大卫的儿子拿单，因为这里不是说大卫的儿子被派去作先知，而是说"拿单是先知，被派去"。因此这奥秘不是指向同一个人，而是指向同一个名字。

第六十二，论福音书写的："耶稣施洗比约翰还多，其实不是耶稣亲自施洗，乃是他的门徒施洗。"（约4：1—2）那里我说："那个盗贼——经上有话对他说'我实在告诉你，今日你要同我在乐园里了'（路23：43）——他不曾受洗。"事实上我们发现，圣教会的其他教师在我们之前也在他们的作品中谈到这点。但我不知道可以通过什么证据充分表明那个盗贼未曾受洗。这个问题在我们后来的作品中已经有仔细讨论，尤其是在对文凯提乌·维克多（Vincentius Victor）谈到灵魂起源的作品中。⑤

---

① 参见《约翰福音》二十一章6—11节。
② 参见《马太福音》二十五章1—13节。
③ 参见《约翰福音》六章3—13节。
④ 参见比如《列王记上》十九章16节。
⑤ 参见《灵魂及其起源》I, 9, 11; Ⅲ, 9, 12。

第六十三，论道。

第六十四，论撒马利亚妇人。①

第六十五，论拉撒路的复活。②

第六十六，论经上所写的："弟兄们，我现在对明白律法的人说：你们岂不晓得律法管人是在活着的时候吗？"（罗7：1）一直到"也必藉着住在你们心里的圣灵，使你们必死的身体又活过来"（罗8：11）。对于使徒所说的"我们原晓得律法是属乎灵的，但我是属乎肉体的"（罗14），我试图这样解释："也就是说，由于我还没有藉着属灵的恩典得释放。"这话不能理解为，一个已经生活在恩典之下的属灵之人就可以不说这样的话，以及其余指向他自己的话，一直到"我真是苦啊！谁能救我脱离这取死的身体呢？"（罗7：24）我后来也教导这一点，如我前面所承认的。③ 另外，在解释使徒说的"身体就因罪而死"（罗8：10）时，我说："只要身体因缺乏某种暂时之物而搅扰灵魂……就可以说它是死的。"但是后来我觉得更确切的说法是，说身体是死的，乃因为它已经处于死的必然性之下，而犯罪之前并非如此。

第六十七，论经上所写的"我想，现在的苦楚若比起将来要显于我们的荣耀，就不足介意了"（罗8：18）直到"我们得救是在乎盼望"（罗8：24）。当我解释"受造之物仍然指望脱离败坏的辖制，得享上帝儿女自由的荣耀"（罗8：21）时，我说："'受造之物自己也'（罗8：21）——即人类自身，一旦因罪失去形像，唯有剩下受造之物。"这话不能理解为人类完全失去了曾经拥有的上帝形像。因为假若他们完全没有失去任何东西，经上说到的以下情形就不可能存在："只要心意更新而变化"（罗12：2）；"变成主的形状"（林后3：18）。但是如果他们完全失去形像，那就不再有任何东西留存，圣经也不可能

---

① 参见《约翰福音》四章5—29节。
② 参见《约翰福音》十一章17—44节。
③ 参见《订正录》I，23，2。

说:"世人行动实系幻影;他们忙乱,真是枉然"(诗39:6)。我还说:"最高天使按灵生活,最低天使按魂生活",关于最低天使按魂生活的话说得过于草率,既没有圣经证据,也没有事实本身的证明,即使可能是事实,要证明也极其困难。

第六十八,论经上的话"你这个人哪,你是谁,竟敢向上帝强嘴呢"(罗9:20)。其中我有话说:"因为即使犯有轻罪或者甚至某些重罪的人,凭着大大的叹息和苦苦的忏悔,仍得上帝的怜悯,这也不是归功于人——他若被抛弃,就会毁灭——而是归功于发怜悯的上帝,是上帝前来帮助他,听他的恳求,解他的困忧。一方面,若不是上帝发怜悯,仅凭意愿无济于事;另一方面,若没有意愿先行表明,叫人得平安的上帝也不会发怜悯。"这适用于悔改之后的阶段。因为如果上帝的怜悯不是在意愿之前,主就不会预备意愿。与怜悯相关的是呼召本身,它也先于信心。稍后谈到这一点我说:"这样的呼召——总是发生在恰当的时机,不论是个人的,是民族的,还是整个人类的——是某个伟大而深奥计划的一部分。经上为何会有这样的话:'你未出母胎,我已分别你为圣'"(耶1:5);"当你还在你父亲身中,我已看见你";"雅各是我所爱的,以扫是我所恶的"(罗9:13),如此等等。但是我不知道怎么会记得有"当你还在你父亲身中,我已看见你"这样的经文。

第六十九,论经上所写:"那时,子也要自己服那叫万物服他的"(林前15:28)。

第七十,论使徒所说:"死被得胜吞灭……死啊,你得胜的权势在哪里?死啊,你的毒钩在哪里?死的毒钩就是罪,罪的权势就是律法。"(林前15:54—56)

第七十一,论经上写的"你们各人的重担要互相担当,如此,就完全了基督的律法。"(加6:2)。

第七十二,论永恒的时间。

第七十三,论经上所写"成为人的样式"(腓2:7)。

第七十四，论保罗《歌罗西书》里写的"我们在爱子里得蒙救赎，罪过得以赦免。爱子是那不能看见之神的像"（歌1：14—15）。

第七十五，论上帝的产业。

第七十六，论使徒雅各所说："虚浮的人哪，你愿意知道没有行为的信心是死的吗?"（雅2：20）

第七十七，论惧怕是否一种罪。

第七十八，论形像之美。

第七十九，为何法老的魔法师像上帝的仆人摩西一样行某些神迹？

第八十，驳阿波利那流主义者

第八十一，论四十和五十。

第八十二，论经文"因为主所爱的，他必管教，又鞭打凡所收纳的儿子"（希12：6）。

第八十三，论婚姻，主说："凡休妻的，若不是为淫乱的缘故"（太5：32）。

该作品这样开头"灵魂是否独立存在"。

| 论题目录 |

一、灵魂是否独立存在

二、论自由决断

三、上帝是否人变恶的原因

四、人变恶的原因是什么

五、非理性动物是否可能有福

六、论恶

七、如何恰当地称呼一个赋有灵魂的存在者里的灵魂

八、灵魂是否自动的

九、真理能否通过身体感官得知

十、身体是否来自上帝

十一、为何基督出生于妇人

十二、某位智慧人的话

十三、何种证据表明人高于兽

十四、我们主耶稣基督的身体不是幻影

十五、论理智

十六、论圣子

十七、论上帝的知识

十八、论三位一体

十九、论上帝和造物界

二十、论上帝的处所

二十一、上帝是否恶的创造者

二十二、上帝不受制于必须

二十三、论父与子

二十四、是否犯罪与行义都出于意志的自由选择

二十五、论基督的十架

二十六、论不同类别的罪

二十七、论神意

二十八、上帝为何想要创造世界

二十九、是否有什么在宇宙的上面或下面

三十、是否一切被造物都为人类之用而造

三十一、某位名人的话

三十二、一个人是否能比另一人更好地理解既定之事，这种理解是否可能推向无限。

三十三、论恐惧

三十四、是否除了无惧还应当爱另外的事物

三十五、应该爱什么

三十六、论培养仁爱

三十七、论那位永远已经出生者

三十八、论灵魂的形态

三十九、论食物

四十、既然灵魂的本性是一，为何人类有不同的意愿？

四十一、既然上帝创造万物，他为何不把它们造成同等样式？

四十二、主耶稣是上帝的智慧，他如何既在母亲的肚腹出生又在天上出生？

四十三、为何神子以人的样式出现、圣灵以鸽子的样式出现？

四十四、主耶稣基督为何不是在人犯罪之初就来，而是过了那么长

时间才来？

四十五、反驳数学家

四十六、论理念

四十七、我们是否能以某种方式看见自己的思想

四十八、论可相信的事物

四十九、以色列子孙为何献可见形式的牲祭

五十、论子的同等性

五十一、论人是按着上帝的形像和样式造的

五十二、论经上所说的:"我后悔造人了"

五十三、论以色列人从埃及带走的金银。

五十四、论经上的话"我亲近上帝是与我有益"

五十五、论经上的话:"有六十王后,六十妃嫔,并有无数的童女"

五十六、论建立圣殿的四十六年

五十七、论一百五十三条鱼

五十八、论施洗约翰

五十九、论十童女

六十、论经上的话"那日子,那时辰,没有人知道,连天上的使者也不知道,子也不知道,惟独父知道"

六十一、论福音书上写的:主在山上用五个饼喂饱众人

六十二、论福音书写的:"耶稣施洗比约翰还多,其实不是耶稣亲自施洗,乃是他的门徒施洗"

六十三、论道

六十四、论撒马利亚妇人

六十五、论拉撒路的复活

六十六、论经上所写的:"弟兄们,我现在对明白律法的人说:你们岂不晓得律法管人是在活着的时候吗?"一直到"也必藉着住在你们

心里的圣灵，使你们必死的身体又活过来"

六十七、论经上所写的"我想，现在的苦楚若比起将来要显于我们的荣耀，就不足介意了"直到"我们得救是在乎盼望"

六十八、论经上的话"你这个人哪，你是谁，竟敢向上帝强嘴呢"

六十九、论经上所写："那时，子也要自己服那叫万物服他的"

七十、论使徒所说："死被得胜吞灭……死啊，你得胜的权势在哪里？死啊，你的毒钩在哪里？死的毒钩就是罪，罪的权势就是律法"

七十一、论经上写的"你们各人的重担要互相担当，如此，就完全了基督的律法"

七十二、论永恒的时间

七十三、论经上所写"成为人的样式"

七十四、论保罗《歌罗西书》里写的"我们在爱子里得蒙救赎，罪过得以赦免。爱子是那不能看见之神的像"

七十五、论上帝的产业

七十六、论使徒雅各所说："虚浮的人哪，你愿意知道没有行为的信心是死的吗？"

七十七、论惧怕是否一种罪

七十八、论形像之美

七十九、为何法老的魔法师像上帝的仆人摩西一样行某些神迹

八十、驳阿波利那流主义者

八十一、论四十和五十

八十二、论经文"因为主所爱的，他必管教，又鞭打凡所收纳的儿子"

八十三、论婚姻

八十三个问题

一　灵魂是否独立存在

任何真实的事物之所以真实乃是因为真理（veritate），① 每个灵魂之所以是灵魂在于它是一个真实的灵魂。所以，每个灵魂依赖于真理，藉着真理它才能作为灵魂存在。但是灵魂是一回事，真理是另一回事，因为真理绝不容忍错误，而灵魂常常会犯错。这样说来，既然灵魂依赖于真理，它就不是独立自存的。而上帝就是真理。因此，灵魂只有以上帝作为它的造主才可能存在。

二　论自由决断②

凡是生成的，没有一样能与生成它的事物同等；否则，公义（iustitia）——即属于各人的东西应归于各人——就必然会从世间消失。③ 因此，当上帝创造人类时，虽然已经把它造得最好，却没有造成他自己所是的样子。而一个人"意愿"成为好人，好过一个人不得不成为好人。所以，必须把自由意志赐给人类。

---

① 奥古斯丁这里区分"真实的"（verum）和"真理"（veritas），就如在问题二十三里区分了贞洁的与贞洁，永恒的与永恒，善的与善，等等。真实的依赖于真理，而真理本身不依赖于任何事物。见《独语录》I, 15, 27 奥古斯丁首次使用这种区分。
② 奥古斯丁在题为《论自由意志》的作品里专门讨论这个问题。
③ 这里的推论是这样的：由于公义只能在不等同的情形中实施，因此同等——在这里就是创造主与他的造物即人之间的同等——就会取消公义的必要性。

三　上帝是否人变恶的原因①

人变恶不可能是由于某个智慧人的原因。因为那并不是小罪，简直就是大罪；这样的事无论如何不可能发生在任何有智慧的人身上。而上帝比所有智慧人更卓越，所以，人变恶就更不可能是出于上帝的原因。当我们谈到出于某某的原因时，我们指的就是出于他的意志。而上帝的意志卓越无比，高于任何一个智慧人。因此，正是由于人的意志里存在某种缺陷（vitium），他才变恶。既然理性教导我们，这种缺陷与上帝的意志是格格不入的，那么我们必须寻问，它源于何处。

四　人变恶的原因是什么

人之所以变恶，究其原因，或者在它自身之中，或者在另外事物之中，或者在虚无（nihil）中。如果原因在虚无中，那就没有原因。或者"在虚无中"这话可作如此理解，即人类从虚无中被造，或者从被造于虚无的事物中造出来，那么原因仍在虚无中，因为可以说，虚无就是它的质料。如果原因在另外事物之中，我们就必须考察，它是在上帝之中，还是在另外某个人之中，或者在既不是上帝也不是人的事物之中。很显然，它不在上帝之中，因为上帝是善的原因。如果它在人类中，那它或者出于强力，或者由于劝说。可以肯定，它不是出于强力，否则，这种力量就会比上帝更强大。事实上，上帝已经把人造得无比美好，只要他愿意保持这份美好，就没有任何事物能阻挡他。如果我们承认人堕落是出于另一人的劝说，那我们必须考察这劝说者本人是因何堕落的，

---

① 这里以及下一个问题里的"恶"，拉丁文是 deterior，这是个比较级，意为"更恶"。不过，译为"更恶"在这里显然不合适。Mosher 把这个问题译为"上帝是否为人的败坏负责？"对第四个问题中的"恶"，他也译为"败坏"。关于这两个问题的论证，奥古斯丁在《论自由意志》第一卷中有详尽论述。找到恶的原因在于人的意志，这是奥古斯丁走向皈依的重要台阶之一。见《忏悔录》VII，3.4—5。

因为这样的劝说者必定也是堕落的。最后剩下的好像是个死胡同，即原因既不在上帝也不在人类。即使是这种情形，不论它是什么，也仍然可分为强力和劝说。关于强力的问题上面已经回答。就劝说而言，因为劝说不能强迫不愿意的，所以堕落的原因还得追溯到堕落者的意愿，不论他是否被另外的人说服而堕落。

五　非理性的动物是否可能有福①

缺乏理性的动物没有知识。而没有知识，动物就不可能有福。因此，缺乏理性的动物不可能有福。

六　论恶

一切存在的事物或者是有形的，或者是无形的。有形者保存在可感知的形式（species）中，无形者保存在可理知的形式中。因此，凡是存在的，没有哪个能离开某种形式而存在。哪里有形式，哪里就必然有尺度（modus）；尺度是一种善好。这样说来，至恶（summum malum）就是没有任何尺度，因为它缺乏任何善好。因此它不存在，因为它没有保存在任何形式里，可以查明，恶这整个名称就在于它缺乏形式。②

七　如何恰当称呼一个赋有灵魂的存在者里的灵魂

我们谈到灵魂（anima）时，有时把它理解为心灵（mens），比如我们说人由灵魂与身体构成；有时又将它与心灵相区分。当我们把它理解为与心灵相区分的东西时，我们是指我们与兽类共同的那些活动。兽

---

① "有福"（beatum）也可以译为"幸福"；这两个形容词在奥古斯丁那里其实可以互换。这个问题表明，奥古斯丁认为有福或幸福首先在于是否拥有理性（然后在于对它的正当使用）。见 Etienne Gilson, *The Christian Philosophy of Sanit Augustine*, trans. L. E. M. Lynch (New York: Random House, 1960) 3 - 10。
② 发现恶就是存在的一种缺乏，而善则意味着存在，这是奥古斯丁皈依之路的又一个台阶。

类缺乏理性，而理性正是心灵特有的。

八 灵魂是否自动的①

一个人若感觉灵魂是自动的，那他就在自身中感受到他意志的呈现，因为如果我们意愿某物，那就没有其他人代替我们意愿。灵魂的这种活动是自发的，因为这是上帝赐给它的。不过，这种活动不像身体活动那样从一处到另一处，位置上的移动那是身体特有的活动。甚至当灵魂通过意愿推动——即，通过与位置无关的活动推动——它的身体移动，这也不表明它自身发生了位移。比如，我们看到某物因转轴的作用移动了很远一段距离，然而转轴自身却没有改变位置。

九 真理能否通过身体感官得知②

凡是身体感官可接触的事物——其本身被称为可感的事物——都必然在时间中持续变化。③ 比如，我们头上的毛发不断生长，我们的身体持续发育或不断老化，这是一直发生的事，不论过程怎样，变化都不会有丝毫停顿。然而，不能保持同一的事物，是不可能理解的，因为理解的事物就是通过知识把握的事物，而不停变化的事物不可能通过知识把握。所以，不能指望身体感官能获得真理。

---

① 这个问题越来越明显地与灵魂是否可能是物质或形体的问题相关，奥古斯丁在《论灵魂的伟大》14.23—24 也讨论了这个问题。在本问题中，提到灵魂时指的是心灵（见问题七）。《论三位一体》XIV，6.8 写到，意志的实施就是心灵的三种动态活动之一，另外两种包括记忆和理解。

② 这是本《汇编》第一部分问题中最长的一个，从开问感官能否把握真理，到结尾得出结论说，最好离开可感世界，以便领会真理即上帝。灵魂从可感世界上升到上帝，这是奥古斯丁频繁使用的主题（比如《忏悔录》VII，17，23；IX，10，23—25）。这里是简化版的，但基本要素都有。

③ 奥古斯丁在《订正录》对这个句子作了限定，说它不包括复活后的不朽坏身体，尽管那样的身体不是我们目前的身体感官能感受到的，除非有神圣启示。

但是，如果有人说有些可感事物也是始终同一的，并提出关于日月星辰这类很难提供证据令人信服的问题，那么可以肯定，任何人都不得不承认，凡是可感的事物都有一个非真物的像（simile falso），它不是真物本身，却与真物难以区分。简言之，所有我们通过身体感知的事物，即使它们不在我们感官前呈现，我们都经验到它们的影像，或者在睡梦中，或者在激情状态（in furore），似乎它们真的就在眼前。当我们经验它们时，我们究竟是通过感官本身感知到它们，抑或它们只是可感事物的影像，对此我们无法分辨。如果可感事物的影像是假的，不能被感官本身证实，而若不能把假的东西分辨出来，就不能抓住任何真理，那么对真理的判断不在于感官。

因此，这样的告诫对我们是大有裨益的：我们要离开这个世界——它本质上是有形的，可感的——从而全心全意地转向上帝，他就是真理，是靠理智和内在心灵把握的，是永远存留的，他始终保持同样的样式，没有难以与真理相区分的假象。

十 身体是否来自上帝

凡是善好的，都来自上帝。凡是属于某种形式的，就其有规定性而言，都是善好的，而包含在某种形式里的事物都拥有规定性。就身体来说，每个身体要成为身体，就包含在某个形式里，因此每个身体都来自上帝。

十一 为何基督出生于妇人

当上帝施行解救时，他并非只是解救某个部分，而是解救整体，不论它何时受到威胁。上帝的智慧和权能，[①] 就是称为独生子的，当他取

---

① 见《哥林多前书》一章 24 节。

了人性时，① 就表明人类得解放。但是人类的解放得表现在两性中。既然他取了两性中的男性是正当的，因为这是更高贵的性别，② 那么女性的解放就必然从这样的事实显现，即他作为一个男人，生于一个妇人。

十二　某位智慧人的话③

他说："可怜的必朽者啊，行动吧，要这样行动，使恶灵永不玷污这个居所，不侵入你的感官，污秽你灵魂的圣洁，遮盖你心灵的光明。这个恶者藉着你感官所提供的每个口子潜入；他采用各种形态，适应各种颜色，依附各种声音，隐蔽在愤怒和假话之中，藏身于臭味，投身于香气，藉着他狂乱下流的行为把感官卷入负面情绪的深渊。他还用某些烟雾弥漫于理智之道——理性之光、心灵之芒往往就通过这条道传播。由于这是属天之光的一缕，所以它里面也有圣在（divina praesentia）的镜像，因为上帝、纯洁无瑕的意愿以及对美好行为的奖赏都在它里面闪耀。

上帝无处不在。但是，只有当我们心灵全然纯洁地意识他的存在时，他才全备地向我们每个人显现。就如我们的视力损坏，无法看见，

---

① "当他取了人性"：Homine suscepto。这是指基督取了人性成了人（homo susceptus），或者更有名的形式 homo assumptus——取了人性的那位。这一观念在本作品中还有这样的表达法：hominem gerere 或 gestare（担当人性），hominem induere（穿上人性），hominem agere（扮演人性）。尽管奥古斯丁是在正统教义上使用这些表达，但也很容易让人作出某种涅斯托留主义的（Nestorian）解释，根据这种解释，基督的两性（神性和人性）只能是外在的结合。亦见问题二十五、五十七 3、六十二、六十五、六十九 1—2, 10、七十一 4、七十三 2、七十五 2、七十九 5、八十一 1—2。
② 奥古斯丁与他的同时代人一样，想当然地认为男性比女性更高贵，尽管在另外地方他不否认灵性上女性与男性相等，如在书信 147.2。关于这个有争议问题的简要概述以及参考书目，见 Allan D. Fitzgerald, ed., *Augustine through the Ages* (Grand Rapids: Eerdmans, 1999) 887 - 892。
③ 有两个问题的文本不是出于奥古斯丁之手，这是第一个。我们从《订正录》得知，这个问题引自迦太基的某位福泰乌斯（Fonteius）题为 *On Puritying the Mind in orde to See God*（《净化心灵看见上帝》）的论作。关于这位福泰乌斯以及他的作品——写作时还是个异教徒（不过去世时可能已是基督徒）——我们所知仅此而已。这段摘录并非以其深度闻名，而是因为它对撒旦的耀武扬威与神性的临在作了鲜明的对比。

就不可能知道对象的存在（因为如果我们的视力有缺陷，某物的影像向我们的视力显现也徒劳无益）；同样，灵魂受了污染，无时不在的上帝向它显现也是枉然，心眼瞎了看不见他。"

十三　何种证据表明人高于兽①

有许多方式可以表明，由于理性，人类高于兽类；而其中一点显而易见，即人类可以驯服动物，使其变得温顺，而动物绝不可能这样对待人类。

十四　我们主耶稣基督的身体不是幻影②

如果基督的身体是一个幻影，那他就是个骗子；如果他是个骗子，那他不可能是真理。但基督就是真理，所以他的身体不是幻影。

十五　论理智

凡是能理解（intellegit）自己的，就能通达（comprehendit）自己。凡是能通达自己的，都以自己为界限。理智能理解自己，所以它以自己为界限。它不希望自己没有任何界限，即使它有能力这样做，因为它希望自己因自己而可知，因为它爱自己。

十六　论圣子

上帝是一切存在之物的原因。既然他是一切事物的原因，他也是他自己智慧的原因，而上帝绝不可能没有智慧。他既是永恒之智慧的原

---

① 本问题所提出的这个论证在《论自由意志》I. 7, 16、《论〈创世记〉驳摩尼教徒》I. 18, 29 作了进一步推进。
② 把基督的身体看作一个幻影，这是早期基督教广为传播的一种倾向，如基督幻影说派（Docetists）、诺斯替派（Gnostics）和摩尼教派（Manicheans），奥古斯丁对这些派别都很了解。见 Answer to Faustus, a Moanicheon V, 5.

因，当然也是永恒的；但他不是在时间上先于他自己的智慧。这样说来，如果成为永恒父对上帝来说是其固有的本质，他存在始终是作为一位父存在，那么他始终有一位子。①

十七　论上帝的知识②

凡是过去的就不再存在，凡是将来的还未存在。因此，过去与将来都完全不存在。然而对上帝来说，无物不存在，因此，无物过去或未来，在上帝一切都是现在。

十八　论三位一体

一切存在的事物，如何存在是一回事，如何分别是另一回事，如何一致又是一回事。因此，整个受造之物，如果它以某种方式存在，如果它完全不同于根本不存在的东西，如果它与它的各部分彼此适合，那么它必然有一个三重性的原因：一重使它存在，一重使它成为这个特定的事物，再一重使它与自己一致。而受造之物的原因，即它的创造者，我们称之为上帝。因此，这位上帝必然是一个三一体，人的理性能力所能发现的，没有比他更卓越，更智慧，更有福的。因此，当我们寻求真理时，也不外乎追问这样三类问题：某物是否存在；它是这个还是另一个；它是适合的还是不适合的。③

---

① 把圣子等同于智慧，这一传统可追溯到《哥林多前书》一章 24 节以及《约翰福音》，奥古斯丁在《论三位一体》XIV, 6, 8ff 对它作了著名的发挥，在那里他发现，人与圣子的相似之处在于理智（intellectus）或者理解力。
② 本问题讨论时间，《忏悔录》XI 对此有详尽阐释。关于不存在过去与将来，特别参见《忏悔录》XI, 26, 33 – 31, 41。
③ 奥古斯丁努力在被造秩序中寻找三一体的类比，这是最早的尝试之一。事实上，这里有两个类比：1. 使某物存在，使它是这个特定之物，使它与自身一致；以及（以问题形式）2. 某物存在吗？它是这个还是另一个？它是适合的还是不适合的？在奥古斯丁的早期作品中，类似的类比还可见于 Letters 11, 3—4；《真宗教》7. 13。

十九　论上帝和造物界①

凡是不可变的，就是永恒的，因为它始终以同样的方式存在。但凡可变的，就受制于时间，因为它不是始终以同样的方式存在，因而不能称之为永恒的。凡是变化的东西，就不会留存；凡是不能留存的东西，就不是永恒的。不朽者与永恒者之间有这样的区别：一切永恒的东西是不朽的，但并非一切不朽的东西都可以完全准确地称为永恒的，因为如果某物经历变化，即使它一直存活，仍不能称为永恒，因为它不是始终以同样的方式存在；但它可以恰当地称为不朽，因为它始终存活。不过，不朽者有时也可称为永恒者。但是，那既经历变化又由于灵魂的存在而被认为是活着的——但不是灵魂——事物，绝不能理解为不朽的，更不要说永恒了。准确地说，在永恒者，既没有过去，似乎它不再存在，也没有将来，似乎它还未存在；它就是如其所是地存在（quidquid est, tantummodo est）。

二十　论上帝的处所

上帝不在某个处所；因为在某个处所的，就是被包含在那个处所。被包含在某个处所的，必是身体，但上帝不是身体。因此，他不在某个处所。也就是说，他存在，但他不在某个处所；他里面的一切事物都位于某个处所，他自身不在任何处所，但事物在他里面并不是如同在某个处所，似乎他本身是处所。处所在空间中，因为它由长宽高限定，而这些就是身体的特征。上帝不是这样的事物。因此，一切事物在他里面，但他不是处所。

不过，在不严谨的意义上，上帝的殿②被称为上帝的处所——不是

---

① 关于这个论及时间与永恒（以及区分永恒与不朽）的问题，亦参见《忏悔录》XI；*Exposition of Psalm* 101 [102] 2. 10；《论三位一体》IV, 18, 24。后两处明确主张人类有望分有永恒，第一处虽有争议，也可认为持这种观点。但本问题在简洁的论述中似乎没有为这种观点提供任何预备（比如，不同于问题二十三那样）。
② 参见《哥林多前书》三章16节。

因为他被容纳在殿里，而是因为他向它显现。然而，若能把它理解为纯洁的灵魂，那是最好不过了。

二十一　上帝是否恶的创造者

他作为一切存在之物的造主，一切存在之物唯有依赖于他的善好才能存在，因而非存在绝不可能与他相关。凡是有缺乏的，就是在存在上有欠缺，倾向于非存在的。而存在以及成为无所缺乏的存在就是善；成为有缺乏的就是恶。然而，他既与非存在无关，就不是缺乏的原因——即不是趋向非存在的原因——因为，如我将主张的，他是存在的原因。因此，他只是善的原因，因而他是最高的善。由此，一切存在之物的创造者就不是恶的创造者，因为就它们存在而言，它们就是善的。①

二十二　上帝不受制于需要

没有缺乏（indigentia）就没有需要；没有不足（defectus）就没有缺乏。在上帝没有任何不足，因而上帝没有任何需要。

二十三　论父与子②

凡是贞洁的事物，都因贞洁而是贞洁的，凡是永恒的事物，都

---

① 奥古斯丁在《订正录》说，他担心这最后的句子会被误解，以为恶人受苦并非出自上帝。因此他强调指出，"恶人受苦出于上帝，这些苦对恶人诚然是恶，但它们属于上帝的善工，因为他惩罚恶人是公义的，凡是公义的，就是真正的善。"

② 参见问题一及注释1（即中译本注释21）。在问题一里，奥古斯丁说过"真实的"与"真理"之间的区别基于前者对后者的依赖性，这里他说，"贞洁的"与"贞洁"等等之间的区别基于前者分有后者。既然"贞洁的"以及诸如此类的品性是分有者，它们就会经历败坏，而被分有者不可能败坏。"因此，那些因分有而相似的事物"因败坏而"包含不相似性"。唯有相似（similitudo），不可能败坏变成不相似，这是合乎理性的结论。因此，当子被称为父的"像"（《歌罗西书》一章15节）时，其含义是说，两者之间没有任何不相似。分有的话题在下一问题中得到扩展。

因永恒而是永恒的，凡是美的事物都因美而是美的，凡是善的事物都因善而是善的。同样，凡是有智慧的事物因智慧，凡是相似的事物都因相似。贞洁的事物因贞洁而是贞洁的，这有两种方式：其一是因为产生，贞洁产生贞洁者，因而产生者是被产生者的源泉和存在原因；其二是贞洁者因分有贞洁而是贞洁的，贞洁者有时候也可能是不贞洁的。其他情形也当这样理解。比如，我们认为或者相信灵魂也追求永恒，但它成为永恒的是因为分有永恒。这不同于上帝的永恒，上帝永恒是因为他是永恒本身的创造者。这在美与善的例子里非常清楚。当我们说上帝是智慧者，又说他之所以为智慧者是因为智慧，由此以为他过去或现在可能没有这智慧而存在，这是渎神观点。因为他之被称为智慧者不是因为分有智慧，不是像灵魂那样——所以灵魂可以是智慧的，也可以是无知的——而是因为他自身产生智慧，他是因产生智慧而被称为智慧者。① 同样，那些因分有而成为贞洁者、永恒者、美者、善者、智慧者的事物，如上所述，有可能成为不洁的、可朽的、不美的、不善的、无知的。但是贞洁、永恒、美、善和智慧本身绝不可能包含败坏，或者——我完全可以说——包含俗利、丑陋、损害。因此，那些因分有而相像的事物包含不相像。而相像（similitudo）本身无论如何绝不可能不相似。因此经上说子是父的像（similitudo）②——因为凡是相像的事物，不论是自身之间的相像，还是与上帝的相像，都是通过分有他而相像，因为这是最初的样式，我完全可以说，万物都藉着他获得规定；这是形式，万物藉着它形成——子与父完全相像，没有任何一点不相像。也就是说，子像父，但子是子，父是父——即前者是像，后者是像的原型，由此可知，两者是同一个实体。如果不是同

---

① 奥古斯丁在《订正录》引用这句话时只说他在《论三位一体》更好地讨论了这个问题，他很可能是指该作品的 VI, 2, 3。
② 参见《歌罗西书》一章 15 节。

一个实体，相像就包含不相像；既然像与原型完全一致，那就必然推翻这样的假设。

二十四　是否犯罪和行义都出于意志的自由选择①

凡是偶然发生的，都是随机发生的，凡是随机发生的，都不是出于神意。所以，如果世上有些事是偶然发生的，宇宙就不是受神意（providentia）支配的。但是如果宇宙不是受神意支配的，就会有某些本性和实体与神意的作为无关。而一切存在的事物就其存在来说都是善的。那在最高处的存在就是至善者，万物因分有他而是善的。一切可变的事物就其存在来说是善的，不是因其自身，而是因其分有那不变的善。再者，那至善——其他事物因分有他而是善的，不论它们可能是什么——不因别的事物只因他自身而是善的，我们把他称为神意。因此，世上没有任何事物是偶然发生的。

一旦确立这一点，就可以推出，世上一切成就的事，部分是靠上帝的作为，部分是靠我们的意志。不论人能想象出怎样最好最义的人，上帝都要无可比拟地更好更义。那按公义管理并统治万物的，绝不会让那不该受罚的受罚，不配得赏的得赏。而罪行该受惩罚，义行应得奖赏；任何人，无论是犯罪还是行义，若不是出于他自己的意志行的，就不能公义地归咎或归功于他。因此无论犯罪还是行义都出于意志的自由选择。

二十五　论基督的十架

上帝的智慧取了人性，以便为我们树立正直生活的典范。而不怕不应惧怕的事是正直生活的组成部分。死亡就是不应惧怕的事。因此，通

---

① 奥古斯丁在《订正录》对该问题中的阐述作出限定，补充说，使人得自由，让他能自由地行正当之事，这乃是恩典。

过上帝的智慧①所取的人性②的死亡来表明这一点，是恰当的。但是有人虽然不怕死亡本身，但仍然被某种特定的死所吓。然而，正如死亡本身不应惧怕，一个过着善良而正直生活的人同样不应惧怕某种具体的死。因此，这一点也必然藉着那人的十架表明了，因为在所有类型的死中，没有哪一种比这种死更可憎更可惧的。

二十六　论不同类别的罪

有些罪由于软弱，有些由于无知，还有些是因为邪恶。软弱与能力相反，无知与智慧相反，邪恶与良善相反。因此，凡知道何谓上帝之能力和智慧③的，就能理解哪些罪是可宽恕的。凡知道何谓上帝之良善的，就都明白某些惩罚是哪些罪应受的，今生、来世都不赦免。④ 有些人，行得好，活得正，虽然也得认自己的罪，但可以不必经历痛苦而忧伤的悔改；而有些人，若不藉着悔改向上帝献祭，献上忧伤的灵，⑤ 就没有任何得救的盼望。对这两类人基本可以作出准确的分辨。

二十七　论神意

神意借着坏人既施惩罚又行帮助，这是可能发生的事。比如犹太人的不敬虔既毁灭了犹太人，又拯救了外邦人。同样可以发生的是，神意借着好人既发出声讨也提供帮助，如使徒说："在这等人，就作了死的香气叫他死；在那等人，就作了活的香气叫他活"（《哥林多后书》二章 16 节）。既然每一种患难或者是对恶人的惩罚，或者是对义人的磨炼（同样是脱壳的大锤 [tribula]，既锤打禾秆，又将谷与禾分离，"患

---

① 参见《哥林多前书》一章 24 节。
② "上帝智慧所取的人"：illius hominis quem dei sapientia suscepit。参见第 24 页注释①。
③ 参见《哥林多前书》一章 24 节。
④ 参见《马太福音》十二章 31—32 节。
⑤ 参见《诗篇》五十一篇 17 节。

难"这个词就从这里而来);既然纷繁俗事上的和平与安宁对好人有益,对恶人有害,神意就按照灵魂的功过来安排所有这一切。但是好人不会主动选择患难来帮助自己,恶人也不会喜欢和平。所以,如果事情藉着他们成全,他们却并不知道,那他们受报,并不是因为那源于上帝的公义,而是因为他们自己的邪恶。同样,如果好人主动行善,而损害临到某人,这也不归功于好人,不过,善良意志所得的奖赏必归于善良灵魂。另外,其余造物是可感知的还是隐藏的,是烦人的还是有益的,都按照理性灵魂的功过而定。因为至高上帝完备安排他所造的一切,宇宙中没有任何事物是无序的,没有任何事物是不公的,不论我们是否知道这一点。但就局部来说,犯罪灵魂必蒙受损失。再者,它按自己的功过处于它应处的位置,遭受它应当遭受的事,所以它并没有因其残缺而有损于上帝国的任何部分。①

这样说来,由于我们不能全然知道神圣秩序安排的有益于我们的一切事,所以我们完全靠善良意志遵行律法,而另外时候我们是不得不按律法行事,因为律法本身始终不变,藉着至美的管理规范着一切可变事物。"在至高之处荣耀归于上帝,在地上平安归与有善良意志的人"(路2:14)②*。

二十八　为何上帝想要创造世界

凡问为何上帝想要创造世界的,就是问上帝之意愿的原因是什么。每个原因都要产生结果,但每个产生结果的原因都大于所产生的结果。没有什么比上帝的意愿更大,所以上帝之意愿的原因是不可问的问题。

二十九　是否有什么在宇宙的上面或下面

"你们要知道上面的事"(西3:2)。经上吩咐我们要知道上面的

---

① 奥古斯丁相信宇宙是个无可逃遁的秩序,这个至深信念在这里还只是早期的初步阐述,到了《上帝之城》XIX,12—13才有完备而成熟的表述。
② ＊在和合本圣经里,"有善良意志的"为"他所喜悦的"——中译者注。

事，即属灵的事。所谓"上面的"，我们不应理解为这个世界的处所和部分，而应理解为它们的卓越性，免得我们把自己的灵魂依附于这个世界的某一部分，因为我们应当彻底地脱离这个世界。就世界里的部分来说，有上面和下面。但就宇宙自身来说，并没有一个上面或者下面的部分，因为它是一个形体（corporeus）——如果一切可见的东西都是形体的话——在这个作为整体的形体里，没有任何东西是上面或者下面的。确实，在那所谓的直线运动——也就是说它不是环形运动——中，存在六个部位，即前后、左右、高低，那似乎就没有任何理由认为这个作为形体的宇宙整体不能有前后、左右、上下。然而，很多思考这类问题的人都被骗了，因为感官和习惯对人的思考设置了重重阻力。其实，把我们的身体头脚倒立当然要比从右转左或从前转后困难多了。因此我们必须抛弃语词，深入到自己的灵魂，才能理解这样的问题。

三十　是否一切被造物都为人类之用而造①

正如善好的（honestum）与有用的（utile）两者有不同，同样，应享有的（fruendum）与应使用的（utendum）两者也有不同。虽然我们可以合乎逻辑地证明，每个好的事物都是有用的，每个有用的事物都是好的，但是我们更习惯也更适当地把因其自身被欲求的东西称为善好的，把以另外事物为目的的东西称为有用的。因此我们现在说话既要保留这种区别，同时主张善好的与有用的两者并非完全对立。因为有时候无知的流行观点会认为它们彼此对立。于是，当我们从某物获得快乐

---

① 这个问题提出了奥古斯丁著名的使用与享有之间的区分。奥古斯丁一开始指出，使用（uti）与享有（frui）是彼此相关的，就如西塞罗的两个范畴：有用的（utile）与善好的（honestum）彼此相关一样（参见西塞罗 De Officiis Ⅱ，9—10）。他以问题一和问题二十三讨论"真实的"与"真理"、"贞洁的"与"贞洁"等等时已经确立的区分为基础。于是，使用依赖于用处（utilitas），后者其实就是神意；而善好的依赖于善好（honestas），即可理知的美。问题的后半部分尤其预演了奥古斯丁更为有名的、《基督教教导》（*Teaching Christianity*）第一卷关于使用与享有的更详尽讨论。

时，就说我们享有一物，而使用一物则是指该物指向那产生快乐的源头。人的各种悖逆（perversio），我们也称之为恶习（vitium），源于这样的颠倒，即应当享有的事物却想要使用，而应当使用的事物却想要享有。同样，一切正当安排的事物（ordinatio），也称之为美德，源于这样的顺序：享有应当享有的事物，使用应当使用的事物。而善好的事物是应当享有的，有用的事物是应当使用的。

我把善好（honestatem）称为可理知的美，我们说它是属灵的，这很恰当；而用处（utilitatem）我称为神意安排。这样，虽然有许多可见的事物都是美的——称之为善好（honesta）不是很恰当——但使一切美的事物成为美的那个美本身，绝不是可见的。同样，许多可见的事物都是有用的，但使一切有益于我们的事物成为有用的那个用处本身，我们称之为神意，是不可见的。当然我们说的"可见的"包含一切属体事物。因此，享有不可见的美，也就是善好，是正当的；至于是否可以正当地享有所有这些事物，是另一个问题，或许唯有应当享有的事物才可以正当地称为善好的。但所有有用的事物都应当被使用，因为每个人都需要它们。事实上，甚至可以说兽类也享受食物以及某种程度的身体快乐，不要认为这很荒谬。但是唯独拥有理性的存在者能使用事物，因为知道某物以何为目的这种知识并没有赐给那些无理性的存在者，甚至愚蠢的理性存在者也不拥有这种知识。如果某人不知道使用某物是指向什么目的，他就不能使用它；而他若没有智慧，就不可能知道。因此，那些不能正当使用事物的人，通常被认为是在滥用事物，这样的说法是十分准确的，因为被恶劣使用的事物对人毫无益处，没有益处的事物其实就是无用的。凡是有用的事物都在使用中才是有用的，因而事物若不是有用的，没有人会使用它。因此，凡是不当使用事物的，就是没有使用事物。

由此，人的理性——它若是完全的，就可称为美德（virtus）——首先使用自己以便理解上帝，从而能够享有上帝，因为理性原本就是他造的。然后它为结社（societatem）使用其他理性灵魂，为发展（eminentiam）使用非理性灵魂。它自己的生命则以享有上帝为目的，因为那是它得福的原因。因此它使用自己。如果它以自己为目的，而不是以上帝为目的，那它就因着骄傲为不幸设立了根基。它也使用各类物体（corporibus）——有些物体，赐给它们生命，是出于恩惠（这样它就可以使用自己的身体）；有些物体，接受或拒斥它们是为了健康；有些要忍受，是训练耐心；有些要管理，是体现公义；有些需反思，是为真理作见证；它甚至为了节制的缘故使用它所弃绝的物体。因此它使用一切，包括可感知的事物和不可感知的事物，没有第三类事物。它使用的一切事物，它都能对之作出判断；唯独上帝，是它不能判断的，因为它判断其他一切事物都以上帝为依据。它也不是使用上帝，而是享有上帝。因为上帝不是必须指向别的事物的事物。凡是必须指向别的事物的，低于必须指向的事物；而没有任何事物能高于上帝——不是指处所，而是指本性的卓越性。所以，凡是被造的，都是为人类所用造的，因为理性带着判断使用一切赐给人类的事物。可以肯定，堕落之前人不曾使用必须忍受的事物，堕落后他若不皈依也不会使用；尽管他在身体死亡之前使用它们，无论如何，他总是尽可能作为上帝的朋友使用，因为他是上帝所喜悦的仆人。

三十一　西塞罗的观点：如何区分并界定灵魂的美德①

1. "美德是灵魂的一种习惯（habitus），与本性的尺度一致，也与理性一致。因此，一旦了解了它的所有部分，真诚而良善的人就必然会

---

① 奥古斯丁在《订正录》确定这些话的作者是西塞罗（前106—前43年），并说，修道院里的弟兄早就因为他而熟知这些话，所以就收入他的作品。它们摘自 De inventione rhetorica II，159—167，这是一个很重要的段落，西塞罗采用斯多亚学派的模式把美德分为四个主要部分：审慎、正义、坚毅和节制，然后又进一步细分。这段话最后对有用性或用处作了阐述，西塞罗（不同于奥古斯丁在前一问题和其他地方的观点）似乎把它看作享有的一种功能。奥古斯丁把这个摘录收入本文并不意味着他全盘赞同它。比如，他肯定不会将报复纳入正义，至少不会像西塞罗那样描述，而且那个不言自明的假设即美德属于人的范围已经反驳了他。关于奥古斯丁与西塞罗作品多少有点矛盾的关系，参见 Augustine Curley，"Cicero, Marcus Tullius，" in Fitzgerald 190 – 193.

思考它有何等的整体力量。它有四个部分：审慎（prudentia）、正义（iustitia）、坚毅（fortitudo）和节制（temperantia）。

"审慎就是关于善恶以及非善非恶之事的知识。它的部分包括记忆、智能和远见。记忆就是使心灵回想起已经发生的事；智能就是使它观察现存的事；远见就是在事物发生前就洞见。

"正义是灵魂的习惯，它维护公共利益（communi utilitate），同时分派每个人各就其位。它最初源于自然；然后，某些事因其有用性渐成习惯；再后，出于对律法和宗教的敬畏，使产生于自然并经受习惯考验的那些事得以圣化。自然法（naturae ius）并非产生意见，而是加入某种内在力量，比如宗教、敬虔、感恩、报复、恭敬和真理。宗教就是专注并敬奉于某类人们称为神圣者的高级本性。敬虔就是对自己的亲人和母邦表现的善意关注和衷心尊崇。感恩就是记念别人的友谊和善行并渴望回报他们。报复就是通过自卫或雪耻来抵制暴力、侮辱以及任何可能导致伤害的事。恭敬就是使因某种高贵品质而引人注目的人得到尊重和荣誉。真理就是使现在存在或过去存在或将来存在的事物如其所是地被谈论。习惯法（consuetudine ius）是指轻易宽恕某些源于自然并在使用中得到改进的事，比如我们看到宗教就是这样的例子，我们前面谈到的那些事也是，它们源于自然本性、被习惯改进，或者存在很长时间，得到多数人的认同，转化成了可接受的行为。它的分支有契约、回报、惯例。契约就是两人之间接受的条约。回报就是对所有人都同等对待。惯例就是由某人或某些人的话确立了的事。成文法（lege ius）就是包含在文书形式里、制定出来叫人们遵守的法则。

"坚毅就是深思熟虑地接受危险并忍受辛苦。它的部分有宽宏、自信、忍耐、坚持。宽宏就是以宏大的灵魂和理想的目标来沉思和管理伟大而卓越的事物。自信就是使灵魂在伟大而美好的事上怀着某种必胜的希望充分依靠自己。忍耐就是为了善好而有益的事自愿并长期忍受艰难困苦的事。坚持就是稳定而持续地坚守一个深思熟虑的计划。

"节制就是理性坚定而适度地控制灵魂的情欲以及其他不当冲动。它的部分有自制、仁慈和谦逊。自制就是通过管理劝告来控制欲望。仁慈就是使因冲动被误导而对某人满怀仇恨的灵魂通过温柔得到收敛。谦逊就是使正派和自尊确立一种珍贵而持久的名誉。

2. "所有这些都只因其自身而被欲求，完全不是为了获得某种益处。不过，本文的主旨并不在于阐明这个问题，这个问题也远不是三言两语说得清楚。不仅那些与它们相反应当避免的事物，比如与坚毅相反的怯懦，与正义相反的不义，依赖于对它们的阐述，而且那些看起来很相近其实大相径庭的事物也如此。比如，自信的对立面是胆怯，因此胆怯是一种恶习。鲁莽不是自信的对立面，而是与它相近且相关的，但鲁莽是一种恶习。因此每种美德都可以找到一种相邻的恶，或者已经确定具体的名称，就像与自信相似的鲁莽，与坚持相近的顽固，与宗教相近的迷信；或者没有任何具体名称。所有这些都同样属于与善相反、必须避免的事物。关于因其自身的缘故可欲求的善好之物，就谈到这里。现在似乎应当补充谈谈用处（有用性）的角色，我们仍然认为它是好的。

3. "有许多事物吸引我们不只是因为它们高贵，也因为它们具有可享有的性质。比如荣耀、尊贵、显赫和友谊，都属于这类事物。如果谈到一个人总是赞不绝口，那他就享有荣耀。如果一个人因教养、可敬和端庄而盛名卓著，那他就享有高贵。显赫就是巨大的权力或威严或财富。友谊就是愿意把好东西给予所爱的人——因其自身缘故而爱他——对方也有同样的意愿。由于我们这里谈论的是公共事务，所以我们加上友谊的可享有的特征，这样可以看到它也因是可享有之物而为人所求，免得那些认为我们是在谈论任何一种友谊的人指责我们。尽管有些人相信追求友谊仅仅因为它有用，但也有些人相信追求友谊是因其自身的缘故，还有些人则认为追求友谊既是因其自身，也因其用处。至于哪一个最正确，我们将在另外的地方讨论。"

三十二　一个人是否能比另一人更好地理解既定之事，这种理解是否可能推向无限

凡对既定事物的理解不同于存在之事物本身的，就是错误；凡陷入错误的，就是没有理解他对之陷入错误的事物。因此，凡是对既定事物的理解不同于它存在本身的，就是没有理解它。一个事物若不是按它存在的样子理解，就不可能理解。我们理解事物就是如它存在那样理解，正如如果不按它存在的样子理解就没有理解一样。因此，毫无疑问，有一种完全的理解力，那是不可能超越的，所以对既定事物的理解不会推向无限，一个人也不可能比另一人对它理解得更多。

三十三　论恐惧

无人怀疑，恐惧的原因就在于担心失去我们所爱或所得的事物，或者害怕得不到我们所想所望的事物。因此，如果一个人热爱并拥有无惧（non metuere）这种品质，怎么还会有对可能失去某物的恐惧呢？我们害怕失去许多我们所爱所拥有的事物，所以我们带着恐惧拥有它们。但没有人带着恐惧拥有无惧。同样，凡是热爱无惧但还没拥有它而希望能拥有它的，理应不会担心自己无法获得它，因为这种恐惧所惧的就是这种恐惧本身。再者，每种恐惧都是在逃离什么，而无物逃离它自己。因此恐惧不可惧。如果有人认为，说恐惧就是恐惧某物并不正确，因为毋宁说灵魂因为恐惧本身而恐惧，那么请他留意很容易确定的事，即恐惧不是别的，就是对某种未临但即临的恶的恐惧。而必然的事实是，凡是恐惧的，就是在逃离某物。所以，若说有人害怕恐惧，那是完全荒谬的，因为通过逃离，他拥有的正是他要逃离的东西。若不是某种恶发生，就不会有任何恐惧，所以担心恐惧发生不就是拥抱你所憎恶的东西吗？

如果这是令人反感的结论,而事实确实如此,那么一个只爱无惧的人就绝不会恐惧。因此,没有人只是爱无惧而不拥有它。至于是否只有无惧才应当爱,那是另一个问题。一个没有被恐惧所杀的人,就不会被贪欲所毁,被焦虑所困,被漫不经心和无聊享乐所搅扰。因为如果他有贪欲——所谓贪欲就是对暂时之物的爱——那他必然害怕得到之后会失去,或者担心得不到。但是他不担心,所以他没有贪欲。同样,如果他被灵魂的忧伤所苦,他也必然被恐惧搅扰,因为对眼前之恶的焦虑意味着对即临之恶的恐惧。但他没有恐惧,因而也没有焦虑。同样,如果他愚蠢地沉迷于享乐,把快乐寄托于他可能失去的事物,那他必然担心失去它们。但是他根本不担心,因此他完全没有愚蠢地沉迷于享乐。

三十四　是否除了无惧还应当爱别的事物

如果无惧是一种恶习,它必不是应爱的对象。但那些完全幸福的人没有一个心存恐惧,所以那些完全幸福的人①没有一个在恶行中。因此无惧不是一种恶习。但鲁莽是一种恶习。虽然凡是鲁莽的都不害怕,但并非凡是不害怕的就是鲁莽。因为尸体都不会恐惧。因此,尽管无惧是完全幸福的人、鲁莽的人以及尸体所共有的,但完全幸福的人拥有它是凭着灵魂的安宁,鲁莽的人是因为愚勇,而尸体则是因为全无感知能力。这样说来,因为我们希望幸福,我们应爱无惧;但因为我们不希望鲁莽或死去,所以我们不应只爱无惧。

三十五　应当爱什么

1) 凡不是活着的,就不会有恐惧,但没有人会劝我们说,为了能够

---

① "完全幸福":beatissimus。也可以译为"完全有福"或"非常幸福"或"极为有福"。前者很可能表明永恒的福祉,后者表示此世的幸福。鉴于奥古斯丁对此世的悲观态度,我们认为他更可能指来世的幸福。

没有恐惧，我们应当失去生命，所以，没有恐惧地活着是应爱之事。但是，如果没有恐惧地活着同时也丧失理解力，那这样的生活不是应当欲求的，我们应爱当求的是没有恐惧但有理解力的生活。那么是否唯有这样的生活或者毋宁说唯有这爱本身（amor ipse）才是应爱的呢？毫无疑问！因为离开这爱就不可能爱那些应爱之事。但是如果爱是因为那些应爱之事才被人爱，那就不能说它应当被爱。因为爱（amare）不是别的，就是因某物自身的缘故欲求它。然而，如果当所爱之物不在时就必然有痛苦，那么这爱还是应因其自身而被欲求吗？由于爱是一种活动，而活动就必然指向某物，不然就没有活动；当我们寻求应爱之物时，我们必是寻求这活动所指向的那个事物。因此，如果爱（amor）是应当被爱的，那绝不是任何一种爱都应当被爱。有一种卑鄙的爱使灵魂追求低于它的事物，所以这种爱更恰当的名称叫贪欲（cupiditas），它是万恶之根。①因此，一物若能从爱它并享有它的人身上夺走，那它就不是应当爱的。

那么，对什么事物的爱是应当的爱呢？不就是当它被爱时，不可能消失的事物吗？而拥有这样的事物就是知道它。②但是拥有金子或任何物质对象并非就是知道它，所以这类事物不是应爱之物。由于有些事物你可能爱它但并不拥有，这不仅包括那些不应爱的事物，比如迷人的身体，也包括那些应当爱的事物，比如幸福生活；而有些事物你可能拥有它却不爱它，比如镣铐，所以我们可以合理地问，既然拥有（habere）就是知道（nosse），那么当人拥有即当他知道某物时，他是否可以不爱他所拥有的。比如，当我们看到某人学习数学——不是因为别的，而是想要通过这种学

---

① 参见《提摩太前书》6章10节。在希腊文本中，这段经文专指对钱财的贪恋，贪财是万恶之根。奥古斯丁在 *Exposition of Psalm* 118［119］，11，6指出，他知道这一点，但他说，保罗是在用部分——对钱财的贪恋——表示整体，即对任何事物的贪婪。
② 奥古斯丁在《订正录》对此处所说提出异议。因为他注意到，经上的话"岂不知你们是上帝的殿，上帝的灵住在你们里头吗？"（林前3∶16）所提到的人并不知道（认识）上帝，至少没有在应有的程度上知道（认识）。至于这样的订正或者该问题中的下一句解释是否使文本的意思更加清晰，并不见得。参见 Bibliotheque Augustinieme 1，10，717："这两处解释表明了对准确性的关注，但完全不影响该主题的一般意义。"

习致富或者取悦于人，当他们学会之后，就将它用于他们学习时为自己设定的这个目标——或者任何其他为了拥有而不是为了知道去追求的学科，就会发生这样的事，即他拥有某物，尽管他的拥有很可能就是关于它的知识，但他并不爱它。① 但无论如何，没有人能完全拥有或知道他所不爱的某种好。因为如果他不享有某物，他怎么能知道它有多好呢？如果他不爱它，他就不享有它。因此，他若不爱应爱之物，他就不拥有它，尽管他可以爱他并不拥有的事物。因此，没有人知道有福生活同时却是不幸的，② 因为如果应按它所是的样子爱它，知道它就意味着拥有它。

2）果真如此，那么有福地生活不就是藉着对某种永恒之事的知识而拥有它吗？因为永恒者——唯有它是可确信的——就是不可能把它从爱它的人身边夺走的东西，它本身就是这样一种状态，即拥有它就是知道它。因为最卓越的事物就是永恒的事物，因此，我们若不是通过那使我们更加优秀的东西，即心灵，就不可能拥有它。而凡是通过心灵拥有的，就是通过知道拥有；凡是完全知道的善，无一不是完全所爱的。就如仅有心灵并不就能知道，同样，仅有心灵也并不就能爱。爱是一种欲求，我们看到灵魂的其他部分里也有某种欲求，如果它与心灵和理性一致，就能让心灵在格外的和平和安静之中沉思永恒的事物。因此灵魂必是与它的其他部分一起爱这个了不起的事物，也是心灵应该知道的事物。凡是所爱的事物，必然对爱者产生某种影响力，因此，当被爱的那个事物是永恒之物时，它必然因其永恒对灵魂产生影响力。正因为如此，那种有福生活才是永恒的。但是若不是上帝，有哪种永恒之物能通过其永恒对灵魂产生影响呢？而对应爱之物的爱（amor），称之为仁爱（caritas）或热爱（dilectio）更为恰当。因此，我们要用心灵的全部力量来思考那

---

① 这个句子无意透露了众所周知的奥古斯丁对正规教育的怀疑态度，类似的表述也可参见比如《忏悔录》I, 16, 25 – 18, 29；*Sermon on Christian Discipline* 11, 12。
② 奥古斯丁在《订正录》里引了这话后补充说："我说'知道'，意指应该知道。因为人只要在这个问题上使用理性，怎么可能对此一无所知呢？事实上，他们知道自己渴望幸福。"

条诫命，把它看作最有益的："你要尽心、尽性、尽意爱（diliges）主你的上帝"（太 22：37），以及主耶稣所说的："认识你独一的真上帝，并且认识你所差来的耶稣基督，这就是永生"（约 17：3）。

三十六　论培养仁爱①

1. 我所说的仁爱（caritas）是指，它使那些被爱的事物不会因为与爱者本人相比而遭鄙视——前者就是那永恒的事物，后者指能爱永恒事物本身的人。因此，当人只爱上帝和灵魂，不爱任何别的事物时，把这种爱称为仁爱是恰当的，那是极为高洁、非常完全的爱，所以把它称为热爱（dilectio）也是适当的。② 而如果一个人爱上帝胜过爱灵魂，以至他宁愿属于上帝，也不愿属于他自己，那么这对灵魂实在具有最大的益处，从而对身体也有最大益处，因为我们不在意满足自己的欲望，只是使用身边、手头可用的事物。

然而，希望获得并保持暂时的事物，这对仁爱何等有害。所以，要培养仁爱就要减少贪欲（cupiditas）；完全的仁爱就是毫无贪欲。仁爱增加的记号是惧怕的减少；仁爱的完全就是没有惧怕（timor）。因为贪欲还是万恶之根；③ 而完全的爱（dilectio）就是除去惧怕。④ 所以，凡是希望

---

① 这个问题其实是以"培养仁爱"为标题描述灵魂的逐步转变，这个过程可分为两个部分：前洗礼（1—2）和后洗礼（3—4）。第 2 节开头提到洗礼本身（"重生的圣礼"）。驯服欲望——借助于对主的畏惧——以及不断增强的对德性之美的意识标志着这个前洗礼阶段的特点。对于后洗礼阶段则通过为刚刚受洗者确立的教导来描述。首先必须使他们意识到暂时之物与永恒之物的区别，然后通过基督和圣徒的例子启发他们，最后，当属体享受不再像以前那样对他们有诱惑之后，再告诫他们取悦人类和灵性骄傲的危险。对主的敬畏在这里就如在整个过程的开始那样，是必不可少的。
② 奥古斯丁在《订正录》里提到这个说法，不过他引用时语气稍有变化。他用条件句型提出问题：既然仁爱是完全的，所爱的唯有上帝和灵魂，那为何保罗在《以弗所书》五章 29 节说"从来没有人恨恶自己的身子"。而 Dilectio 这种爱包括对身体的爱——尽管这只是因为灵魂的缘故。
③ 参见《提摩太前书》六章 10 节。
④ 参见《约翰一书》四章 18 节。

培养仁爱的，必然努力减少贪念。所谓贪欲，就是对获得暂时之物的爱（amor）。这种减少的开端就是对上帝的敬畏，唯有对上帝，人不可能只畏而不爱。因为这种畏使人趋向智慧，经上的话说得再正确不过了："智慧的开端乃是对主耶和华的敬畏"（便1：14）。当然，没有哪个人宁愿追求享受而不愿逃避痛苦。事实上，我们看到，就是最残暴的兽类也因为畏惧痛苦而放弃最大的快乐，当这种行为成为它们的习惯之后，我们就说它们被征服、被驯服了。虽然理性是人所固有的，但人可能因某种恶劣的倒错而将它用于贪婪，从而变得无所畏惧，以为能掩藏自己所犯的罪，又捏造出最聪明的谎言，遮盖自己隐秘的罪恶。于是就出现这样的情形，还未以德性之美为乐的人比野兽更难以制服，除非他们威慑于圣洁而虔诚的人所传讲的完全真实的惩罚，不敢犯罪，并且认识到他们向人类所隐藏的东西不可能向上帝隐藏。但是为了让他们畏惧上帝，必须表明，神意管理万物与其说是通过道理（凡是能领会它们的，也能理解德性之美），不如说是通过就近的例子，不论它们怎样发生，或者通过历史——尤其是那些藉着神意自身的施行，在旧约里或在新约里发生的，已经获得最高宗教权威的历史。同时，对罪恶的惩罚和对善行的奖赏都必须一一讲述。

2. 一旦不犯罪的习惯以某种方式表明，原本以为沉重的负担原来是轻便的，人就开始品尝敬虔的甜美，感受德性的优美，从而仁爱的自由就会胜过恐惧的奴役。然后，要让信徒——既已接受重生的圣礼（Sacramentum），① 这圣礼必对他们产生深刻影响——明白两种人之间的区别：旧人与新人，外面的人与里面的人，属地的人与属天的人，也

---

① "圣礼"这个术语频繁出现在本《汇编》，它在古代基督教用法中有众多含义，后面的讨论会清楚地表明这一点。虽然这里指的是洗礼，但早期教会并不把圣礼局限于一个特定的数目，比如七大圣礼。事实上，任何事件，任何事物或人，只要是上帝计划的构成部分，并且以某种方式促成神圣恩典实施的，都可理解为圣礼。拉丁词 sacramentum 经常（但在这些段落里没有）被译为"奥秘"。参见 Dictionnaire de Theologie Catholique XIV，1，493—495。

就是，追求属体的暂时之好的人，与追求属灵的永恒之好的人；还要告诫他们，不要向上帝寻求可灭的、易逝的好处，这样的好处甚至恶人也可以拥有很多；而要寻求坚固的、永久的好处，为了得到这样的好处，一切被认为美好的此世之事都应当彻底鄙弃。此时要向他们提供最优秀的独一神人（Lordly Man）的榜样①，他通过大量神迹彰显了对事物所具有的大能，但对无知者认为大善的事物，他弃之如敝履，对他们认为大恶的事物，却甘心忍受。有人越是崇敬这种行为和戒律，就越不敢去努力效仿，为了防止这样的情形，就要根据这位神人的应许和劝勉，引证跟随他的众人——使徒、殉道者以及无数的圣徒——来表明，对那些事无论如何都不能丧失信心。

3. 即使在属体享受的诱惑被攻克之后，仍应警醒，保持敬畏，免得寻求取悦人的那种贪欲藉着某种神迹异事，藉着艰难的自制或忍耐，藉着某种慷慨行为，藉着知识或口才的名声，潜入进来，占据位置。这里也必会看到对荣誉的贪婪。为对抗这种贪婪，应当引用所有那些赞美仁爱的文字，引用那些谈到愚蠢的骄傲的文字；应当教导指出，对于你不愿意效仿的人，却想着去取悦他们，这是多么可耻，因为这样的人或者不是善的，那受到坏人赞美绝不是什么了不起的事；或者是善的，那就应该效仿。而那些善人之所以是善的乃因为德性，而德性不会欲求在别人权能之下的东西。所以，一个效仿善人的人，不会希求任何人的赞美，而效仿坏人的人，根本不配赞美。然而，如果你想要取悦人，目的

---

① "神人"，homo dominicus。奥古斯丁在一个很短的时期即从393年到395年期间使用这个术语。在《订正录》I, 19, 8, 他写道："凡在［基督的］圣洁家里的，谁不能被称为'神人'？"尽管这个术语原先在拉丁西方和希腊东方都广泛使用，并且属于正统，但他对自己曾把它用在他的任何作品中表示懊悔，至于为何发生这种观点上的变化，他没有说明原因。5世纪早期之后，人们开始怀疑这个表述的可靠性，于是就不再流行。亦见问题五十七（3）和七十五（2）。关于这个术语的研究，参见 Aloys Grillmeier, "Ο κυριακος άνθρωπος: Eine Studie zu einer christologischen Bezeichnung der Vaterzeit," in Traditon 33 (1971) 1–63. 更简洁的讨论也可参见 Tarsicius van Bavel, *Recherches sur la christologie de saint Augustin* (Fribourg, 1954) 15–16。

是为了帮助他们爱上帝，那你贪求的不是赞美，而是别的东西。凡是想要［这样］取悦人的，仍然心怀必不可少的畏惧——首先，恐怕因其隐秘的罪性而被主看作伪善者；其次，如果他想要藉着自己的善行取悦，就要担心在渴望这种回报时会失去它，因为唯有上帝能给回报。

4. 当这种贪欲被制服了，那会产生骄傲，所以需要对之心存畏惧。因为一个人若是不再想要取悦别人，并自认为有全备的德性，那他很难屈尊与人类打成一片。因而此时畏惧仍然必不可少，担心那些他看起来拥有的东西从他身上夺走，① 担心他被手脚捆起来丢到外面的黑暗里。② 因此对上帝的敬畏不仅是智慧的开端，也是智慧的成全③——即在那首先爱上帝然后爱人如己的诫命里面。④ 至于这条路上必须当心的危险和困难，以及必须使用的应对方案，那是需要另外讨论的问题。

三十七　论那位永远已经出生者⑤

那永远已经出生的（semper natus）好过那永远正在出生的（semper nascitur），因为永远正在出生的就是还没有出生。如果他永远正在出生，那他就一直没有出生，也永远不会出生。正在出生是一回事，已经出生是另一回事。如果他从来没有出生，那他就不是子。但他

---

① 参见《马太福音》二十五章 29 节。
② 参见《马太福音》二十二章 13 节。
③ 参见《便西拉智训》一章 14 节。
④ 参见《马太福音》二十二章 37—39 节。
⑤ 参见《论三位一体》V, 5, 6：“一位是永远的父，另一位是永远的子，但这个'永远'的意思不是说，子从出生那一刻起就是子，或者一旦子不为子父也不再是父，而是说子永远已经出生，绝不是在哪一刻才开始成为子。"问题三十七以及《论三位一体》里的这段话或许反映出对奥利金的 *Homily on Jeremiah* 9.4 的拉丁译本的某种关注，译者杰罗姆（Jerome）把奥利金的希腊文本翻译如下：“如果救主是永远正在出生的，因而他说'小山未有之先，他生出我'（箴 8：25），并不是如有些错误译法那样'已出生'——如果主是永远正在从父而生，那你们也一样，既然拥有如此伟大的灵来接受他的像，你们就藉着各人的理解力，藉着各人的工作，永远正在从上帝出生，你们正在基督耶稣里成为上帝的儿子。"

就是子，因为他已经出生，并且他是永远的子。因此他永远已经出生。

三十八　论灵魂的形态①

本性是一回事，教养（disciplina）是另一回事，习惯又是一回事，我们明白这些事存在于一个灵魂里，没有实体上的分别；同样，自然禀性是一回事，德性是另一回事，安宁又是一回事，它们也属于同一个灵魂实体。灵魂是区别于上帝的另一实体，虽然是上帝所造的；上帝本身就是那至圣的三一体，关于它，说得很多，明白得很少，耶稣所宣称的，当十分仔细地探究："若不是差我来的父吸引人，就没有能到我这里来的"（约6：44）；"若不藉着我，没有人能到父那里去"（约14：6）；"他要引导你们明白一切的真理"（约16：14）。

三十九　论食物

吸收事物并改变它，就像动物对待食物那样的，是什么？被吸收并改变，就像动物所吃的食物一样的，是什么？被吸收但没有改变，就像光之与眼睛，声音之与耳朵的，是什么？对这些事物，灵魂是通过身体接受的。另一方面，接受某物进入自身并将它变为自身，比如另一个灵魂的例子，灵魂接受另一灵魂，变成友谊，使它与自身相似，这是什么？②接受某物进入自身但并不改变它，就像真理，那是什么？必须从这个角度去理解经上对彼得所说的话："宰了吃"（徒10：13），以及福音书上所说的"这生命就是人的光"（约1：4）。

---

① 奥古斯丁在这个问题中提出两组属人的"三位一体"，每一组都以升序排列：1. 本性、教养、习惯；2. 自然禀赋、德性、安宁（可能指此生情绪的稳定，也可能——相比而言可能性小一些——指来生永恒的安定）。然后他将人的位格与圣三一体相比较，提出这样一个问题但没有解决它：人的灵魂——不同于上帝——如何统一于或顺从于他。

② 关于另一方面接受某物并被它改变但该事物本身却不改变——比如上帝的真理或者上帝本身——参见《忏悔录》Ⅶ，10，16；*Homilies on the Gospel of John* 41，1。圣餐应该是说明这个过程的一个显见例子，但奥古斯丁并未使用它。

四十　既然灵魂的本性是一，为何人类有不同的意愿？

灵魂所感知的事物不同，导致它有不同的欲求；不同的欲求产生不同的接受路径；不同的路径产生不同的用法（consuetudo），不同的用法产生不同的意愿。然而正是事物的秩序（ordo）——诚然是隐秘的，但在神意的管理下仍然是确定的——产生灵魂不同的认知（visa）。因此，不能因为有不同的意愿就认为有不同本性的灵魂，即使同一个灵魂的意愿也会随时间的不同而变化，有时候它贪求财富，有时候又鄙视财富，渴望智慧。在它欲求暂时之物时，时而商务对人魅力无穷，时而军事对他举足轻重。

四十一　既然上帝创造万物，他为何不把它们造成同等样式？

因为如果它们全都同等，就不能全都存在。否则就不会有众多千差万别的事物构成宇宙，使造物界有的位于第一位，有的处在第二位，如此按序，直到末位。这才是所说的"全"（omnia）。

四十二　主耶稣是上帝的智慧，[①] 他如何既在母亲的肚腹出生又在天上出生？

这就如同人的话，即使许多人听到这话，每个人都听到它的全部。

四十三　为何神子以人的样式出现、圣灵以鸽子的样式出现？[②]

因为前者到来是向人表明如何生活的典范，后者显现是为了指出那能使人获得幸福生活的恩赐。但两者都为了那些属肉体者的缘故成为可

[①] 参见《哥林多前书》一章 24 节。
[②] 参见《马太福音》三章 16 节。

见的，好叫他们受感动，藉着圣礼①一步步从那些肉眼可见的事物走向那些心灵理解的事物。因为话语说出来就消失了，但通过话语指明的那些事，若是神圣而永恒的，就绝不会随风飘散。

四十四　主耶稣基督为何不是在人犯罪之初就来，而是过了那么长时间才来？

因为凡是美的事物都源于最高的美，②那就是上帝，而短暂的美随同事物一起生灭消长。每个个体在不同的生命阶段，从婴孩到老年，都有自己独特的美丽。因此，正如一个人作为人受制于时间的流逝，却因为睥睨人生其他阶段按序呈现的美，就希望自己永葆青春是愚蠢的，同样，希望整个人类所有人都处在同一个年龄也是可笑的。正如每个人的生命都有不同的年龄阶段，神圣的主——人模仿他就得以形成最卓越的生活方式——从天上下来，若不是处在他的青年时期也是不合适的。在这一点上，使徒说的对：在律法之下我们就像孩子受家长管教，直到他到来③，他是家长所侍奉的主，藉着众先知所应许的。因为神意私下里——可以这么说——作用于个人是一回事，公开地关注整个人类是另一回事。有些人已经获得确定无疑的智慧；唯有他们得到同一个真理的

---

① 这里的圣礼不是指教会礼仪，而是指神圣计划在基督徒的个体生命历程中（可能显现）的重要时机。参见注释43。
② 这个措辞回应问题一的开头。参见注释1。
③ 参见《加拉太书》三章23—24节。奥古斯丁在《订正录》指出，他这里的陈述大意是基督在人类年轻时到来，这与他后来在问题六十四（2）说的话——基督在人类六十岁即老年时到来——明显相冲突。他力图调和两种说法，指出，前者指一种新的信仰通过爱发挥活力，后者则具有时间顺序的含义。而且，尽管年轻和年老不能同时存在于身体中，但可以同时存在于灵魂中（因此，暗示存在于事件的属灵解释中）。Bibliotheque Augustinienne 1，10，721的相关注释中指出："这种解释让人觉得是一种逃避。事实上，圣奥古斯丁与他同时代的大多数基督徒一样，认为基督是在末世到来的。"奥古斯丁很少说不一致的话，这里的例子就算不是唯一，也属极其罕见。参见问题五十八（2）（及注释144）和问题四十四（2）。

启示，因为他们的生命履历中有这样的契机。藉着这真理，当人类处于某个恰当年龄阶段时，一个人（主耶稣）被举起，好叫人们变得有智慧。

四十五　反驳数学家①

1. 古人所说的数学家并不是我们今天所称呼的那些人，而是指通过研究天体和星辰运动探求时间节奏（numeros）的人。圣经里谈到这些人的话一针见血："另外，他们是无可推诿的。因为他们既然能知道这么多，甚至能评判世界，那他们为何没能更轻易地发现这世界的主宰呢？"（智 13：8—9）。就人的心灵来说，当判断可见事物时，它能认识到自己好过一切可见事物。然而，尽管它承认自己是可变的，在智慧上有减有增，但它发现在它自身之上有不变的真理。因此，依附于这真理，如经上所写："我心紧紧跟随你"（诗 63：8），它就有福。它还在自身之内发现一切可见之物的造主和主。它不是到自身之外的可见事物中寻找，也不是在天体中寻找，那是找不到的，或者徒劳无益且困难重重，只有从创造者所造之事物的美好中寻找，这创造者是在里面的，首先在灵魂里产生高级的美，然后在身体里产生低级的美。②

2. 那些现在被称为数学家的人，妄图使我们的活动受制于天体，

---

① "数学家"（mathematici）这里指更为人所知的"占星家"。Mathematicus 这个词最初是指精通数之科学（不仅包括算术、几何，也包括地理和光学这样的学科）的人，但不久就渐渐适用于占星术，再后来就几乎专指这个领域。奥古斯丁或许是有力反驳占星术的早期最杰出基督徒，他还经常使用这里第 2 节提出的老掉牙的例子，即双生子有不同经历，来证明占星术是骗人的。参见《答辛普利奇问题汇编》Ⅰ.2.3；《忏悔录》Ⅶ，6，8—10；《基督教教导》Ⅱ，22，33—34；《上帝之城》Ⅴ，16。在本问题末段他猛烈抨击一个文本过于随意开放（"手稿的死皮"）以获得关于某人未来的知识——如果引用的是圣经经文，且为灵性目的引用，他并不反对，如他本人记载，他在《忏悔录》Ⅷ，12，29 就是这样做的。参见 Letters 55，22，37。

② 参见《罗马书》一章 19—22 节。

将我们出卖给星辰,还向我们收取卖我们的价钱,对这些人,最确凿也最简洁的反驳就在于:他们必须证明他们的星座说能解释(人的所有活动),其他都是徒劳。他们说,星座里共有三百六十个被命名的部分,构成黄道带。而天穹运动每小时经过十五个部分(即黄道带的 15 度),所以天穹运动经过十五个部分或 15 度就等于一小时。而一小时包含六十分。然而,他们不知道在他们的星座——他们说可以据以预言未来的星座——里,是否有比分更小的部分,即秒(minutas minutarum)。

双生子的受孕,就它产生于同一个性行为(如医生所证实的,他们的学识更加确定和清楚)来说,发生于短短一瞬间,不会超过两秒。如果按照这些数学家的论断,双子必然在同一个星座下受孕怀胎,两人就如同一个人,属于一个星座,那么双子如此迥异的行为、时运和选择是如何产生的?如果这些人企图以出生的星座来解释,双子的例子也同样有效,因为双子从母腹相继出生,时间间隔极短,涉及的还是比分更小的部分即秒的问题,而这个问题他们从来没有也不可能在他们的星座说里提出。

虽然据说这些人预言了许多真实的事,但那是因为人们没有记住他们的错误和虚假,只关注那些与他们的话刚好吻合的事,却忽略了那些没有按他们的话发生的事;人们所传言的那些事,其实并非按他们那种一钱不值的技能发生的,而是因某种令人费解的机缘巧合发生的。如果人们想要归功于这些人的专门技能,那他们不妨说,写在死羊皮上的文字也能说预言,因为那些死皮书常常随机地说中一个人的命运。这样说来,既然某些预言未来的文句可以不断地出现在某个文本而与这种技能无关,那么,某个言说者心里偶然地想到某种关于未来事件的预言,也不是靠技能,只是巧合而已,又有什么可吃惊的呢?

四十六　论理念①

1. 据说柏拉图是第一个使用"理念"（ideas）这个词的人。如果这个词在他引入之前并不存在，那或者是因为事物本身——他称之为理念——并不存在，或者是因为没有人理解它们。但也有可能其他人用另外的名字称呼它们，因为对于已知的但没有通用名称的事物取一个名称，是合法的。另外两种情形，即柏拉图之前没有智慧人，或者他们不理解柏拉图所称的理念，不论它们是什么东西，这两种情形都不可能，因为它们包含这样的含义，若是不理解它，就没有人能是智慧的。可以肯定，即使在希腊之外，在其他民族中也有智慧人，柏拉图本人不仅为了获得更多智慧而周游他国，而且在自己的作品中提到这一点，就是明证。② 因此我们不应认为，这些人——如果他们存在——对理念一无所知，尽管他们可能用另外的名字称呼理念。关于名称我们就谈到这里。我们要看看事物，既然术语已经确立，对事物本身就可以充分思考和了解，这样，凡愿意的人都可以指向他所知道的事物。

2. 在拉丁文中，我们把理念称为形式（formas）或样式（species），所以我们使用术语时似乎比较宽泛。但如果我们把它们称为理性或理由（rationes），那其实是偏离了特定意思（理性对应希腊语的 λόγοι，不是理念），不过，谁想要使用这个术语，也不算离事物本身太远。因为理念就是最主要的形式或者事物确定不变的理性或理由，其自身不是形成

---

① 鉴于奥古斯丁对理念的定义，以及理念如何为人所知这个颇具争议的话题，这个问题受到广泛研究。首先，在第 1 节，奥古斯丁考虑到专业术语的变通性，相信柏拉图创造了"理念"这个词。但是他坚持认为——因为他认为反之是不可能的——任何地方的智慧人都知道这个概念，即使他们不知道这个术语。然后在第 2 节，他提出定义："理念就是最主要的形式或者事物确定不变的理由，其自身不是形成的（得赋形式），因而是永恒的，始终以同样的方式构建，并包含在神圣理智之中。"他接着说，每个可灭之物都是依据这些不可灭的范式形成的。它们是心灵和理性可见的，因而是可知的。关于这最后一点，并非如奥古斯丁设想的那么清楚，但触及问题结尾所提到的光照话题，参见 Gilson 80—96。

② 参见比如《斐德罗篇》274 cd。

的（得赋形式），因而是永恒的，始终以同样的方式构建，并包含在神圣理智之中。虽然这些理念自身既不产生，也不消亡，但是每一个能够产生并消亡以及每一个真实地产生并消亡的事物，都是依据它们形成的。但唯有理性灵魂能看见它们，在它自身的那个使它超越于其他灵魂的部分里看见——即在心灵自身和理性里看见——可以说，这是它的面（facie）或者它内在的理智之眼。事实上，并非任何理性灵魂，唯有圣洁的理性灵魂，才能看见，也就是说，它拥有能看见那些事物的理智之眼，是完整的，健全的，平和的，与那些它决意看的事物相似。

浸淫真宗教的虔诚之人，虽然还不能看见这些事，但谁敢否认，或者谁会不承认，一切存在之物，即一切如其所是因其自身的本性包含在它自己类别之中的事物，都是上帝这位造主创造的；正是与他这位创造它们的造主同在，一切生命物才是存活的；事物的普遍安全以及秩序本身——那些经历变化的事物因这秩序可以宣称，它们的时间轨迹服从于某种牢固的管理权能——容纳于并受制于上帝的至高律法？一旦这一点得以确立并认可，谁还胆敢说上帝创造万物没有充分理由？如果这一点不能得到完全承认或相信，那剩下的只有一个结论，即万物都按一个理性或理由（ratione）被造，但造人类所依据的理性不同于造马的理性，不然［即认为创造人类与创造马依据同样的理性或理由］，是很荒谬的。所以，每个事物都是依据各自的理性或理由被造的。然而，这些理性或理由若不是在创造主的心灵里，还能认为它们在哪里呢？因为设想有某物存在于造主自身之外，他看到它并依据它创造所造的，那是渎神的。如果一切将造的以及已造之事物的理性或原因都存在于神圣心灵里，如果神圣心灵里的一切没有哪个不是永恒的、不变的，如果柏拉图把事物的这些首要原因称为理念，那么理念不仅存在，而且是真实的，因为它们是永恒的，始终同一，保持不变。任何事物正是通过分有理念才得以存在，不论以什么方式存在。

而理性灵魂在上帝创造的一切事物中出类拔萃，如果它很纯洁，那就非常接近上帝。如果它完全依附于他的仁爱,那它在某种程度上就被他的理智之光充满和点燃,看见那些理性——不是用它的肉眼,而是用那使它超越其他灵魂的它自身的原理(即它的理智)看见——这种看见产生最大的福祉。如以上所说,可以认为这些理性就是理念,也可称为形式或样式或原因,众人可以按自己的喜好称呼它们,只是极少有人能明白其真实含义。

四十七　我们是否能以某种方式看见自己的思想①

经常有人问,身体复活,成为不朽坏的②——这是给圣徒的应许——之后,我们如何能够看见我们的思想。其实我们这样的一种推测应当基于我们的身体这个部分拥有更多的光,因为我们必须相信天使的身体——我们希望拥有这样的身体——是非常轻盈而空灵的。③ 如果说我们心灵的许多意向现在就可以用眼睛认出来,那么当我们的整个身体都变得空灵透明——与之相比,我们现在的眼睛还是属肉的——时,我们灵魂的任何意向都不会在眼睛面前隐藏。

四十八　论可相信的事物④

有三类可相信的事物。一类是始终相信但永远不理解的事物,比如整个历史,包括时间中人的作为⑤。一类是相信的同时就理解的事物,

---

① 奥古斯丁在《订正录》说,这个主题在《上帝之城》XXⅡ.29 有更好的讨论。
② 参见《哥林多前书》十五章 52 节。
③ 奥古斯丁在《订正录》表示担心他所说的我们希望拥有轻盈而空灵的身体,就像天使的身体,这话有可能会被误解,以为我们复活的身体没有实体,而这是错误的。
④ 这个问题以某种上升为形式(这是奥古斯丁非常喜欢的图式),从历史的可变性到不变的理性和数,再到神圣事物。第一类的特点是相信但不理解,第二类是相信且理解,第三类先相信后理解。在这个图式中,相信是恒量,理解是变量。
⑤ 对历史事物更多的是相信而不是理解,因为它们并非亲身经验。参见《论教师》11,37;《真宗教》25,46("对时间中的事物,不论过去还是将来,更多的是相信问题,而不是理解问题");《忏悔录》Ⅵ,5,7。亦参见问题五十四:"但凡真实的并且独立于感官和心灵的,只能被相信,不能被知道或理解。"

比如人对数或某些准则的所有推理。还有一类是先相信后来再理解的事物，比如关于神圣事物，只有那些清心的人能理解，① 别人无法理解；而要清心，则必须遵行所接受的诫命，过正当的生活。

四十九　以色列子孙为何献可见形式的牺祭？②

因为也有属灵的圣事（sacra spiritalia），它们的影子需要一个属肉的民举行，从而藉着旧民的苦役产生对新民的预示。我们任何人身上都可以看到这两个不同的民，因为每个人从母亲的肚腹出生后必然行旧人③的行为，直到长大成人，再不需要肉身上的聪明，而能按自己的意愿转向属灵事物并在里面得到重生。④ 于是，在一个按照自然秩序和学科知识正当培养的人身上发生的事，以类比的方式，丝毫不差地在发生在整个人类中，并藉神意得以完成。

五十　论子的同等性⑤

上帝不可能生出比他自己更好的（没有事物比上帝更好），所以他所生的，与他同等。如果他想要这样做却不能，那他就是软弱的；如果他能这样做却没有做，那他是嫉妒的。由此可见，他生的圣子与他同等。

五十一　论人是按着上帝的形像和样式造的

1. 既然圣经指出有内在的人（内心）和外在的人（外体），并且

---

① 参见《马太福音》五章 8 节。
② 这个主题也在 Letters 102, 16—21 以及《上帝之城》X, 5 谈到，不过在那两个更详尽的文本中，表达的观点与这里颇为不同，那里强调的是旧约与新约之间的一致性。而这里奥古斯丁的目的在于：一方面要引出两约之间的一个类比，另一方面要引出《歌罗西书》三章 9 节的旧人与新人之间的类比。
③ 参见《歌罗西书》三章 9 节。
④ 指洗礼。
⑤ 这个问题提出的难题类似于奥利金在《论首要原理》I, 2, 2 提出的难题。亦参见 Gregory Nazianzen, *Oration* 29, 6—7。

对两者作出截然区分，以至它藉着使徒说："外体虽然毁坏，内心却一天新似一天"（林后4：16），我们就可以问，是否两者之一是按着上帝的形像和样式造的。当然若问这两者中哪一个是这样造的岂不愚蠢。谁不会断然说，就是那得到更新的，而不是那毁坏的？然而是否两者都是，那就是个大问题了。如果外在的人就是亚当，内在的人就是基督，那可以理解为两者都是。但是由于亚当——他原本是上帝所造——没有保守善好，反而因爱属肉体之物变为属肉的，所以若说这好在他身上毁坏了，他失去了上帝的形像和样式，应该不会有错。基于这个原因，他得到更新，因而也是内在的人。那么在何种意义上说他是外在的人呢？是指身体吗？若是这样，那内在的人就是指灵魂，是内在人的复活和更新，这要等到原先生命即有罪生命死后才发生，也就是在新生命重生，即公义生命之后。因此他再次提到这两个人，说一个是旧人，我们必须脱去，另一个是新人，我们必须穿上。① 另外，他还将其中之一称为属地之人的像，因为它是因第一人即亚当的罪而产生的，而另一者称为属天之人的像，② 因为它是因第二人即耶稣基督的公义而产生的。但是外在的人——正在毁坏——到了将来复活的时候必会更新，③ 到那时，它就偿还了死亡之债，那是依据自然之法的本性使然，是乐园里的诫命规定的。④

2. 但是，说身体也是按照上帝的样式造的，这话也并非不合宜，我们只要认真留意经上写的："上帝所造的一切都甚好"（创1：31），就能轻易明白。没有人会怀疑，上帝本身是原初的善。我们可以在多层意义上说事物与上帝相像：有些相像意指它们是按照能力（virtus）和

---

① 参见《歌罗西书》三章9—10节。
② 参见《哥林多前书》十五章47—49节。
③ 参见《哥林多后书》四章16节。
④ 参见《创世记》三章19节。

智慧（sapientia）造的，因为非造的能力和智慧在于他；① 有些相像是在存活意义上说的，因为他是最高的、原初的生命；还有些相像是指存在，因为他是最高的和原初的存在。所以，仅仅存在、不是活着、更没有智慧的事物，并非完全按他的形像造，但仍是隐约在他的形像里，因为无论如何它们在自己的等级中是善的，而他是万物之上的至善，它们的善来自于他。凡是活着但没有智慧的事物则更多地分有他的形像。因为凡是活着的，必是存在的，反之却不然，存在的并不一定就是活着的。而那些有智慧的事物与上帝的像最接近，造物中没有哪个能比它们更靠近的。因为凡是分有智慧的，也必是活着的和存在的，而活着的必是存在的，却并不必然拥有智慧。因此，当人根据其内在的人分有智慧时，他就是完全按照上帝的形像造的，在他之上没有别的造物，因而没有比他更紧密地与上帝相联。因为他知道（sapit），他活着，他存在，没有任何造物比这个造物更好。

3. 如果外在的人分有那个生命，我们因此通过身体即众所周知的五官——这是我们与兽类的共同之处（因为它们也同样会因灾难导致的身体疾患而毁灭）——拥有意识，那么我们也可以说此人分有上帝的形像，不只是因为他活着，兽类也活着，更因为他被引向支配他并得智慧光照的东西，即他的心灵，这是兽类所没有的，因为它们没有理性。人类的身体也是所有地上动物的身体中唯一一个不匍匐在地的，因为它能够看见，并且直立向上，仰望天空，那是可见事物的源头。虽然我们知道人的身体不是因自己的缘故而活，而是因灵魂而活，但是仍然可以说，不仅因为它存在，就其存在来说是好的，而且因为它以特定的方式被造，使人更容易沉思诸天，所以可以正当地认为，它比其他动物的身体更多地按上帝的形像被造。不过，因为没有生命就不能正确地称

---

① 参见《哥林多前书》一章 24 节。

之为人,① 所以构成外在之人的不只是身体,也不只是身体感官中的生命,把两者结合起来可能更为恰当。

4. 以下这种区别并非没有益处——上帝的形像和样式,也被称为圣子,② 是一回事;按着上帝的形像和样式造的,如我们所理解的人类是这样造的,③ 是另一回事。④ 也有些人认为,"按上帝的形像"与"照上帝的样式"应该是两回事,如果它们是一回事,那用一个术语就足够了。这种说法并非毫无道理。⑤ 但他们其实想要说,心灵(mens)是按着上帝的形像造的,由真理本身直接形成,没有任何实体介入;它也被称为灵——不是圣灵,圣灵与父和子同一实体,而是人的灵。使徒对它们作了区分:"除了在里头的灵,谁知道人的事?像这样,除了上帝的灵,也没有人知道上帝的事"(林前2:11)。他又进一步谈到人的灵:"愿你们的灵与魂与身子得蒙保守"(帖前5:23)。就像其他造物一样,它也是由上帝创造的。《箴言》这样写道:"知晓耶和华洞悉众人的心,那将灵确立在众人里面的,必知道万事万物"(箴12:24 LXX)。所以毫无疑问,这灵——它里面有对真理的领会——是按着上帝的形像造的,它从真理发出,不借助任何其他造物。然后他们想要说,人的其他方面似乎是按上帝的样式(similitudino)造的,因为每个形像诚然都是相似的(similis),可称为样式,但严格来说,并非每个相似的东西(样式)都

---

① 奥古斯丁在《订正录》对这里所说的话表示犹豫,并指出一个死人仍然可以称为人,只是并不恰当。
② 参见《歌罗西书》一章15节。
③ 参见《创世记》一章26节。
④ 奥古斯丁在《订正录》告诫说,这话不能理解为否定人类既可以说是上帝的形像,也可以说是按着上帝的形像造的。至于上帝的儿子,则只能说他是上帝的形像,不能说他是按着上帝的形像造的。
⑤ 这里谈到形像与样式之间的区别,但奥古斯丁承认这是别人的看法,不是他自己的观点。这些未名的其他人主张,人的心灵是按着上帝的形像造的,而人的其他方面是按着他的样式造的。奥古斯丁并没有反对这种立场——事实上他将以之为基础,尤其在《论三位一体》里——但他在结语里说,我们应当小心谨慎,免得有人误解按上帝的形像和样式造所指的意思,以为上帝有物质性的实体。

是一种形像，尽管或许在宽泛意义上也可以这样称呼。

无论如何，对这样的问题应当小心谨慎，免得受诱惑作出过于大胆的论断。至少我们应当正当地主张，就身体占据空间来说，必然不能认为上帝自身的实体是与此类似的事物。某物如果在部分上少于它的整体，那它就不配得灵魂的尊荣，更与上帝的威严不配。

五十二　论经上所说："我后悔造人了"（创6：7）①

圣经将我们从经文世俗的属人含义提升到神圣的属天含义，同时又屈身使用一种甚至全然无知的人也能明白的语言。所以圣灵藉以说话的那些人在圣书中毫不犹豫又非常得体地提到我们灵魂所经历的那些情绪的名称，而理解能力较高的人都明白上帝是全然没有那样的情绪的。比如，由于对人来说，要报复某事却毫无愤怒是十分困难的，于是他们决定，尽管上帝的报复全然没有这种困扰，却仍然把它称为愤怒。同样，因为男人通常出于嫉妒要求妻子守贞洁，所以他们就说上帝神意的活动是上帝的嫉妒，他唯恐灵魂败坏，跟随别神，类似失去贞洁，所以嫉妒发恨。上帝作工所借的权能也是这样，他们称之为上帝的手；他持续维护并治理万物的权能，他们称为上帝的脚；他感知并理解万物的权能，他们称为上帝的耳朵和上帝的眼睛；他显明自己、使自己可辨识的权能，他们称为上帝的面；如此等等，都是同样的表达方式。他们这样做是因为我们——他们的话是对我们讲的——习惯用双手作工，用双脚行走，来到灵魂引导我们前往的地方，用双耳双眼以及其他感官感受物质对象，通过我们的脸为人所知，如此等等。所以，尽管对那些以沉静的心灵凝思神意的人来说，它显然是以最稳固的秩序管理万物，然而，由

---

① 这个问题反映前一问题结尾处所表明的担忧——即，有人会从人格化的角度去理解上帝，尤其因为旧约谈到上帝时使用了人格化的语言。该问题对这种担忧作了生动详尽的描述。只是到了最后，才讨论了上帝"后悔"这个话题。参见《答辛普利奇的问题汇编》Ⅱ.2，也讨论了上帝的"后悔"及其含义。

于我们通常难以改变一件已经发生的事,将它转变为另外的事,只能表示后悔;同样,对于已经存在但不会如我们所希望的那样持久的事物,经上就会说——完全为了俯就我们浅薄的理解力——好比上帝后悔了,就把它们废除了。

五十三　论以色列人从埃及带走的金银①

1. 凡是深入思考两约的安排——与人类历史进程的时间性相一致——的人,我想,都会充分明白何者适用于早期人类,何者适用于后来的人类。神意完美地管理着万物,从亚当直到世界终末的全部世代都在管理之中,就如同一个人的生命,从儿童到老年,整个人生由确定的阶段构成。所以一个虔心研读圣经经文的人,也必须区分人的行为中不同阶段的美德,直到最高的美德成全,不然,当他发现有时为那些幼小的人规定小事,为那些年长的人命定大事,就将小的与大的相比较,从而把小的看为罪,于是可能会认为上帝命令人做这样的事是不恰当的。但是要详述美德的不同阶段(步骤)颇费时间,对于目前要讨论的问题以上所述已经足够。

就欺骗而言,最高的完全美德是不欺骗任何人,也是践行经上所说的话:"你们说话,是就说是,不是就说不是。"(雅 5:12)但是因为这条诫命是给那些已经得应许要承受天国的人立的(践行这些大事乃是一大德,所以这报赏是他们应得的,正如经上所说"天国是努力进入的,努力的人就得着了"[太 11:12]),所以我们要问,人要达到那个完全的高度需要经历哪些步骤。可以肯定,在这个过程中,可以看到有一些人只是应许给他们属地的王国,他们既得了这样的应许,就像小孩子,暂时享受属地的喜乐,这也是他们暂且渴望的,是他们从同一位上帝获得的,他是万物之主;然后从那里前行,在灵里成熟,他们就

---

① 参见《出埃及记》三章 22 节;十一章 12 节;十二章 35—36 节。

敢于盼望属天的王国。正如最高的几近神圣的美德是不欺骗任何人，同样，最大的邪恶就是欺骗任何人。要从这最大的邪恶到那至高的美德，期间有一个步骤，那就是：诚然不能欺骗一般的人，无论是朋友还是外人，但对敌人有时还是要欺骗。就此而言，诗人的话具有类似于箴言般的力量："对待仇敌，是施计还是行德，有何分别？"① 然而，即使仇敌本人，也可能常常受到不义的欺骗，比如订立某个协议达到暂时和平，就是所谓的休战协议，但对方没有遵守，以及其他诸如此类的事。所以，一个人虽然想要欺骗仇敌，但没有欺骗，除非这是出于神圣权威，不然，这样的人更可宽恕，也更接近那种最高美德。因为上帝知道——唯有他知道，并且他比人卓越得多，也公义得多——谁该受惩罚，谁应得奖赏。

2. 因此，上帝自身绝不会欺骗任何人，因为他是真理之父，是真理之灵，他就是真理②。然而，当他将功德分派给那些配得的人（因为这也与公义和真理相关）时，他利用灵魂获得美德各阶段所特有的功德和业绩，于是，即使有人该受欺骗，他不仅不会亲自欺骗他，也不会藉着尽心热爱并始终遵守那条命令，即"你们说话，是就说是，不是就说不是"的那类人来欺骗他，也不会借助天使欺骗，对他们来说欺骗是与其本性不相称的行为，而是通过还没有剔除这类意向的那类人，或者因其悖逆意志处于最低本性的天使，被专门用来惩罚罪恶或者教训并洁净那些根据上帝的安排要重生的人。比如，我们读到，一个王被伪先知的假预言所骗。在读到这样的事件时，我们发现，若不是出于神圣审判，这样的事断不会发生，因为他该受那样的欺骗，骗他的不是天使，天使接受欺骗的任务是不正当的，而是某个堕落天使，他很乐意并且主动要求派给他这样的任务。③ 圣经有些地方对某事描述得不那么清

---

① 维吉尔《埃涅阿斯纪》Ⅱ，390。
② 参见《约翰一书》五章6节。
③ 参见《列王纪上》二十二章6—23节。亦见《答辛普利奇的问题汇编》Ⅱ，6.

楚，但在另外地方会有更明晰的阐述，细心而虔诚的读者完全可以理解。因为我们的上帝藉着圣灵为灵魂的拯救编写圣书，他希望不仅以明白的文字滋养我们，也以晦涩的文字操练我们。① 这种不可言喻的、巧妙绝伦的安排是藉着神意成就的，从这种安排中，可以说，一种自然法镌刻在理性灵魂上，② 好叫人在此生的这种生活方式及其属地的活动中就能把握如此安排的要义。因此，一个法官不会亲手执行死刑犯，他认为这样的事与他的人格不相称，也是可恶的；而行刑者——尽管是在法官的命令下——因其禀性之故被指定担当行刑任务，杀死一个已被判处死刑的人，是合法的。而法官不会亲自做这样的事，也不会让某个官吏或者律师或者雇用任何不适合担当此职的人来做。同样，一些让人来做显得太残忍的事，我们就利用无理性的牲畜来做。比如，可以肯定，狠狠地咬一个盗贼是正当的，但被盗者不会自己做这样的事，也不会让他儿子或者家里的某个成员甚至奴仆去做，但是让他的狗去咬，是与它的本性适合的。因此，有些人适合遭受某事，有些人却不适合，某些职位就是专门用来实施特定任务的工具，所以，在使用它们时，公义本身不仅命令一个人要承受这样的事，因为他适合遭受，也命令那些行这些事的人去行，因为他们也同样适合行这些事。

因此，当埃及人该受欺骗，而以色列百姓仍然处于与人类的那个时代相对应的道德阶段时，他们欺骗仇敌并非不当，于是上帝命令他们——或者毋宁说按着他们的意向允许他们——向埃及人要金器银器，这是他们热切欲求的，因为他们当时仍渴望属地王国；而且要走了就不会再归还，尽管他们拿走时装出要归还的样子。③ 他

---

① 有种观念认为，圣经的写作特点是，在一处写得隐晦的真理会在另一处清晰地显现，从而它不仅滋养读者的灵魂，也通过出于神意的晦涩操练他们的理智，这种观念深受教父们喜欢，也在奥古斯丁笔下频繁出现。参见《基督教教导》II, 6, 8；Letters 137, 18。
② 参见《罗马书》二章 15 节。
③ 参见《出埃及记》三章 22 节。

们既经历如此漫长的劳苦作工，上帝不希望对他们的补偿与他们灵魂所处的阶段不相适应，也不希望对仇敌的惩罚与其不相称——他公正地使他们丧失他们不得不交出去的东西。因此上帝不是欺骗者（谁不知道相信这样的事是邪恶而不敬的？），而是最公正的监察者，他监察一切功过和人格。有些事只适合他自己做，唯有他亲自成就，比如启示明智而有福的灵魂，向他们显明他自身，叫他们享有他的恩赐；有些事他根据最健全的律法并基于功过，挑选某个为他效劳的造物，借助于它来做；有些事他命令实施，有些事他允许发生；他甚至关心到麻雀，如主在福音书里说的，① 甚至在意野草的美好，② 甚至数算我们的头发③——一切都在神意的管理和随时帮助之下，这神意就如经上所写："它大有能力，从此极到彼极，欣然管理万物。"（智 8：1）

3. 上帝通过守他律法之灵魂的协助，惩罚并用相应的惩罚措施报复那些罪有应得者，但他自身保持完全的静止不动，这一点是完全公开的，如经文所记载的："惩罚一个罪不当罚的人，你认为这与你的权能不符。你的权能乃是正义之源。因为你是万物之主，所以你恩待万物。每当有人不相信你的完备权能，你就显明自己的大能；每当有人自称知道你的权能，你就暴露他们的狂妄自大。你是权能之主，但你平静审判，你尽心统治我们。"（智 12：15—18）

4. 同样，主表明通向属天公义——已经责成那些更强壮的人遵行——的第一步是考虑属地事务，他说："倘若你们在别人的东西上不忠心，谁还把你们自己的东西给你们呢？"（路 16：12）主又表明要根据灵魂各自的阶段教导它们，他说："我还有好些事要告诉你们，但你们现在担当不了。"（约 16：12）使徒也表明这个意思，他说："弟兄

---

① 参见《马太福音》十章 29 节。
② 参见《马太福音》六章 30 节。
③ 参见《马太福音》十章 30 节。

们，我从前对你们说话，不能把你们当作属灵的，只得把你们当作属肉体，在基督里为婴孩的。我是用奶喂你们，没有用饭喂你们，那时你们不能吃，就是如今还是不能，你们仍是属肉体的。"（林前3：1—3）所以，按着那些人所处的阶段发生在他们身上的事，我们也在整个人类身上看到——即，与时代相一致，有些事责成属肉体的民做，有些责成属灵的民做。所以如果有些仍然适合去欺骗仇敌的人被任命去欺骗应受骗的仇敌，那有什么可奇怪的。因为这些人还不能算作那些人——经上有话对他们说"要爱你们的仇敌"（太5：44）——中的成员，对这些人经上只要求"当爱你的邻舍，恨你的仇敌"（太5：43）。那时仍然没有足够时间解释如何在宽泛的意义上理解"邻舍"。无论如何，在某个看护者的看护下已经有了开端，但结论留给教导者，因为这同一位上帝，既给小子配了看护者（即律法，通过他的众仆人），① 又给那些长大成人的，配了教导者（即福音，藉着他的独生子）。②

五十四 论经上的话"我亲近上帝是与我有益"（诗73：28）

凡是存在的事物，或者始终以同样的方式存在，或者不是。每个灵魂优于每个身体，因为凡是赋予生命的，优于被赋予生命的；而谁也不怀疑，身体是被灵魂赋予生命的，而不是灵魂被身体赋予生命。不过，这身体不是某物又是某物；它或者是一个灵魂或者是比灵魂更好的东西。没有事物低于任何特定的身体，即使有人谈到构成身体的质料，事实上他所谈的不过是虚无（nihil），因为它没有任何规定性。再者，身体与灵魂之间没有任何东西优于身体且低于灵魂的。如果两者之间有什么东西，它或者被灵魂赋予生命，或者赋予灵魂生命，或者两者都不是；或者被身体赋予生命，或者赋予身体生命，或者两者都不是。凡是被灵魂赋予生命的，就是身体；

---

① 参见《加拉太书》三章24节。
② 参见《马太福音》二十三章10节。

而赋予灵魂生命的，必优于灵魂。再者，赋予身体生命的，就是灵魂；而被身体赋予生命的，是虚无。两者都不是的——即不缺乏生命又不赋予生命的——或者根本什么都不是，或者是某种既优于身体又优于灵魂的事物。至于这样的事物是否真实存在，那是另一个问题。无论如何，理性表明，身体与灵魂之间不会有优于身体而低于灵魂的事物存在。而优于所有灵魂的，我们称为上帝。① 凡是理解他的，就与他联合。因为凡是被理解的，就是真实的，但并非所有被相信的，都是真实的。但凡真实的并且独立于感官和心灵的，只能被相信，不能被知道或理解。凡是理解上帝的，都与上帝联合；理性灵魂理解上帝，因为它理解那始终以同样方式存在，不会经历任何变化的。而身体在时空中经历变化，理性灵魂也经历变化，它有时聪明有时愚蠢。而始终以同样方式存在的，远远优于那并非以同样方式存在的。除了上帝，没有事物优于理性灵魂。因此，如果某物理解那始终以同样方式存在的，它毫无疑问理解它自身。而这就是真理本身。理性灵魂通过理解它与它联合，而这对灵魂是有益的，这就是经上所说的"我亲近上帝是与我有益"的正确含义。

五十五　论经上的话："有六十王后，八十妃嫔，并有无数的童女"（雅 6：8）

数字十可以表示一切事物的知识。如果这［知识］指向内在的可理知的事物，这样的事物由数字六表示，那么就可以说十乘以六，得数六十。如果它是指属地的可朽的事物，这些事物用八表示，② 那么十乘以八就是八十。所以，王后就是掌控可理知的属灵事物的灵魂。妃嫔就是接受属地财

---

① 奥古斯丁在《订正录》里作了纠正，说他应该这样写："优于所有被造的灵"而不是"优于所有灵魂"。
② 在奥古斯丁的思想里，数字八通常更多地表示完美和成全。参见 *The Lord's Sermon on the Mount* 1，4，12；《上帝之城》XXII，30。这里的用法让人觉得数字学（numerology）这门学科是多么任意武断。

物作赏赐的人；关于他们经上写道："他们已经得了他们的赏赐。"（太6：2）无数的童女就是那些没有具体知识、可能茫然面对各种不同教条的人，所以，给定一个数目，如上面所说，就表示确定无疑地建立了某种知识。

五十六　论建立圣殿的四十六年[①]

六、九、十二以及十八相加得四十五。再加上一，就是四十六。再乘以六，数字就变成二百七十六。据说人的怀胎有自己的过程，遵循这样的步骤：最初六天类似于奶；接下来的九天变为血；随后十二天变成固态；接下来的十八天里，肢体特征初步形成；在剩下的时间里，直到出生时刻，渐渐长足身量。这样，四十五天，再加一天，就是总数，因为六加九加十二加十八总共是四十五，再加一，如所说的，就是四十六。这个数乘以六——即我们这串数里的第一个数——就变成二百七十六，即九个月零六天，推算出这是四月朔日的第八天，就是我们相信主被怀胎的日子，因为他也在那天受难，直到一月朔日的第八天，就是他出生的日子。[②] 所以，经上说建造圣殿——表示他的身体[③]——化了四十六年，这并非没有理由，也就是说，完成主的身体用了多少日子，建造圣殿就用了多少日子。

五十七　论一百五十三条鱼[④]

1. "万有全是你们的，但你们是属基督的，基督又是属上帝的"

---

① 参见《约翰福音》二章20节。对数字四十六的这种解释也出现在《论三位一体》IV，5，9。
② 分别是3月25日和12月25日。在奥古斯丁写《问题汇编》时代，12月25日并非普遍作为基督出生的日子遵守，但确实是大多数基督徒庆祝的。参见 Bernard Botte, *Les origines de la Noel et de l'Epiphanie*（Louvain，1932）。
③ 参见《约翰福音》二章20—21节。
④ 参见《约翰福音》二十一章6—21节。这个问题很可能是奥古斯丁数字学解经中最有名的一个解释了。亦参见 *Homilies on the Gospel of John* 122. 8 - 9；*Semons* 248，4 - 5；252，7 - 8；*Exposition of Psalm* 49 [50]，9。在问题八十一3也解释了数字153，但所采取的步骤有点不同，得出的结论也有所区别。

（林前 3：22—23 节）。如果这些一开始就用数字表示，那它们就显示为一、二、三、四。同样，"男人是女人的头，基督是男人的头，上帝是基督的头"（林前 11：3）。如果这些同样用数字表示，他们也表示为一、二、三、四。再者，一、二、三、四相加总数为十。因此数字十（denarius）恰当地表示管教，指向创造主上帝和他所确立的造物界。当一个完全而不朽坏的身体造出来顺服于一个完全而不朽坏的灵魂，后者造出来顺服于基督，基督又顺服于上帝，不是相异的或者拥有不同本性的两者，而是子与父，所以这些——可以指望在身体复活之后将永恒地存在——恰当地由这个数字十来表示。① 可能正是出于这样的缘由，那些被带到葡萄园的，得到一钱银子（denarius）作为工价。②

就如一二三四相加得十，同样，一二三四的加数乘以四得四十。

2. 如果数字四十恰当地表示身体（物体），因为它由四种众所周知的性质——干湿冷热构成——也因为从点到线，从线到面，从面到体的运动产生物质实体（soliditatem corporis），而它又包括在数字四里面，所以认为数字四十表示时间中的安排并非没有道理。所谓时间中的安排就是为我们得救所制定的计划，当主披戴身体，屈尊以可见方式向人类显现，就开始实施这计划。一加二加三加四，表示创造主和造物界，乘以四（即，通过物体在时间中的状态表示），得四十。因为四与四倍之间有这样的区别——四是指那些静态的事物，而四倍表示运动中的事物。因此，就如四指身体，同样，四倍指时间，以此暗示在身体和时间里实行的圣礼，这圣礼是为那些受困于身体的欲爱并受制于时间的人立的。③ 所以如以上所说，认为四十这个数字表示时间中的安排是合理的。或许这就是主为何要禁食四十天的

---

① 换言之：一 = 万有/女人/身体；二 = 你/男人/灵魂；三 = 基督；四 = 上帝；两边相加，即十 = 创造主上帝及其造物界。
② 参见《马太福音》二十章 2 节。
③ 在身体和时间里实行的圣礼就是基督的道成肉身。参见第 43 页注释①。

原因,① 即为了表明这个世界——它以物体的活动和时间为表征——的匮乏；也是他为何复活后与门徒一起四十天的原因,② 就是向他们暗示（我相信）他为我们得救而实施的这个时间中的计划。

而四十这个数，把它的各因数相加，总数得五十，这恰恰就是一个明证，因为它的那些因数彼此对称（aequales），而属体的可见活动若是在统一协调中实施，对时间中的人来说，就产生完美。这种完美，如前面所说，由数字十表示；正如数字四十，只要将它的各因数相加，就产生［一个额外的］十，从而得到五十，也如上面所说。因为数字一（四十就是它的四十倍）、二（四十是它的二十倍）、四（十倍）、五（八倍）、八（五倍）、十（四倍）、二十（两倍），这些数相加就是五十。从对称性来看，除了我们所列举的以上这些数，四十里面没有另外对称的因数，把这些数相加，我们就得到五十这个数。③ 于是，主复活后与自己的门徒过完四十天——即，将时间中为我们成就的事托付给他们——就升天了。④ 过了十天，他派下圣灵，藉着圣灵，那些原本相信可见的暂时之事的人在灵性上得了完全，好叫他们抓住不可见之事，因此暗示同样的完全，也就是圣灵藉着那十个日子——这些日子之后主派了圣灵——所赐予的，因为十这个数字是从四十的各对称因素而来，把它们相加就得五十，正如时间中的事务若在统一协调中实施，就达到完美，十这个数字就表示那种完美，十再加上四十，就是五十。因此，由于这种藉着圣灵而来的完美——只要我们仍行在血气里,⑤ 即使我们不按血气行事——是与时间中的安排本身相结合的，所以数字五十似乎可以正当地指向教会，不过，这教会已得了洁净，成为完全的，在仁爱中

---

① 参见《马太福音》四章 2 节。
② 参见《使徒行传》一章 3 节。
③ 在问题七十四 1 重述了这个过程。
④ 参见《使徒行传》一章 2—3 节。
⑤ 参见《哥林多后书》十章 3 节。

秉持具有经世计划特点的信仰，也在仁爱中盼望将来的永恒；也就是说，它就如同将数字四十与数字十结合起来。

但是这个教会，就是数字五十所指向的，不论因为它是由三类人组成，犹太人、外邦人和属肉体的基督徒，还是因为它由三位一体的圣礼滋润，① 通过表示它的数字即五十再乘以三就达到数字一百五十。当你添加上那三位，即圣父、圣子和圣灵——因为以圣父、圣子和圣灵的名在重生的洗② 里受洗的，必然卓越而不凡的——结果就是一百五十三。这就是经上提到的鱼的数目，③ 因为网撒在船的右边，④ 于是得着了大的〔鱼〕——也就是完全的、配得天国的人。因为经上有网的比喻说，那不是撒在右边的网不分好坏一起网上来，但在岸上要把它们分别出来。⑤ 如今，在上帝的诫命和圣礼的网里，好人坏人都混杂在教会里，就如当前存在的情形。但到了世界的末了，⑥ 就好比到了海的尽头，也就是到了海岸上，就到了将他们分别的时刻，到那时，起先义人在时间里统治，如《启示录》里所记载的，⑦ 然后要在书中所描述的那个城里永远统治。⑧ 所以，等到时间中的安排——就是数字四十所预示的——结束，数字十（denarius）将留存，这是要赐给在葡萄园作工的圣徒的，是对他们的奖赏。⑨

3. 如果深入考察这个数字，它也可以指教会的圣洁，因为教会是我们的主耶稣基督所建。因此，就创造对应数字七（三属于灵魂，四归于

---

① 滋养教会的"三位一体的圣礼"就是洗礼；在施洗中浸入或浇洒的那刻求告三一上帝的三个位格。在随后的行文中这样的暗示愈益明显。参见注释63。
② 参见《提多书》三章5节。
③ 参见《约翰福音》二十一章11节。
④ 参见《约翰福音》二十一章6节。
⑤ 参见《马太福音》十三章47–48节。
⑥ 参见《马太福音》十三章49节。
⑦ 参见《启示录》二十章4–6节。这里是指相信圣徒在地上实际的暂时统治，称为千禧年主义，因为据说这种统治持续一千年（参见《启示录》二十章4节）。奥古斯丁后来拒斥了这种信念，认为它过于随意。参见《上帝之城》XX, 7–9。
⑧ 参见《启示录》二十一章2节至二十二章5节。
⑨ 参见《马太福音》二十章2节。

身体）来说，［主］披戴人性①相当于三个七：父差遣了子；父在子里面；藉着圣灵的恩赐，他生于一位童贞女。因而三是指：圣父、圣子和圣灵；七则是人自身，他被纳入时间计划，好叫他成为永恒的。结果就是二十一，即三乘以七。但主披戴人性有益于教会的解放，他是教会的头。②而教会本身，因着它的灵魂和身体，也同样在数字七中显现。所以考虑到那些靠着神人③得释放的人，不妨让二十一增加七倍，结果就是一百四十七。然后再加上表示完全的数字六。因为六是其自身各因数的和，也就是六的所有因数相加刚好就是六，没有小一点，也没有大一点。它的因数包括一（六是它的六倍）、二（三倍）、三（二倍）；这三个数相加就是六。这也可以指上帝在第六天完成所有工的那个圣礼。④

所以，把六这个表示完全的数加到一百四十七上，就得一百五十三这个数。这就是我们看到的鱼的数目，⑤就是按主的吩咐，把网撒在船的右边之后⑥打上来的鱼；在这个右边，没有罪人，罪人属于左边。⑦

五十八　论施洗约翰⑧

1. 施洗约翰，如福音书的经文所表明的，可以合理地相信——多

---

① "披戴人性"：susceptio hominis。亦参见下文及第24页注释①。
② 参见《以弗所书》一章22节。
③ "神人"：dominicum hominem。参见注释64。
④ 参见《创世记》二章2节。参见注释63。
⑤ 参见《约翰福音》二十一章11节。
⑥ 参见《约翰福音》二十一章6节。
⑦ 参见《马太福音》二十五章41节。
⑧ 奥古斯丁在很多地方都谈到施洗约翰，这是其中之一，或许是布道书里最著名的一处，这里的许多主题他在布道书中都重复谈到，这些主题对他来说已不算独特。参见Semons 66；94A；191, 1：287–293D；307–308A；342, 2：379–380。在介绍了约翰之后，奥古斯丁仔细搜索了一串旧约人物，他们的故事都有预言意义。然后他阐述人类的六个阶段，约翰处于第五与第六阶段的分界点，这人类六阶段对应每个个体的六阶段——婴孩、幼年、少年、青年、中年和老年。亦参见问题四十；问题六十四2；*On Genesis：A refutation of the ManicheansI*, 23, 35–40；*The Instruction of Beginners* 22.39；《论三位一体》IV, 7；《上帝之城》XXⅡ, 30。

亏相当可靠的文献——是预言的见证者,但远不只是见证者,因为主说他是"比先知大多了"(太 11∶9)。他之所以如此,在于他是一个预像,预示了关于主的一切预言,从人类的起初直到主的到来。然而,那原本在预言中被预告的主,如今他本人就是福音的见证者。从他到来的时间起,福音的传讲传遍了全地。而在所预言的事实现之后,说预言的功效也就减低了。所以主说:"律法和先知到约翰为止,从此上帝国的福音传开了。"(路 16∶16)约翰自己说:"他必兴旺,我必衰微。"(约 3∶30)他们所出生的日子以及经历死亡的日子就预示这一点。因为约翰出生在时代开始衰微的时刻;而主出生在时代开始兴旺的时刻。前者被砍头而死,后者则抬升挂在十架上而死。由此,当约翰所体现的预言指向那位①——他的到来在人类之初就被预言了——约翰就开始衰微,自那之后,上帝国的福音传讲就开始兴旺。② 所以约翰施洗是叫人悔改,因为旧生命随着悔改结束,③ 而新生命由此开始。

2. 然而可以看到,不仅在那些被恰当称为先知的人那里,甚至在旧约的历史记载中也可以看到,那些一直虔诚寻求的人并没有对该预言缄默不语,并且他们在探寻中得到神助。不过,它尤其通过非常明显的故事人物向他们清楚地显明,比如义人亚伯被兄弟杀害,④ 主被犹太人杀害;挪亚的方舟,就像教会,被引导穿越世俗的洪水;⑤ 以撒跟着走向祭台,但看到一只公羊代替了他,好比在树丛中被钉十架;⑥ 亚伯拉罕的两个儿子,一个出于为奴之妇,一个出于自主之妇,可以看作两约;⑦ 双生子以扫和雅各代表两族人;⑧ 约瑟遭受兄弟的迫害之后,受

---

① 参见《约翰福音》一章 29—30 节。
② 参见《约翰福音》三章 30 节。
③ 参见《马太福音》三章 11 节。
④ 参见《创世记》四章 8 节。
⑤ 参见《创世记》七章 1 节至 8 章 13 节。
⑥ 参见《创世记》二十二章 1—14 节。
⑦ 参见《加拉太书》四章 22—24 节。
⑧ 参见《创世记》二十五章 23 节。

到外人尊崇,① 正如主,被犹太人杀害,在外邦人中得荣耀。回忆一个一个事件,名单太长,使徒保罗如此总结说:"他们遭遇这些事都要作为鉴戒,并且写在经上,正是警戒我们这末世的人。"(林前10:11)

这末世就像一个老人的末年,当你按照个人的一生构想整个人类,第六个阶段就表示主到来的时间。个人的一生有六个阶段:婴孩、少年、青年、壮年和老年。人类的第一阶段从亚当到挪亚,第二阶段从挪亚到亚伯拉罕;这是非常明显而清楚的时间划分。第三阶段从亚伯拉罕到大卫,传福音的马太这样划分的,第四阶段从大卫到巴比伦之囚,第五阶段从巴比伦之囚到主的到来。② 第六阶段需要等候,从主的到来直到世纪末了,当外在的人,也称为旧人,③ 在旧时代衰微,里面的人一日新过一日。④ 从那时起,就有永恒的安息,由安息日表示。⑤ 正是按照这样的计划,人在第六日按着上帝的形像和样式被造。⑥

谁不知道,人类的生活,一旦从事什么事,就依赖于知识和行动。⑦ 没有知识,行动是草率的;没有行动,知识是冷漠的。一个人生命的第一阶段,没有人相信它参与任何真正的工作,交托给五官,即视觉、听觉、嗅觉、味觉和触觉。所以,人类的最初两个阶段,类似于婴孩和儿童,设为十代,即两个五,因为一代人的产生要通过两性。于是,从亚当到挪亚是十代,从挪亚到亚伯拉罕又是十代。⑧ 我们说过,这两个阶段就是人类的婴孩和童年时期。而它的少年、青年和壮年,即

---

① 参见《创世记》三十七章 2 节至五十章 26 节。
② 参见《马太福音》一章 17 节。
③ 参见《歌罗西书》三章 9 节。
④ 参见《哥林多后书》四章 16 节。
⑤ 参见《创世记》二章 2—3 节。
⑥ 参见《创世记》一章 27 节。
⑦ 这里简洁地提出了知识和行动的互补性观念,这个观念或许可以追溯到亚里士多德的《形而上学》I,2,那里提到真理和行动是两种不同知识的对象,一种是沉思的,一种是实践的。
⑧ 参见《路加福音》三章 34—38 节。

从亚伯拉罕到大卫，从大卫到巴比伦之囚，再从那时到主的到来，通过十四代的时间来表示，① 从数字来说，就是七（身体五官的五，加上知识和行动的二所得）的两倍，因为有两性。然而，老年阶段通常占据很多时间，甚至与所有其他阶段的总和一样长。因为据说老年从六十岁开始，而人的寿命可以到达一百二十岁，显然，唯有老年能持续那么长时间，相当于前面几个人生阶段的总和。所以，人类的最后阶段，始于主的到来，一直到时间的末了，究竟包含多少世代，是不确定的。上帝有正当理由希望保守这个时间隐而不显，如福音书所写，② 使徒也证实这一点，他说，主的日子来到，好像夜间的贼一样。③

3. 然而，先前的不同世代一直在教导说，在人类的第六阶段主要降卑临到。由于这种临到，在过去五个阶段一直保密的预言开始变得清晰。约翰就是这预言的见证者，如前所说，他出生于年老的父母，④ 正如那预言在一个垂死的年代开始为人所知；她母亲躲藏了五个月，如记载的："伊利沙伯……就隐藏了五个月。"（路 1：24）但到了第六个月，主的母亲马利亚来探访她，她的胎就在腹里跳动，⑤ 正如在主第一次降临时，当他屈尊降卑显现时，预言开始变得清晰，但是仍然如同在母腹里——也就是说，还没有完全公开，好叫众人承认它已经显明出来；我们相信，在主二次降临的时候它将成为事实，到那时，他将在荣耀里到来，⑥ 他的到来由期盼已久的以利亚先行，⑦ 正如约翰在主第一次到来时先行一样。⑧ 所以主说："以利亚已经来了，人却不认识他"

---

① 参见《马太福音》一章 17 节。
② 参见《马太福音》二十四章 36 节。
③ 参见《帖撒罗尼迦前书》五章 2 节。
④ 参见《路加福音》一章 7 节。
⑤ 参见《路加福音》一章 39—56 节。
⑥ 参见《马太福音》十六章 27 节。
⑦ 参见《马太福音》十七章 10 节。
⑧ 参见《路加福音》一章 17 节。

（太17：12）"你们若想知道，施洗约翰就是那应当来的"（太11：14）①，因为后者已经到来，前者必以与先行者和传令者同样的心志（spiritus）和能力（virtus）到来，也有同样的职责。② 也出于这样的原因，这位约翰的父亲，就是那位先知，被圣灵充满，③ 藉着圣灵说约翰要行在主的前面，有以利亚的心志和能力。④ 马利亚与伊利沙伯相处三个月之后，就离开了。⑤ 在我看来，这个数字预示着对三位一体的信仰，对以圣父、圣子、圣灵之名洗礼的信仰，由此人类在主谦卑到来时得到浇灌，⑥ 在他将来荣耀降临时得以完全。

五十九　论十童女⑦

1. 在主所讲到的比喻中，关于十童女的比喻通常对探求者有非常大的操练。事实上，许多人都对它有过思考，也提出了很多与信仰并不相背的解释，⑧ 但是一种解释如何考虑它的所有部分，仍然是必须详细考察的问题。我甚至在一篇被称为伪经的作品中读到与大公教信仰并不冲突的解释，但是当我对这个比喻的所有部分完整思考时，我觉得它对整个段落似乎并没有很好理解。当然，我对一种解释不敢作出任何草率的结论，不是因为它的不恰当可能会让我陷入困境，而是担心我的愚钝很可能使我没有发现它的恰当性。关于这个段落，我将尽我所能简洁而

---

① 合和本译为"你们若想领受，这人就是那应当来的以利亚"——中译者注。
② 参见《路加福音》一章17节。
③ 参见《路加福音》一章67节。
④ 参见《路加福音》一章76节。
⑤ 参见《路加福音》一章56节。
⑥ "得到浇灌"：imbuitur，也可以译为"得到湿润"，强调与洗礼的关联。
⑦ 参见《马太福音》二十五章1—13节。奥古斯丁也在 Letter 140, 31—35; Sermon 93; Exposition of Psalm 147, 2, 10—11 讨论这个比喻。
⑧ 要按照大公教信仰来读圣经（而不是别的方式），这是《基督教教导》Ⅲ, 10, 14 提到的原则。亦见本问题4以及问题六十四1和六十七7，还有《答辛普利奇的问题汇编》Ⅱ, 3, 3；《杜尔西提乌斯的八个问题》3, 4；6, 4（=《答辛普利奇的问题汇编》Ⅱ, 3, 3）。

仔细地作出自认为合理、可接受的理解。

2. 当我们的主被他的门徒悄悄地问到世界末了的事，① 他说了很多比喻，其中他也说到："那时，天国好比十个童女拿着灯出去迎接新郎。其中有五个是愚拙的，五个是聪明的。愚拙的拿着灯，却不预备油；聪明的拿着灯，又预备油在器皿里。新郎迟延的时候，她们都打盹睡着了。半夜有人喊着说：'新郎来了，你们出来迎接他！'那些童女就都起来收拾灯。愚拙的对聪明的说：'请分点油给我们，因为我们的灯要灭了。'聪明的回答说：'恐怕不够你我用的，不如你们自己到卖油的那里去买吧！'她们去买的时候，新郎到了，那预备好了的，同他进去坐席，门就关了。其余的童女随后也来了，说：'主啊，主啊，给我们开门！'他却回答说：'我实在告诉你们：我不认识你们！'所以，你们要警醒，因为那日子，那时辰，你们不知道。"（太 25：1—13）

十个童女，五个让其进去、五个被关门外，这表示好人坏人要分别出来。② 如果童贞（virginitas）这个称号是可敬的，那它为何是那些接纳进去的与那些挡在外面的人所共有的称号呢？两边的人数都是五个又是什么意思呢？油象征什么呢？那聪明的不愿意把油分给向她们乞求的，这看起来很奇怪，因为那些人既已完全到被新郎接纳——毫无疑问，新郎这个名称就是指主耶稣基督——那就不仅不应该心怀嫉妒，而且还必须表现出怜悯，拿出自己的所有，就如我们的主所要求的，他说："凡求你的，就给他"（路 6：30）。另外，既然某种东西已经被给予，怎么可能不够大家用呢？所有这些都大大增加了问题的复杂性。即使把所有其他因素都仔细考虑了，从而一切因素彼此结合为一个有机的相关整体，没有因强调一个因素而损害另一个因素，即使如此，我们也仍须十分小心谨慎。

3. 在我看来，五个童女表示对肉身诱惑的五重克制（continentia）。因

---

① 参见《马太福音》二十四章 3 节。
② 参见《马太福音》二十五章 31—46 节。

为灵魂面对眼目的享乐、耳朵的享乐、味觉、嗅觉和触觉的享乐时，必须克制自己的欲求。但是，这种克制有时是在上帝面前操练，追求人良知的内在喜乐为他悦纳，有时却在人类面前操练，仅仅是为了获得从人而来的名声。所以，五个是聪明的，五个是愚拙的，但两者都是童女，因为两者都是克制的，只是出于不同的原因。而灯，因为它们被拿在手上，所以指为保持那种克制而完成的作为。经上说："你们的作为（光）也当这样照在人前。"（太5：16）她们都"拿着灯出去迎接新郎"（太25：1），因此必须明白，这与承受基督之名的人有关，因为不是基督徒的人不可能出去迎接新郎，也就是基督。但"愚拙的拿着灯，却不预备油"（太25：章3）。有许多人，虽然非常盼望基督里的善好，也克制行事，但只求人类的赞美，此外没有喜乐。因此他们没有预备油。在我看来，这里的油表示喜乐本身。因此经上说："上帝，就是你的上帝，用喜乐油膏你"（诗45：7）。但是没有喜乐的人——因为他不在里面取悦上帝——就没有油。"聪明的拿着灯，又预备油在器皿里"（太25：4）——也就是说，他们在内心和良知里确立对美言的喜乐。因此使徒也告诫说："各人应当察验自己的行为，这样，他所夸的就专在自己，不在别人了"（加6：4）。"新郎迟延的时候，她们都打盹睡觉了"（太25：5），因为操练这种自制的每一类人，不论是那些在主面前欢欣的人，还是那些以人的赞美为乐的人，都在时间中死去，直到主来临，死人复活。但是"半夜"（太26：6）——即，没有人注意或指望的时候，其实主自己也说："那日子，那时辰，没有人知道"（太24：36），使徒也说："主的日子来到，好像夜间的贼一样"（帖前5：2），意思是说，当他来时，他是完全隐藏的——"有人喊着说：'新郎来了，你们出来迎接他'"（太25：6）。就在眨眼之间，号筒末次吹响的时候，我们都要复活。[①]于是，"那些童女就都起来收拾灯"（太25：7）——即他们要对自己的作为做出说明。我们众人必要在基督的审判台前显露出来，叫各人在那里按

---

① 参见《哥林多前书》十五章51节。

着本身所行的，或善或恶受报。① "愚拙的对聪明的说：'请分点油给我们，因为我们的灯要灭了'"（太25：8）。那些以别人的赞美自夸的人，一旦除去这样的赞美，其行为就归于虚无，但出于习惯，他们总是追求这样的东西，因为他们的灵魂总是以此为乐。因此，他们在上帝——他是考察人心的②——面前想要得到人的见证，而人是看不到内心的。那么聪明人怎么回答呢？"恐怕不够你我用的"（太25：9）。因为各人要将自己的事在上帝面前说明，③ 他心里的隐情要向上帝显露出来，④ 谁也不能求助别人的见证；诚然，一个人很难为自己作证，但他的是非之心必会为他作见证。⑤ 谁能夸口说自己拥有清洁的心？⑥ 因此使徒说："我被你们论断，或被别人论断，我都以为极小的事，连我自己也不论断自己"（林前4：3）。既然一个人根本不可能或者几乎不可能真正论断自己的案子，他又怎么能论断别人呢？因为"除了在人里头的灵，谁知道人的事？"（林前2：11）"不如你们自己到卖油的那里去买吧"（太25：9）。我们不应认为这是给她们建议，而要认为这是以委婉的方式指出她们的不端行为。因为谄媚者就是卖油的，这些人通过赞美错误或虚假的东西，把灵魂带入歧途，并为他们提供虚妄的快乐，仿佛他们是愚拙人，不明白所说的话："那些叫你快乐的是引你走错路"（赛3：12）；然后从他们得报酬，食物、金钱、荣誉或者其他暂时的好处。然而，受到义人的责备好过得到罪人的赞美。经上说："义人必出于仁慈纠正我，责备我，而罪人的油绝不会膏我的头"（诗141：5）。因此，"你们自己到卖油的那里去买吧"（太25：9）——也就是说，我们现在要看看，你们这些习惯于为自己买赞美，从而把自己引入错路的人，不求上帝面前的荣耀，却求人面前的荣耀的人，谁能帮助你们？"她们去买的时

---

① 参见《哥林多后书》五章10节。
② 参见《箴言》二十四章12节。
③ 参见《罗马书》十四章12节。
④ 参见《哥林多前书》十四章25节。
⑤ 参见《罗马书》二章15节。
⑥ 参见《箴言》二十章9节。

候，新郎到了"（太 25：10）——也就是，当他们去求自身之外的东西，寻求习以为常的快乐，因为他们完全不知内在的快乐，此时那审判者就到了——"那预备好了的"（太 25：10），即那些靠自己的是非之心在上帝面前为自己提供美好见证的人，"同他进去坐席"（太 25：10），即，要怀胎的清洁灵魂在那里与上帝纯洁、完全、永恒的道结合，"门就关了"（太 25：10）——即，一旦那些生命已转变为天使样式的人进来了（因为如经上所说："我们都要复活，但不是都要改变"①——天国的通道就关闭了。因为审判之后，无论是恳求还是功德，都不再有用武之地。"好久之后，其余的童女也来了，说：'主啊，主啊，给我们开门！'"（太 25：11）这里没有说她们买到了油，所以不能理解为：她们如今再也不能从别人的赞美得到快乐，就陷入困境和痛苦之中，所以回来恳求上帝；而要理解为，审判之后，他是极严厉的，他的不可言喻的怜悯早在审判前已经显明。所以他回答说："我实在告诉你们，我不认识你们"（太 25：12）——即，基于法则，上帝的惯例，也就是上帝的智慧，不允许那些守他诫命作工显然不是为了在上帝面前交账，而是为了取悦人的人进来与他同乐。因此他最后说："你们要警醒，因为那日子，那时辰，你们不知道"（太 25：13），不只是不知道新郎要来的最后时间；甚至没有人知道他自己入睡的日子和时辰。但凡预备好入睡——即每个人的归宿死亡——的，当半夜那个声音响起，当所有人醒来的时候，就会看到他也预备好了。

4. 当经上说童女出去迎接新郎时，我想这话要这样理解——那被称为新娘的，就是由那些童女构成，正如当所有基督徒奔向教会时，就可以说他们就像孩子奔向自己的母亲，那被称为母亲的就是由那些聚集起来的孩子构成的。因为现如今教会已被许配，她就是一位童女，当她在自制中剔除了一切属世的败坏，就要被领着进入婚姻。而

---

① 林前 15：51；该经文与和合本上出入较大："我们不是都要睡觉，乃是都要改变"——中译者注

她所许配的人在适当的时候,当所有要死的都死了,通过一种不死的联结,使她怀胎。"我已把你们许配一个丈夫,要把你们如同贞洁的童女献给基督"(林后11:2)。这里前半句说的是复数的"你们",后半句则用单数的"童女"。因此,她们既可称为众童女,也可称为一童女。至于为何说是五个童女,我已尽我所能作了解释。只是我们如今看得模糊不清,到那时,就要面对面看见;如今所知道的有限,到那时就全知道。① 然而,对圣经里的这个比喻即使要获得某种模糊不清且有限的理解——无论如何都要与大公教信仰相一致——也依赖于童女即教会在她新郎初次谦卑到来时所接受的信物(而在末次到来时她必婚配与他,他必在荣耀里到来,② 到那时,她必面对面看见他)。就如使徒所说:"他赐给我们圣灵作凭据"(林后5:5)。因此,这种解释若不与信仰相一致,就不具有任何确定性;它也不评判其他同样与信仰一致的任何解释。

六十 论经上的话"那日子,那时辰,没有人知道,连天上的使者也不知道,子也不知道,惟独父知道"(太24:36)③

当上帝促使人知道某事时,我们说上帝也是知道的。如经上写的:

---

① 参见《哥林多前书》十三章12节。
② 参见《马太福音》十六章27节。
③ 这节经文以及其他一些经文(太13:32和路2:52)似乎表明基督的无知,关于这个问题,教父们有不同的解答。参见 *Dictionnaire de Theologie Catholique* VIII,1,1259—1260 关于奥古斯丁同时代人的观点概述。奥古斯丁在这里提出了自己的观点,也在《论三位一体》I,12,23作了复述。他认为,基督的无知并非他自身固有的,只是为了产生人的无知。在 *The Merits and Forgiveness of Sins and the Baptism of Infants* II,29,48 他甚至否认婴孩的基督身上有无知的可能性(虽然在问题七十五2他似乎愿意接受其他人所主张的基督孩提时有无知的观点)。在这个问题上奥古斯丁并没有像阿塔那修(Athanasius,参见比如 *Discourse against the Arians* 3,26.28)那样作出区分,即基督在人性上有无知,在神性上是全知的——这种区分被大多数希腊教父接受,也被一些拉丁教父采纳。参见 Andre-Marie Dubarle,"La connaissance humaine du Christ d'apres saint Augustin," in *Ephemerides Theologicae Lovnaiensis* 18 (1949) 5-25,他指出奥古斯丁并不认为基督的人性是全知的。

"耶和华你们的上帝试验你们,要知道你们是尽心尽性爱耶和华你们的上帝不是"(申13:4)。这样说的意思并不是说上帝不知道,乃是要让人自己知道,他们对上帝的爱进展到了哪一步;而若不通过降到人身上的试验,他们不能充分认识到这一点。所以经上说他试验人,因为他允许人接受试验。同样,当经上说到他不知道或者说到他不赞同——即他在某人的行为规范或学理中没有认出属于他的,比如经上说"我不认识你们"(太25:13)——或者说到他有充分理由使某人不知道某个并无必要知道的事,也是指这样的意思。因此,我们可以很好地理解,经上之所以说惟独父知道,乃因为是父使子知道;经上之所以说子也不知道,则因为是子使人类不知道——也就是说,他没有赐给人对他们并无益处的知识。

六十一　论福音书上写的,主在山上用五个饼喂饱众人①

1. 五个大麦饼,就是主在山上喂饱众人的饼,② 表示旧的律法,或者因为这律法是给那些还不属灵、仍属血气的人③——即沉迷于身体五官的人,因为众人的数量是五千人④——立的;或者因为这律法是藉着摩西所立,而摩西恰好写了五经。这饼是大麦所做,这一点也清楚表明,它或者象征律法本身,因为大麦的核被非常坚硬的外皮包裹,而在这律法里面,灵魂的生命食粮被身体的圣礼⑤所隐藏;或者象征那个百姓,他们还未除去属肉的欲求,这欲求就像外皮一样包裹着他们的

---

① 参见《约翰福音》六章3—13节。这其实就是对饼和鱼这一神迹的一种解释。这一神迹不仅记载在《约翰福音》六章3—13节,也记载在《马太福音》十五章32—38节,但这里把两者看作独立的事件。奥古斯丁虽然在第2节两次简洁提到圣餐礼,但这绝不是如同他在Sermon130注释约翰经文时所提出的一种圣餐解经;相反,它的重点在于两个神迹故事的数字学含义,最后对七个篮子的零碎作了分析,并以一种末世论的解释结尾。
② 参见《约翰福音》六章9—12节。
③ 参见《哥林多前书》三章1,3节。
④ 参见《约翰福音》六章10节。
⑤ 参见第43页注释①。

心——也就是说他们的心还未受割礼,① 所以当他们被领着在旷野经历四十年后,患难的磨炼仍不曾除去他们属肉的外皮,开启他们领悟的能力,就如大麦在打谷场没有脱去粗粝的外皮,所以这样的律法正是为那样的百姓立的。

2. 至于给饼调味的两条鱼,② 似乎是指用来管理百姓的两种职分,即王权和祭司职分,有了它们,百姓就会顺服于贤政统治;最圣洁的油膏也属于它们。③ 它们的职责是防止民众的骚乱和暴动带来伤害和破坏,为此常常要穿梭于群众的暴力纷争之中,就如同穿梭于惊涛骇浪,有时要作出妥协,同时保持自身的完整性,有时在对百姓的混乱治理中会摇摆颠簸,好比行在汹涌海浪中的鱼。不过,这两种职分都预示了我们的主,唯有他拥有这两种职分,也唯有他——不是比喻意义上而是真实地——实施了这两种职分。耶稣基督就是我们的王,他为我们树立了争战并战胜的榜样,以他的可朽肉身担当了我们的罪;④ 对于仇敌的引诱,无论享乐的还是恐吓的,都毫不妥协;⑤ 最后脱去他的肉身,令人信服地掳掠了执政的、掌权的,以他自己胜过他们。⑥ 所以,在他的领导下,我们都从我们这种朝圣之旅的重担和艰苦中解放出来,如同从埃及出来,在我们的逃脱中,那追讨我们的罪被洗礼制服;⑦ 当我们在盼望他的应许——我们还没有看见⑧——时,就如同我们还在跟随着穿越

---

① 参见《申命记》十章16节。
② 参见《约翰福音》六章9节。
③ 参见《撒母耳记上》十章1节;《出埃及记》三十章30节。在《订正录》里奥古斯丁写道,他应当说这里的"圣洁油膏"特别地而不是专门地属于王权和祭司职分,因为先知有时候也受油膏。
④ 参见《彼得前书》二章24节。
⑤ 参见《马太福音》四章1—11节。
⑥ 参见《歌罗西书》二章15节。
⑦ 参见《出埃及记》十四章5—31节。以色列人过红海,埃及追兵被淹,对早期基督徒来说,这是洗礼的典型象征。见 Jean Danielou, *The Bible and the Liturgy* (Notre Dame, Ind.: University of Notre Dame Press, 1956) 86–98。
⑧ 参见《罗马书》八章24节。

旷野，有圣经里上帝的话安慰我们，就如同天上降下的吗哪安慰他们一样。① 也是在他的领导下，我们相信能进入天上的耶路撒冷，② 就如进入应许之地，在他的统治和看护下居住在那里，直到永远。因此我们的主耶稣基督显现为我们的王。他也是我们永远的祭司，照着麦基洗德的等次永远为祭司，③ 他为我们将自己献作赎罪祭，④ 并且确立要举行他献祭的样式，作为对他受难的纪念，⑤ 所以我们可以看到，麦基洗德献给上帝的，如今在全世界的基督教会里敬献。

因此，既然我们的王担当了我们的罪，⑥ 从而向我们表明争战和得胜的典范，传福音的马太⑦为指出他对那些罪的担当和作为王的位分，就记下他的肉身家谱，从亚伯拉罕——他是信仰之民的父——开始，按传承顺序列出了亚伯拉罕的一代代后裔，直到大卫——王权的稳定性在大卫身上最为明显；又从大卫经所罗门——他父亲曾与生他的妇人犯罪⑧——沿袭王族血脉，将这血脉一直带到主的出生。另一位传福音者路加⑨，也着手解释主按肉身来的族谱，但他是讲主的祭司职位，这职位专司罪的洁净和废止；他也不像马太那样从亚伯拉罕开始，而是从耶稣受洗的地方开始，⑩ 也就是当他预示我们自己罪之洁净的时候；路加也是一步一步循着他祖先的血脉，但不是按照降序——这是马太的做

---

① 参见《出埃及记》十六章 13—35 节。令人奇怪的是，前面将红海与洗礼相比，这里奥古斯丁将旷野的吗哪与圣经的话相比，而不是与圣餐相比，不仅因为洗礼和圣餐代表入教的独特仪式，而且因为吗哪几乎普遍被看作圣餐的一种象征。见 Danielou 147—152。然而，几行文字后讲到麦基洗德时又提到了圣餐，麦基洗德的献祭被广泛认为是圣餐礼的象征。见同上 144—147。
② 参见《希伯来书》十二章 22 节。
③ 参见《希伯来书》六章 20 节。
④ 参见《希伯来书》十章 12 节。
⑤ 参见《哥林多前书》十一章 23—26 节。
⑥ 参见《彼得前书》二章 24 节。
⑦ 参见《马太福音》一章 1—17 节。
⑧ 参见《撒母耳记下》十二章 24 节。
⑨ 参见《路加福音》三章 23—38 节。
⑩ 参见《路加福音》三章 21—22 节。

法，似乎表明主降卑自己以至于担当我们的罪——路加乃是按照升序写，仿佛他废除了我们的罪之后，一直在暗示我们的上升。马太一一列出了祖先的名字，但路加没有。因为祭司的谱系是另一类记载，按照惯例，它呈列的是出于祭司支派又与大卫某个后裔相关的婚姻。所以马利亚与两个支派，即王族支派与祭司支派，都有关。因为经上写着，当约瑟与马利亚登记时他们属于大卫家族。① 而伊利沙伯，经上写着她是马利亚的亲戚，② 属于祭司支派。正如马太认为基督这位王降卑自己，以便担当我们的罪，就按照从大卫经所罗门以降的顺序写，③ 因为所罗门是大卫与之犯罪的妇人所生④；同样，路加认为基督这位祭司洗去我们的罪之后上升，所以按照升序经拿单到大卫，⑤ 因为拿单是先知，被派去指责大卫，大卫悔改后得以去除自己的罪。⑥ 但是路加讲完大卫之后，在罗列世代的名字时与马太就没有分别了。因为［路加］按升序所列的从大卫从亚伯拉罕的那些名字⑦就是［马太］按降序所列的从亚伯拉罕到大卫的名字。⑧ 从大卫开始族谱分为两支，王族的和祭司的，在这两支中，如上所说，马太按降序循着王族家谱写，而路加按升序循着祭司家谱写，所以，我们的主耶稣基督，我们的王和祭司，完全可能有祭司血脉，但不是出于祭司支派（即利未支派），而出于犹大支派（即大卫支派），出于这个支派的，从来没有一人伺候祭坛。⑨ 因此按着肉身说，称他为大卫的子孙完全没错，无论是路加按着升序，还是马太

---

① 参见《路加福音》二章 4 节。
② 参见《路加福音》一章 36 节。
③ 参见《马太福音》一章 6 节。
④ 参见《撒母耳记下》十二章 24 节。
⑤ 参见《路加福音》三章 31 节。
⑥ 参见《撒母耳记下》十二章 1—13 节。奥古斯丁在《订正录》解释说当时凭印象以为大卫的儿子拿单与先知拿单是同一个人。在《订正录》Ⅱ，16 他纠正了在 *Agreement among the Evangelists* Ⅱ，4，12 犯的同样的印象性错误。
⑦ 参见《路加福音》三章 32—34 节。
⑧ 参见《马太福音》一章 2—6 节。
⑨ 参见《希伯来书》七章 11—14 节。

按着降序，都彼此一致地追溯到大卫。① 因为他既然要废去按照亚伦的命令在利未祭司职任上发生的祭献，就不应出于利未支派，这是恰当的，免得罪之洁净——主通过将自己献为赎罪祭成全，这祭是旧祭司职分所预示的——看起来似乎成为那个支派以及那个祭司职分——曾经是那将来美事的影儿②——的特权。他立了他被害的符号，在教会里庆祝，以纪念他的受难，③ 好叫他成为永远的祭司，不是按着亚伦的等次，而是按着麦基洗德的等次。④ 这里所指的圣礼⑤可以进一步更详尽地研究，但就两条鱼而言——我们说它们预示两种职任，即王和祭司——我们的讨论就此告一段落。

3. 而靠在草地上的众人⑥表示那些已经接受旧约的人，他们依赖于属肉的盼望，因为已应许给他们暂时的王国和暂时的耶路撒冷，"凡有血气的，尽都如草，人的美荣都像草上的花"（彼前1：24）。十二个装满饼的零碎的篮子⑦代表主的门徒——在他们中间，十二这个数字具有卓越性——充满了律法的启示和论证，那律法正是犹太人留下并遗弃的。因为当时新约还不存在，主可以说是通过掰（frangendo）和开（aperiendo）的动作使律法中坚硬和封闭的东西充满他的门徒；而在他复活后，就向他们打开了旧约，"于是从摩西和众先知起，凡经上指着自己的话都给他们讲解明白了"（路24：27）。于是，他们中有两人在他掰饼过程中认出他来。⑧

4. 而第二次用七个饼喂饱众人，⑨ 则可以合理地理解为传讲新约。

---

① 参见《路加福音》三章31节和《马太福音》一章6节。
② 参见《希伯来书》十章1节。
③ 参见《哥林多前书》十一章23—26节。
④ 参见《希伯来书》六章20节。
⑤ 参见注释43。
⑥ 参见《约翰福音》六章10节。
⑦ 参见《约翰福音》六章13节。
⑧ 参见《路加福音》二十四章35节。
⑨ 参见《马太福音》十五章32—38节。

因为任何一位传福音人都没有说这些饼是大麦饼，如约翰写的那五个饼那样。① 所以，这里用七个饼喂指向教会的恩典，而教会恩典被认为就在于那最著名的圣灵七重工。② 所以，这里没有像旧法中那样写两条鱼——旧法中只有两类人受膏，即王和祭司③——这里写的是一些鱼，④也就是指那些最初相信主耶稣基督的人，以他的名受膏，出发去传讲福音，抵抗这个世界的汹涌之海，从而，如使徒保罗所说，⑤ 他们能作那条大鱼即基督的使者。⑥ 这里的众人也不是那里的五千⑦——那是在属肉意义上的律法接受者，即那些被交托给肉体感官的人；这里的众人是四千人。⑧ 这个数字表示属灵的人，因灵魂的四德——审慎、节制、坚毅和正义——使人在今生过属灵的生活。第一德就是识别何事应欲求，何事应躲避；第二德是克制欲望，不以那些提供短暂快乐的事物为乐；第三德是灵魂面对暂时患难时的力量；第四德渗透到其他三德——爱上帝和邻人。⑨

5. 无论是第一处说到的五千，⑩ 还是第二处说到的四千，都把妇人和孩子排除在外。⑪ 在我看来，这是为了叫我们明白，在旧约的百姓中，有一些人在行律法所说的公义上是软弱的（使徒保罗说，就律法

---

① 参见《约翰福音》六章9节。
② 参见《以赛亚书》十一章2节。
③ 参见《撒母耳记上》十章1节；《出埃及记》三十章30节。
④ 参见《马太福音》十五章34节。
⑤ 参见《哥林多后书》五章20节。
⑥ 基督如鱼这个意象在古代基督教的比喻中非常普遍，可以证明早在二世纪后期就有了。见 Abercius 和 Pectorius 的铭文，亦见 Tertulian, *On Baptism* 1。
⑦ 参见《约翰福音》六章10节。
⑧ 参见《马太福音》十五章38节。
⑨ 这四大基本美德在问题三十一的西塞罗摘录里有详尽讨论，要注意的是，其中第四德正义等同于爱。亦见《真宗教》48, 93。在 *The Catholic Way of Life* 15, 25 奥古斯丁引人注目地将每一德等同于爱的某种形式。在《上帝之城》XIX, 4 他从某种悲观的角度认为基本美德就是持续不断地与邪恶作斗争，因而是地上可悲生命的一种证据。
⑩ 参见《约翰福音》六章10节。
⑪ 参见《马太福音》十五章38节。

上的义而言,他是无可指责的①);还有一些人很容易被引入歧途,陷入偶像崇拜。这两种情况,即软弱和迷途,就用妇人和孩子的名称来表示。因为女性在行动上是软弱的,而孩子的特点是喜欢游戏。② 那么孩子的游戏与偶像崇拜有多大程度的相像呢? 当使徒提到这种迷信形式时,说:我们"也不要崇拜偶像,像他们有人崇拜的,如经上所记:'百姓坐下吃喝,起来玩耍'"(哥前 10:7)。因此那些在急切等候获得上帝应许的时候,没有以男人的气概坚持不懈,而去试探上帝的,就如妇人;③ 那些坐下吃喝,起来玩耍的,就如孩童。④ 然而,不仅在旧约百姓中,就是在新约的百姓中间也可看到这样的人,没有坚持成长,长成男人完全的身量,⑤ 这些人或者才智上软弱或者心灵上轻浮,所以可以比作妇人和孩童。对一者经上说:"我们要将起初确实的信心坚持到底"(希 3:14),对另一者说:"在心志上不要作小孩子;然而,在恶事上要作婴孩"(林前 14:20)。所以不论是旧约还是新约,都不把这样的人数算在内,所以经上一处说有五千人,⑥ 另一处说有四千人,都不包括妇人和孩子。⑦

6. 虽然在两个例子中两类人都可以在山上得到基督本人喂饱⑧——圣经时常把他比作山⑨——但在一个例子里,他们躺在草地上,在另一个例子里他们坐在地上。⑩ 因为在前者,属肉的人和地上的耶路撒冷用

---

① 参见《腓立比书》三章 6 节。
② 奥古斯丁虽然经常在女性这个性别里找到象征意义,就如这里,但他不太谈到对孩子的看法。关于孩子和游戏,特别参见《忏悔录》I, 9, 15—10, 16; 18, 30。
③ 参见《出埃及记》三十二章 1—4 节。
④ 参见《出埃及记》三十二章 6 节。
⑤ 参见《以弗所书》四章 13 节。
⑥ 参见《约翰福音》六章 10 节。
⑦ 参见《马太福音》十五章 38 节。
⑧ 参见《约翰福音》六章 3 节;《马太福音》十五章 29 节。
⑨ 当然,正是奥古斯丁和其他教父,认为关于山的某些经文是指基督。见 Expositions of Psalms 3, 4 (Dn 2: 35); 10 [11], 1; 45 [46], 6 (Is 2: 2)。
⑩ 参见《约翰福音》六章 10 节;《马太福音》十五章 35 节。

属肉的盼望和欲求把基督的崇高遮盖了；而在后者，所有属肉的欲求都彻底去除，持久而坚定的盼望，就像山本身那样，不揽草层，稳固不动，支撑那些在新约宴席上相聚的人。

7. 使徒非常恰当地说："这因信得救的理还未来以先，我们被看守在律法之下。"（加3：23）主也似乎有这个意思，他谈到那些他预备用五个饼喂饱的人，说："不用他们去，你们给他们吃吧"（太14：16）。这话形象地表明那些不得不被看守的人被留住了，而他的门徒原本建议他把他们打发走的。① 但在讲到七个饼时，他说他怜悯这众人，因为他们同他在这里已经三天，没有吃的。② 因为在人类存在的整个历史中，这是第三阶段，基督信仰的恩典已经赐给。第一阶段是律法之前，第二阶段是律法之下，第三阶段是恩典之下。而第四阶段还未到来，到那时，我们要获得天上耶路撒冷的完全和平，③ 凡是真正相信基督的人都被领到那里，因此主说他要喂饱这众人，免得他们在路上困乏。④ 试想，这个安排，即主屈尊以可见样式在时间中显现为人，又赐给我们圣灵作为凭据，⑤ 通过圣灵的七重工作激活我们，再加上使徒的权威，好比加上两条鱼调味⑥——这样的安排要实现什么目的，不就是使我们有可能获得属天呼召的荣冠而不屈服于软弱吗？"因我们行事为人是凭着信心，不是凭着眼见。"（林后5：7）使徒保罗说，他还没有到达上帝的国，但是他"忘记背后，努力面前的，向着标杆直跑"，"要得……从上面召我来得的奖赏"。"然而我们到了什么地步，就当照着什么地

---

① 参见《马太福音》十四章15节。
② 参见《马太福音》十五章32节。
③ 参见《希伯来书》十二章22节。
④ 参见《马太福音》十五章32节。这里把时间分为三个阶段，第四类表示永恒——1）律法之前（从亚当到摩西），2）律法之下（从摩西到基督），3）恩典之下（从基督到时间末了），以及4）完全的和平（永恒）。问题六十六3—7相当详细地阐述个人身上所经历的这些阶段。亦见 Commentary of Some Statements in the Letter to the Romans 13—18。
⑤ 参见《哥林多后书》五章5节。
⑥ 参见《马太福音》十五章34节。

步行"（腓 3：13—14，15），因为那些第三天与主一起并得到他喂饱的人，不会在路上困乏。①

8. 即使这里也不可能到达吃（医治）的终了，因为还有食物剩下。② 经上谈到将来，不是毫无理由的："人子来的时候，遇得见世上有信德吗？"（路 18：8）我相信这是因为妇人和孩子的缘故。③ 但是他们仍然装满了七个篮子的零碎，④ 表示《启示录》里记载的七个教会，⑤ 意指每个忍耐到底的人。⑥ 因为那说"人子来的时候，遇得见世上有信德吗"（路 18：8）的，事实上是在指出，在宴席末了，他的食物可能会被留下、抛弃。但是因为他还说过"惟有忍耐到底的必然得救"（太 24：13），所以他也表明，那不衰败的教会，因为数字七，将会得到更丰富的七个饼，并将它们放在它宽大的心里——这似乎就是把它们收在篮子里的意思。

六十二　论福音书写的："耶稣施洗比约翰还多，其实不是耶稣亲自施洗，乃是他的门徒施洗"（约 4：1—2）⑦

有人提出一个问题：当时，也就是经上写着主藉着他的门徒施洗比约翰还多的时候，⑧ 那些受洗的人是否接受圣灵，因为福音书的另外地方说："那时还没有赐下圣灵来，因为耶稣尚未得着荣耀"（约 7：39）。

---

① 参见《马太福音》十五章 32 节。
② 参见《马太福音》十五章 37 节。
③ 参见《马太福音》十五章 38 节。
④ 参见《马太福音》十五章 37 节。
⑤ 参见《启示录》一章 4 节。
⑥ 参见《马太福音》二十四章 13 节。
⑦ 这第一句话实际上就表述了所讨论的问题：耶稣和施洗约翰施洗的那些人是否领受圣灵？根据《约翰福音》七章 39 节，当时圣灵还未赐下。在回答这个问题时，奥古斯丁区分了复活前圣灵在某些圣人身上的隐秘工作与基督得荣耀后圣灵的可见工作。
⑧ 参见《约翰福音》四章 1—2 节。

对此,最简单的回答就是,主耶稣——甚至使死人复活①——可以保证他们一个不死,直到他们在他得荣耀之后——当他从死里复活并升上天之后——领受圣灵。但是我想到了那个盗贼——经上有话对他说:"我实在告诉你,今日你要同我在乐园里了"(路23:43)——他不曾受洗,②尽管有哥尼流以及与他一同相信的外邦人甚至在受洗之前就领受了圣灵。③我不明白,若没有圣灵,那个盗贼怎么能说:"主啊,你的国降临的时候,求你记念我"(路23:42),因为使徒宣称:"若不是被圣灵感动的,也没有能说耶稣是主的"(林前12:3)。主也亲自表明这种信心的果子,他说:"我实在告诉你,今日你要同我在乐园里了"(路23:43)。

所以,正如通过一位绝对的上帝不可言喻的能力和公义,可以认定洗礼给予了这位信主的盗贼;一个被钉十字架的身体不可能领受的,一个未受束缚的灵魂得允获得;同样,在主未得荣耀之前圣灵是以某种隐秘的方式赐下的,而在他的神性显明之后,则以更加公开的方式赐下。这就是经上说"那时还没有赐下圣灵来"(约7:39)的意思——即,圣灵还没有以所有人都承认的方式显现,正如主自身在人面前还未得荣耀,尽管他永恒的荣耀从未停止,也正如他的降临意指他在必朽肉身里的显现,因为他来到的地方是他〔原本已经〕在的地方,"他到自己的地方来"(约1:11),"他在世界,世界也是藉着他造的"(约1:10)。

---

① 参见《马可福音》五章35—43;《路加福音》七章11—16节;《约翰福音》十五章38—44节。
② 关于奥古斯丁这里所说的盗贼没有受洗这话,他在《订正录》里写道,他并非第一个说这话的人,但无论如何,并没有证据说这个盗贼未曾受洗。他还说,他在好几个地方考察过这个问题,尤其在《灵魂及其起源》(I, 9, 11),那里他提出一种假设:盗贼可能在自己的血里或者在从基督流出的水里受了洗。早期教会经常提出类似的问题,关于使徒的洗礼,最先提出的是德尔图良 *On Baptism* 12。见 H. A. Echle, "The Baptism of the Apostles," in *Traditio* 3 (1945) 365 – 368。所有这些都证实,古代教会相信某种形式的洗礼对得救来说绝对是必不可少的。
③ 参见《使徒行传》十章44—47节。

正如主在身体里的显现被理解为他的到来，尽管在这样的显现之前，他本身，作为上帝的道和上帝的智慧，① 早就在所有圣先知里面说话；同样，圣灵的降临就是圣灵向肉眼的显现，当他显现为火，分开落在他们各人头上，他们就开始说方言。② 如果圣灵不是在主的可见荣耀显现之前就在人类中间，大卫怎么可能说"不要从我收回你的圣灵"（诗51：11）？伊利沙伯和她丈夫撒迦利亚又如何被圣灵充满，以至能说预言?③ 还有亚拿和西面，④ 关于所有这些人，经上都写着说他们被圣灵充满，言说那些我们在福音书里读到的事。上帝以隐秘的方式行某些事，又以可见的方式藉着某个有形造物行另一些事，这是神意管理的问题，藉此所有神圣活动都有序⑤成就，并且在最佳时间最优空间成就，因为神性本身既不局限于某地，没有空间上的改变，也不受制于时间，没有时间上的变动。但是正如当主来到约翰面前受洗时，⑥ 其自身其实就在他所穿戴的人性中⑦拥有圣灵；同样，我们必须认为，在圣灵以显明而可见的方式降临之前，某些圣人能够以隐秘的方式拥有圣灵。我们这样的解释可以叫人明白，藉着圣灵有形的显现——这⑧被称为圣灵的降临——他的全备（plenitudinem）以不可言喻甚至难以理解的方式更加丰盈地浇灌在人的心里。

六十三　论道

太初有道（约1：1）。希腊文的 logos 在拉丁文里既有"理性"的意思，也有"话语"和"道"的意思。但这里"道"是更好的译法，

---

① 参见《哥林多前书》一章 24 节。
② 参见《使徒行传》二章 3—4 节。
③ 参见《路加福音》一章 41—45 节；67—79 节。
④ 参见《路加福音》二章 36—38 节；25—35 节。
⑤ Ordines, 而非 ordine。
⑥ 参见《马太福音》三章 16 节。
⑦ "就在其所穿戴的人性中"：in ipso homine quem gerebat。见第 24 页注释①。
⑧ Quae, 而不是 qui。

不仅表明与父的关系，而且指出对那些藉着道被造的事物的作用力。而理性，即使没有任何事物藉着它生成，也照样可以无误地称为理性。

六十四　论撒马利亚妇人①

1. 福音的圣礼②有自己的表述措辞，有我们主耶稣基督的事迹行为，并不是所有人都能看得清楚明白，有些人解释时不够认真仔细，就常常引入毁灭，而不是拯救，导致错误而不是真知。这些圣礼之一就是所记载的午正时分主来到雅各井边，因走路困乏，就坐在井旁，向一个撒马利亚妇人要水喝，以及圣经同一处谈到的其他必须讨论和考察的事。在这个问题上，最要紧的一点就是对所有经文都必须非常谨慎，要保证对圣礼的任何一种解释都与信仰相一致。③

2. 午正时分，我们的主来到井边。④ 我在井里看到一个黑暗深渊。于是我警觉地明白这是世界的最低部分，即属地部分，主耶稣于午正时分来到这个部分。所谓午正，即第六个时辰，也就是人类的第六个阶段，如同老（旧）人的老年阶段，我们得命令要脱去这个旧人，才能穿戴新人，就是按着上帝造的人。⑤ 人生的第六阶段就是老年阶段，因为第一阶段是婴孩，第二是童年，第三是少年，第四是青年，第五是壮年。⑥ 所以，旧人的生命，即按着肉体生活在暂时状态中的生命，终结于第六阶段，即老年阶段。在这个老年阶段，如我所说，我们的主，人

---

① 参见《约翰福音》四章5—29节。在 Homilies on the Gospel of John 15, 5—31 对福音书的这一故事有更详尽的论述，部分主题有重复。大致说来，本问题的第二部分集中讨论撒马利亚妇人的五个丈夫的合理解释，他们对应身体的五个感官。第 7 节奥古斯丁突然插入一句"但愿当我与你说话时它［即这灵］就显现，好叫你能领受属灵的水"，他显然不认为这话出自基督之口，所以他必是代表自己说的，而这暗示该问题原本是一篇布道书。
② 关于这里以及后文的"圣礼"一词，见第 43 页注释①。
③ 参见注释 175。
④ 参见《约翰福音》四章 6 节。
⑤ 参见《以弗所书》四章 22，24 节。
⑥ 参见问题四十四（及第 48 页注释③）和问题五十八 2（及第 69 页注释⑧）。

类的创造者和修复者（reparator），来到我们中间，这样，当旧人死去后他就能在自身中确立新人，等到这新人脱去属地的不完全，他必将其送到天国。因此，这井，如上所说，从它的黑暗深渊看，表示地上的劳苦和此世的错谬。由于旧人是外面的，新人是内里的——使徒非常正确地说：“外体虽然毁坏，内心却一天新似一天"（林后4：6），因为一切可见的，基督宗教规训宣称摒弃的，都与外面的人有关——所以主于第六时辰来到井边。① 这是正午时间，此时可见的太阳已经开始西行，在我们这些被基督呼召的人也如此，在我们身上，可见事物的享乐开始减少，于是，里面的人藉着对不可见之事的热爱，一旦为永不消失的内光重造，就会回转，并根据使徒的规训，不求所见的事，但求所不见的事，因为所见的是暂时的，所不见的是永恒的。②

3. 他困乏地来到井边，这表明肉身的软弱；他坐下，表明谦卑，③因为他为我们的缘故甚至取了肉身的衰弱，谦卑地俯就，作为人向人显现。论到这肉身的软弱，先知说："他身置痛苦，能担软弱"（赛53：3）④ *；论到他的谦卑，使徒宣称：他"自己卑微，存心顺服，以至于死"（腓2：8）。不过，按照另一种解释，也可以认为他坐下并非表示谦卑，而是表明教师的角色，因为教师通常都是坐下的。⑤

4. 有人可能会问，既然他后面断言他能够供应丰富的属灵泉源给求他的人，⑥那他为何还向前来打水的撒马利亚妇人要水喝呢？⑦ 其实，主渴望的是那位妇人的信心，因为她是撒马利亚人，而撒马利亚通常代表偶像崇拜。撒马利亚人被区分于犹太百姓，因为他们将自己高贵的灵

---

① 参见《约翰福音》四章6节。
② 参见《哥林多后书》四章18节。
③ 参见《约翰福音》四章6节。
④ * 合和本译为"他多受痛苦，常经忧患"——中译者注。
⑤ 参见The Lord's Sermon on the Mount I, 1.2。
⑥ 参见《约翰福音》四章14节。
⑦ 参见《约翰福音》四章7节。

魂托付给牲畜的形象——即金牛,① 但我们的主耶稣到来,要把伺奉偶像的万族众人引领到基督信仰和不朽宗教的庇护所,他说:"康健的人用不着医生,有病的人才用得着"(太9:12)。因此他渴望那些他为之倾尽宝血的人的信心。于是,"耶稣对她说:'请你给我水喝'"(约4:7)。由此你可以知道我们的主所渴望的是什么。一会儿,进城买食物的门徒②回来,对他说:"'拉比,请吃。'耶稣说:'我有食物吃,是你们不知道的。'门徒就彼此对问说:'莫非有人拿什么给他吃吗?'耶稣说:'我的食物就是遵行差我来者的旨意,做成他的工'"(约4:31—34)。这里,差他来的父的旨意,或者他宣称想要做成的他父的工,岂不就是改变我们,使我们从世界的毁灭人的错误转向他的信仰吗?而他喝的与他的食物是一回事。所以,他对那个妇人渴望这样的事——在她身上遵行他父的旨意,做成他的工。但是她按属肉的方式理解,回答:"'你既是犹太人,怎么向我一个撒马利亚妇人要水喝呢?'原来犹太人和撒马利亚人没有来往"(约4:9)。对此我们的主说:"你若知道上帝的恩赐和对你说'给我水喝'的是谁,你必早求他,他也必早给了你活水"(约4:10)。这里他向她表明,他所要的并不是她所理解的水,因为他渴望她的信心,所以他想要赐给她圣灵解她的渴。我们把这理解为活水是对的,因为它是上帝的恩赐,如他自己所说"你若知道上帝的恩赐"(约4:10),也如这位传福音的约翰在另一处所证实的:"耶稣站着高声说:'人若渴了,可以到我这里来喝!信我的人,就如经上所说:从他胸中要流出活水的江河来。'"(约7:37—38)他说的与此完全一致:"信我的人,从他胸中要流出活水的江河来",因为我们先相信,然后才应得这些恩赐。所以,这些活水的江河——他想要赐给那个妇人——就是他一开始渴望她拥有的信心的报赏。[圣经]提供了对这活

---

① 按常规奥古斯丁应该为这样的陈述引用圣经出处,但圣经并没有说到撒马利亚人有这样的崇拜;他肯定是想到了《出埃及记》三十二章1—24节记载的金牛犊的插曲了。

② 参见《约翰福音》四章8节。

水的解释，它说："耶稣这话是指着信他之人要受圣灵说的。那时还没有赐下圣灵来，因为耶稣尚未得着荣耀"（约7：39）。所以这就是圣灵的恩赐，是他得着荣耀之后赐给教会的，如另一卷经文所说："他升上高天的时候，掳掠了仇敌，将各样的恩赐赏给人"（弗4：8）。

5. 但是妇人仍然按属肉的方式理解，她这样回答说："先生，没有打水的器具，井又深，你从哪里得活水呢？我们的祖宗雅各将这井留给我们，他自己和儿子并牲畜也都喝这井里的水，难道你比他还大吗？"（约4：11—12）这时主解释了他所说的："凡喝这水的，还要再渴；人若喝我所赐的水，就永远不渴。我所赐的水要在他里头成为泉源，直涌到永生。"（约413—14）。只是这妇人还是以为这是指肉身的智慧。她怎么回答呢？"'先生，请把这水赐给我，叫我不渴，也不用来这么远打水。'耶稣说：'你去叫你丈夫也到这里来。'"（约4：15—16）他原本就知道她没有丈夫，有人或许会问，那他为何这么说。因为当"妇人说：'我没有丈夫。'耶稣说：'你说没有丈夫，是不错的。你已经有五个丈夫，你现在有的，并不是你的丈夫，你这话是真的'（约4：17—18）"。但这些事不能在属肉的意义上理解，免得我们像这个撒马利亚妇人一样，她至此一直都在这样理解。如果我们尝过上帝的任何一种恩赐，就会在属灵的意义上处理问题。

6. 有些人说，五个丈夫是指藉着摩西赐下的五卷书。至于"你现在有的，并不是你的丈夫"（约4：18）这话，他们认为是主说他自己。因此意思如下：最初你顺服于摩西五经，就好比顺服于五个丈夫，但你现在有的这位——即你听从的这位——不是你的丈夫，因为你还没有相信他。她既然还没有相信基督，那她实际上仍然受缚于与那五个丈夫（即五经）的关系，却为何说"你已经有过五个丈夫"（约4：18），似乎她现在已经不再有，但事实上她仍然生活在五经之下，这不免会让人感到疑惑。此外，由于摩西五经谈论的不是别的，就是基督，如他自己所说："你们如果信摩西，也必信我，因为他写的就是我（他书上有指着我写的话)"(约5：46),既然一个人若相信基督,必更加热心地拥有那五经,不能把它们弃之一边,而是要在属灵意义上理解,那他怎么会为了转向基督而抛弃那五经呢?

7. 另有一种解释是把五个丈夫理解为身体的五官：一个属于眼睛,它使我们看见这个可见的光、物体的颜色和形状；第二个属于耳朵,它使我们分辨说话声和各种声音振动；第三个属于鼻子,它使我们享受不同气味的彼此和谐；第四个属于嘴巴的味觉,品尝酸甜苦辣,探索各种滋味；第五个是遍布全身的感官即触觉,使我们通过触摸知道冷热软硬、光滑粗糙,以及其他种种。初人犯罪之后,我们生而受制于可朽本性；这可朽本性使人类的第一阶段完全服从这五个身体感官的指导；既然任由属肉感官支配,我们心灵的光又尚未恢复,因而我们行在属肉的生命中,对真理全然无知。婴孩和儿童还没有理性,必然处于这种状态。由于支配第一阶段的那些感官,也是创造主上帝赐给我们的,是自然的,所以把它们称为丈夫是正当的,也就是合法婚配的男人,因为它们本身并非出于错误而包含危害性,乃是本性通过上帝的作为为我们配置的。但是当人到了能够推理并且能稳定地领会真理的年纪,她就不再把那些感官当作主人顺服它们,而会有一个推理的灵作为丈夫,她能够使那些感官受制于这个灵,使身体服从被支配地位。于是,灵魂不再受制于她的五个丈夫(即身体的五官),从而拥有神圣的道作为她合法丈夫,与他结合,受他约束；当一个人的灵依恋于基督,在灵里接受他——因为基督是男人的头①——他将享有永恒生命,不惧怕任何隔绝。"谁能使我们与基督的爱隔绝呢?"(罗8：35)但是因为在受制于肉身五官的第一阶段之后,那妇人——表示世上受制于空洞迷信大多数人——仍被错误捆绑,如我们所说,所以上帝的道

---

① 参见《哥林多前书》十一章3节。

并没有娶她,与她结合,倒是魔鬼通过不贞的拥抱掌控了她。于是,她既然是属肉的——意思是说她以属肉的方式理解——主就对她说:"去叫你丈夫也到这里来"(约4:16),也就是说,你既发现自己陷于属肉的情感中,它使你无法理解我所说的话,那就要脱离它。"去叫你丈夫",也就是要出现在理智的灵面前。因为可以说,一个人的灵就好比灵魂的丈夫,它支配着灵魂的情感,如同支配自己的妻子。这灵不是圣灵;圣灵不变地与圣父和圣子同在,并且不变地赐给相配的灵魂,而这灵乃是人的灵,关于它使徒说:"除了人里头的灵,谁知道人的事?"(林前2:11)前一个灵是上帝的圣灵,论到它使徒又说:"像这样,除了上帝的灵,也没有人知道上帝的事。"(林前2:11)当人的这个灵出现,也就是当它在人里头,并且敬虔地顺服于上帝时,这人就能理解按属灵方式讲述的事。但是当魔鬼的错误占据灵魂,理解力就没有显现,就好比说,他是不贞的。因此,他说:"去叫你丈夫"——就是在你里头的灵,有了它,人才能理解属灵的事,如果真理之光照亮他的话。但愿当我与你说话时它〔即这灵〕就显现,好叫你能领受属灵的水。当她说"我没有丈夫"时,他回答说:"你这话是不错的,你已经有五个丈夫"(约4:17—18)——也就是在第一阶段支配你的身体五官——"你现在有的,并不是你丈夫"(约4:18),因为你里头还没有能理解上帝的灵,有了这灵,你才能有合法的婚姻;相反,正是魔鬼的错谬支配着你,通过不贞的结合毁灭你。

8. 或许为了表明提到五个丈夫是象征所说的身体五官,那个妇人在作出五次属肉回答之后,在第六次回答时说出了基督的名。她的第一次回答是:"你既是犹太人,怎么向我一个撒马利亚妇人要水喝呢?"(约4:9)第二次:"先生,没有打水的器具,井又深,你从哪里得活水呢?"(约4:11)第三次:"先生,请把这水赐给我,叫我不渴,也不用来这么远打水。"(约4:15)第四次:"我没有丈夫。"（约4：17）第五次："我看出你是先知。我们的祖先在这山上礼拜。"（约4：19—20）这个回答也是属肉的，因为一个属世的地点赐给属肉的人，让他们礼拜，而主说，属灵的人要用心灵和诚实礼拜。① 他说了这话后，女人在她第六次回答中承认基督是教导所有这些事的教师，因为她说："我知道弥赛亚要来，他来了，必将一切的事都告诉我们。"（约4：25）但她仍然迷失，因为她没看出她所盼望来的已经来了。然而，此时藉着主的怜悯，这个错误被赶走，就像赶走一个奸夫一样。因为耶稣对她说："这和你说话的就是他。"（约4：26）一听到这话，她没有回答，但马上扔下水罐子，速速往城里去，所以她很可能不仅相信了福音以及主的到来，而且要将它传播出去。② 她留下水罐离开，我们不能轻易忽略这一点。水罐或许表示对这个世界的爱，即欲求，人们藉着它从黑暗深渊——就是井让人想到的——里汲取快乐，即从属地的生活方式求乐。一旦尝了这［快乐］，他们就会再次产生对它的渴望，正如他所说"凡喝这水的，还要再喝"。（约4：13）但她既相信了基督，就必摒弃世界，留下水罐表明她抛弃了属世的欲望，不仅心里信义，而且预备口里承认，并传讲她所信的救恩。③

六十五　论拉撒路的复活④

虽然我们完全相信福音书记载的拉撒路复活的故事，⑤ 但我仍然毫不怀疑这里面也包含着某种寓意。当事实指向比喻意义时，它

---

① 参见《约翰福音》四章23节。
② 参见《约翰福音》四章28—29节。
③ 参见《罗马书》十章10节。
④ 参见《约翰福音》十一章17—44节。奥古斯丁在这个问题开头小心地指出，寓意解释并不消解对喻体事物或事件本身之真实性的信心，这一观点不包括以下这种可能性，即经文只接受寓意解释，不接受字意或历史解释，这是他在《基督教教导》Ⅲ，10，14 所考虑的一种可能性。关于拉撒路的复活，*Homilies on the Gospel of John* 49 有更详尽的讨论。
⑤ 参见《约翰福音》十一章44节。

们并不废除对真实事物的信心,比如,保罗解释说亚伯拉罕的两个儿子比喻两约,① 难道因此亚伯拉罕这个人物就不存在吗？或者他没有两个儿子吗？同样我们也在这个意义上理解,拉撒路在坟墓里比喻灵魂埋葬在属地的罪——即整个人类——里,主在另一处提到他们是迷路的羊,他说,他撇下另外九十九只,来解救山里那只迷路的羊。②

他问:"你们把他安放在哪里？"（约 11∶34）我想,这话表示对我们的呼召,这是秘密发生的,因为对我们呼召的预定是某种神秘的事。这个奥秘的记号就是主所问的这个问题,好像他不知道答案似的,但其实不知道答案的正是我们自己。如使徒所说:"到那时候就全知道,如同主知道我一样"（林前 13∶12）,或者如主在另一处所表明的,他说他不知道罪人:"我不认识你。"（太 7∶23）葬在坟墓里的拉撒路表示这个罪人,而在［主的］教导和诫命里没有任何罪。《创世记》里有一个问题与此类似,"亚当,你在哪里？"（创 3∶9）因为他犯了罪,就将自己藏起来,躲避上帝的面。③ 这里的坟墓代表这样的躲藏,因此一个垂死的人类似于罪人,一个埋葬的人类似于躲避上帝面的人。然后,"你们把石头挪开"（约 11∶39）,我想,这话指向那些想要把割礼的担子压到从万邦进入教会的人身上的人,使徒曾频频写信批评他们;④ 或者表示那些在教会里行为败坏从而成为那些想要信主之人的绊脚石的人。"马大对他说:'……他死了已经四天了'"（约 11∶39）。四元素中的最后一个就是土,⑤ 因而它表示地上罪恶的臭味——即对属肉

---

① 参见《加拉太书》四章 22—24 节。
② 参见《马太福音》十八章 12 节。
③ 参见《创世记》三章 6、8 节。
④ 参见比如《哥林多前书》七章 17—20 节；《加拉太书》五章 11—12 节。
⑤ 其他三个元素是火、气和水。这四种元素最早由恩培多克勒（盛年约公元前 444 年）提出,最终由斯多亚学派继承,并成为普遍认同的观念。

之事的贪婪。亚当犯罪后,主耶和华对他说:"你本是尘土,你要归于尘土。"(创 3:19)石头挪开后,① 那死人从坟墓出来,手脚裹着布,脸上包着手巾。② 他从坟墓出来,表示灵魂从属肉恶习中回转。他裹着布,意指即使我们从属肉之事回转,心里遵守上帝的律,③ 我们仍然活在身体里,无法除去肉身的干扰。如使徒所说:"我以内心顺服上帝的律,我肉体却顺服罪的律。"(罗 7:25)他的脸裹着毛巾,意指在此生我们不可能拥有完全的知识。如使徒所说:"我们如今仿佛对着镜子观看,模糊不清,到那时,就要面对面了。"(林前 13:12)耶稣说:"解开,叫他走!"(约 11:44)意思是说,此生之后,所有帕子都要除去,④ 好叫我们面对面看见。

上帝的智慧⑤所穿戴的人⑥——我们藉着他得释放——与其他人之间的差别有多大,从以下这点清楚表明,即拉撒路被捆绑,直到离开坟墓才被解开。这意味着,即使灵魂已经重生,只要它对着镜子观看,模糊不清,⑦ 它就不可能完全脱离罪和无知,直到身体得到解脱。但是主并没有犯罪,⑧ 他也没有任何无知,⑨ 所以他的裹布和毛巾在坟墓里找到。⑩ 因为在所有裹在肉体里的人中,唯独他不仅没有被坟墓胜过,因而在他身上找不到任何罪,⑪ 而且没有裹在布里,因为没有任何东西遮盖他或者阻碍他的活动。

---

① 参见《约翰福音》十一章 41 节。
② 参见《约翰福音》十一章 44 节。
③ 参见《罗马书》七章 25 节。
④ 参见《哥林多后书》三章 16 节。
⑤ 参见《哥林多前书》一章 24 节。
⑥ "上帝的智慧所穿戴的人":huminem quem Dei sapientia gestabat。见第 24 页注释①。
⑦ 参见《哥林多前书》十三章 12 节。
⑧ 参见《彼得前书》二章 22 节。
⑨ 关于奥古斯丁思想中的基督没有任何无知,见第 78 页注释③。
⑩ 参见《约翰福音》二十章 6—7 节。
⑪ 参见《彼得前书》二章 22 节。

六十六　论经上所写的："弟兄们，我现在对明白律法的人说：你们岂不晓得律法管人是在活着的时候吗?"（罗7：1）一直到"也必藉着住在你们心里的圣灵，使你们必死的身体又活过来"（罗8：11）①

1. 使徒在谈到丈夫妻子的比喻中指出，假定妻子被丈夫的律法约束，那有三件事必须考虑：妻子、丈夫和律法——换言之，妻子通过律法的约束顺服于丈夫，丈夫死后，她就从这种束缚中解脱，可以按自己的意愿再嫁。② 他是这样说的："女人有了丈夫，丈夫还活着，就被律法约束；丈夫若死了，就脱离了丈夫的律法。所以丈夫活着，她若归于别人，便叫淫妇；丈夫若死了，她就脱离了丈夫的律法，虽然归于别人，也不是淫妇。"（罗7：2—3）这就是比喻。然后他开始谈到正题，他引入上面这个比喻就是为了解释和考察这个话题。

关于这个话题，也有三件事必须注意：人、罪和律法。③ 他说，只要人在律法之下，他就在罪里，④ 正如只要丈夫还活着，妻子就在丈夫的律法之下。⑤ 但是这里必须把罪理解为因着律法得到机会。⑥ 他说这罪没有任何界限，⑦ 因为当罪出现时，过犯使罪增加；"哪里没有律法，哪里就没有过犯"（罗4：15）。他是这样说的："叫罪人或罪因着诫命

---

① 讨论《罗马书》有三个问题，这是第一个，它提供了奥古斯丁恩典神学的早期观点。他建立恩典神学不仅参考圣经经文，而且参考个人生命中四个可能的阶段——律法之前、律法之下、恩典之下、和平之中。见问题六十一 7 和注释253。奥古斯丁承认亚当的罪在后裔中产生的后果，但他还没有使用"原罪"这个术语；他在第 5 节认识到，一个被罪压倒的人应该知道"他跌倒是他自己的作为，但他起来却不是自己的作为。"不过，此时他还不明白恩典不仅是把人从原罪以及后来的罪中救出来所必须的，而且是使他或她完成任何一种善行所必须的。那样的见解要等几个月后，直到他写作《答辛普利奇的问题汇编》I, 2 时才形成。
② 参见《罗马书》七章 2—3 节。
③ 参见《罗马书》七章 4—6 节。
④ 参见《罗马书》七章 1 节。
⑤ 参见《哥林多前书》七章 39 节。
⑥ 参见《罗马书》七章 7 节。
⑦ 参见《罗马书》七章 13 节。

毫无限制。"（罗 7：13）① 由此他说，律法虽然禁止罪，但立法不是为了使人从罪中解脱，而是为了使罪显现出来，② 因而服侍它的灵魂必须转向解救者的恩典，才能从罪中得释放，"因为律法本是叫人知罪。"（罗 3：20）在另一处他说："但罪藉着那良善的叫我死，就显出真是罪。"（罗 7：13）所以，只要没有解救者的恩典，罪的禁令就会激发犯罪的欲念。③ 必须相信，这是有益的，好叫灵魂知道，靠它自己，它不可能脱离罪的辖制，而一旦骄傲由此完全消退，灵魂就顺服于解救者，人就会真诚地说："我的心紧紧地跟随你"（诗 63：8），意思是说，它不再服于罪的律法，而服于义的律法了。

这律法被称为罪的律，④ 不是因为律法本身是罪，⑤ 而是因为它是强加给罪人的；所以也称之为死的律，⑥ 因为死是罪的工价；⑦ 死的毒钩是罪，但罪的权势是律法。⑧ 因为当我们犯罪，我们就沉入死里。而有律法禁止比没有律法禁止更使人激烈地犯罪。然而，随着恩典的到来，原本是律法强制命令的事，我们如今心甘情愿地成全了。因此，罪和死的律⑨——之所以如此称呼是因为它是强加给有罪、垂死的人——只要求我们不要贪婪，而我们仍然贪婪；⑩ 而生命之灵的律⑪——属于

---

① 这节经文在奥古斯丁的拉丁文本中是：Ut fiat supra modum peccator aut peccatum（delinquens［如在第 5 节］）per mandatum。这并不是希腊文的准确译文，因为希腊文的意思是"叫罪……显出是无限地恶"或者如一个更准确的拉丁文本所说 Ut fiat supra modum peccans peccantum。奥古斯丁的文本迫使他加上 delinquens（犯罪的）才讲得通，出于某种原因，这个词出现在第 5 节，但这里没有。
② 参见《罗马书》七章 7 节。
③ 参见《罗马书》七章 8 节。
④ 参见《罗马书》八章 2 节。
⑤ 参见《罗马书》七章 7 节。
⑥ 参见《罗马书》八章 2 节。
⑦ 参见《罗马书》六章 23 节。
⑧ 参见《哥林多前书》十五章 56 节。
⑨ 参见《罗马书》八章 2 节。
⑩ 参见《罗马书》七章 7 节。
⑪ 参见《罗马书》八章 2 节。

恩典，使人脱离罪和死的律①——使我们不再贪婪，成全律法的诫命，不再因恐惧作律法的奴仆，而是藉着仁爱作朋友，作义的奴仆，② 义乃是律法传播的源泉。而对于义，必须甘心侍奉，而不是被迫伺奉，也就是在仁爱里侍奉，而不是在恐惧里侍奉。所以经上所说完全正确："我们因信废了律法吗？断乎不是！更是坚固律法。"（罗3∶31）因为正是信心使律法下令。因而，律法因信得坚固。如果这种信心不存在，律法只是命令，指控那些没有遵行它命令的人，因而它最终使那些因无力遵行所命令之事而哀号的人转向解救者的恩典。

2. 我们在那个比喻里看到三者，妻子、丈夫和律法，在引出比喻的话题里看到另外三者：灵魂、罪和罪的律。唯一的区别在于：在比喻里，丈夫死了，妻子可以随意再嫁，脱离丈夫的律法；在后者中，灵魂向罪死了，从而可以嫁给基督。③ 当它向罪死了，它也向罪之律死了。他说："我的弟兄们，这样说来，你们藉着基督的身体，在律法上也是死了，叫你们归于别人，就是归于那从死里复活的，叫我们结果子给上帝。因为我们属肉体的时候"，意思是说我们被属肉体的欲望捆绑，"那因律法而生的恶欲就在我们肢体中发动，以致结成死亡的果子"。（罗7∶4—5）他说，当恩典缺乏时，律法所禁止的贪欲就增长，过犯使罪加多，因为"哪里没有律法，哪里就没有过犯"（罗4∶15）。他说，这些恶欲，就是"那因律法而生的恶欲，就在我们肢体中发动，以致结成死亡的果子"（罗7∶5）。在恩典藉着信心到来之前，灵魂受制于这些恶欲，如同受制于丈夫的法则。因此，凡是以内心事奉上帝之律的，就是向这些恶欲死了，尽管当他还在肉体里事奉罪之律时，情欲本身并没有死去。④ 因此，在恩典之下的人身上仍然保留某种东西，它

---

① 参见《罗马书》八章2节。
② 参见《罗马书》六章18节。
③ 参见《罗马书》七章2—6节。
④ 参见《罗马书》七章25节。

既没有征服他，也没有掳掠他，直到由恶习支撑的一切都被治死；出于那样的原因，身体只要还没有专门事奉灵，即使此时也仍然称为死的，① 但是等到必死的身体本身又活过来，② 这样的事必将发生，即身体要完全地事奉灵。

3. 由此我们明白，甚至个人也有四个阶段，当人按序一一经历之后，就必得永生。因为以下说法既是必然的也是合理的：当我们的本性陷入罪，以"乐园"作为象征的灵性福祉失落之后，我们生而为动物、属肉体者，这就是第一阶段，即律法之前；第二阶段是在律法之下，第三阶段是在恩赐之下，第四阶段是在和平之中。律法之前的阶段就是我们不知律法③且追求属肉欲望时。律法之下的阶段发生在我们被禁止犯罪但仍然犯罪时，因为受制于犯罪的习惯，还没有信心帮助我们。第三阶段是指我们完全相信我们的解救者，不再归功于自己，当恶习试图引诱我们犯罪时，因热爱解救者的仁慈，我们也不再追求恶习的享乐，但我们仍然允许它们干扰我们，只是不会屈从于它们。第四阶段，人身上没有任何东西阻挡灵，一切事物都和谐相连，结合在一起，在一种永久和平中保守人的统一性，这样的状态要等到必死的身体又活过来④之后才会发生，到那时，这必朽坏的总要穿上不朽坏的，这必死的总要穿上不死的。⑤

4. 以下经文可以作为第一阶段的见证："罪是从一人入了世界，死又是从罪来的，于是死就临到众人，因为众人都犯了罪。没有律法之先，罪已经在世上，但没有律法，罪也不算罪。"（罗5：12—13）还有："因为没有律法，罪是死的。我以前没有律法，是活着

---

① 参见《罗马书》八章10节。
② 参见《罗马书》八章11节。
③ 参见《罗马书》七章7节。
④ 参见《罗马书》八章11节。
⑤ 参见《哥林多前书》十五章53—54节。

的。"（罗7：8—9）这里所说的"是死的"（罗7：8），就是前面所说的"不算"（罗5：13），即被隐藏。接下来的话清楚表明这一点，它说："但罪藉着那良善的叫我死，就显出真是罪"（罗7：13），"藉着那良善的"，即藉着律法，因为"律法原是好的，只要人用得合宜"（提前1：13）。既然这里说为了"显出真是罪"（罗7：13），那么前面所说的"是死的"（罗7：8）以及"不算"（罗5：13）就很清楚了，因为在禁止它的律法还没有将它显明出来之前，它原本是没有被显明的。

5. 关于第二阶段，适用的有以下这些经文："律法本是外添的，叫过犯显多"（罗5：20），过犯原先也是没有的，后来才有；上面已经提到过的经文："我们属肉体的时候，那因律法而生的恶欲就在我们肢体中发动，以致结成死亡的果子。"（罗7：5）还有："这样，我们可说什么呢？律法是罪吗？断乎不是！只是非因律法，我就不知何为罪。非律法说：'不可起贪心'，我就不知何为贪心。然而罪趁着机会，就藉着诫命叫诸般的贪心在我里头发动。"（罗7：7—8）以及稍后的："诫命来到，罪又活了，我就死了。那本来叫人活的诫命，反倒叫我死，因为罪趁着机会，就藉着诫命引诱我，并且杀了我。"（罗7：9—11）当它说"我就死了"（罗7：10），它的意思是我知道我死了，因为一个人因过犯藉着律法犯罪，他知道什么不该做，但仍然去做。但是当它说"罪趁着机会，藉着诫命引诱我"（罗7：11）时，它的意思或者是对快乐的贪求使人更加强烈地倾向于设置禁令的事物，或者是即使人按照律法命令行事，如果没有存在于恩赐里的那种信心，他就想把这功归于自己，而不是归于上帝，于是，出于骄傲他越益犯罪。因此，经上有如下的话说："这样看来，律法是圣洁的，诫命也是圣洁、公义、良善的。既然如此，那良善的是叫我死吗？断乎不是！叫我死的乃是罪。但罪藉着那良善的叫我死，就显出真是罪，叫罪因着诫命更显出是无限的恶（恶极了）。我们原晓得律法是属乎灵的，但我是属乎肉体的"（罗7：12—14），（也就是说，由于我还没有藉着属灵的恩典得释放，① 所以我顺服于肉体），"是已经卖给罪了"（罗7：14）（也就是说，为短暂快乐而付出犯罪的代价），"因为我所做的，我自己不明白"（罗7：14），即，我不知道自己是否在真理的规训中，那里才有真知识。主对罪人说的就是："我不认识你"（太7：23）。事实上没有什么是他不知道的，但是因为在真理的规训法则里没有任何罪，所以真理本身对罪人说："我不认识你。"正如当眼睛看不见事物时，才看见黑暗，同样，当心灵不认识罪时才感知到罪。我相信，正是基于这样的观念，《诗篇》里才说："谁能知道自己的错失呢？"（诗19：12）"因为我所做的，我自己不明白；我所愿意的，我并不做；我所恨恶的，我倒去做。若我所做的，是我所不愿意的，我就应承律法是善的。既是这样，就不是我做的，乃是住在我里头的罪做的。我也知道在我里头，就是我肉体之中，没有良善。因为立志为善由得我，只是行出来由不得我。故此，我所愿意的善，我反不做；我所不愿意的恶，我倒去做。若我去做所不愿意做的，就不是我做的，乃是住在我里头的罪做的。我觉得有个律，就是我愿意为善的时候，便有恶与我同在。因为按着我里面的意思，我是喜欢上帝的律，但我觉得肢体中另有个律和我心中的律交战，把我掳去，叫我附从那肢体中犯罪的律。"（罗7：15—23）这些经文说的就是生活在律法之下还没有到恩典之下的人，② 这样

---

① 奥古斯丁在《订正录》对这个短语作了限定，指出对于《罗马书》七章14—24节这整段经文"不应作这样的理解：似乎一个已经生活在恩典之下的属灵之人就可以不这样说……自己"。换言之，不仅那些还没有藉恩典得释放的人要筋疲力尽地与里面的罪性作斗争，甚至那些已经得释放的人也同样如此。当他又说他后来也教导这一点，就如他前面所承认的，这个"前面"他指的是《订正录》I, 23, 2, 那里纠正了在 *Commentary on Some Satatements in the Letter to the Romans* 所作的一些论断。

② 参见《罗马书》六章14节。

的人即使自己不想犯罪,却仍受制于罪。因为属肉习惯和必朽性的自然束缚——我们从亚当出生就陷于其中——占据上风。所以处于这样境况的人要祈求帮助,要知道当他跌倒时这是他自己的作为,当他起来时则不是他自己的作为。当他被释放并认识到释放者的恩典时,他就会说:"我真是苦啊!谁能救我脱离这致死的身体呢?感谢上帝,靠着我们的主耶稣基督就能脱离了。"(罗 7:24—25)

6. 关于处于恩典之下,即我们表明的第三阶段的人,有如下经文与之对应。可以肯定,此时他抵抗肉体的必朽性,但没有克服并战胜对罪的倾向性。因此经文说:"这样看来,我以内心顺服上帝的律,我肉体却顺服罪的律了。如今,那些在基督耶稣里的就不定罪了。因为赐生命圣灵的律在基督耶稣里释放了我,使我脱离罪和死的律了。律法既因肉体软弱,有所不能行的"(罗 7:25—8:3)——也就是因属肉体的欲望;因为律法之所以没有成全,其原因在于对公义本身的爱还没有呈现,这种爱通过内在的吸引力抓住心灵,从而使它不被短暂事物迷惑而引向罪。因此律法因肉体软弱——也就是说,它没有使那些投身肉体的人变成义的。于是"上帝就差遣自己的儿子成为罪身的形状"(罗 8:3)。它不是一个罪身,因为不是从属肉快乐中出生的,但它里面仍然有罪身的形状,因为它仍是必朽的肉体。然而,亚当若不是犯了罪,他原本不该死。① 那主做了什么?"在肉体中定了罪案"(罗 8:3)——也就是说,通过穿戴有罪之人的肉身,教导我们应如何生活,他在肉体自身中定了罪案,好叫灵焕发对永恒之事的热爱,不会因受制于情欲而被掳掠。[保罗]说:"使律法的义成就在我们这不顺从肉体,只顺从圣灵的人身上"(罗 8:4)。因此,律法的规定不可能通过畏惧成就,唯有通过爱才得以成就。"因为顺从肉体的人知道(体贴)肉体的事",(罗 8:5)——即,他们贪求属肉体的好,视之为最高的好。"顺从圣

---

① 参见《创世记》二章 17 节。

灵的人明白（体贴）圣灵的事。肉体的智慧就是死，圣灵的智慧乃是生命与平安，原来肉体的智慧就是与上帝为仇"（罗 8：5—7）。[保罗]为表明"为仇"是什么意思，免得有人以为另有一个原理从另外地方引入，于是他又说："因为不服上帝的律法，也是不能服"（罗 8：7）。因此，违背律法就是与上帝为仇，意思不是说有什么东西能伤害上帝，而是说凡是抵挡上帝旨意的，就是害他自己。因为这无异于抵挡鞭策物，就如当保罗还在逼迫教会时至高者对他说的。① 而这话"因为不服上帝的律法，也是不能服"，也是在同样的意义上说，好比说雪不能提供温暖，因为它不能，只要有雪，就没有温暖；但是可以将它融化、烧沸，所以它确实可以变暖，而当它变暖时，它就不再是雪。因此，当灵魂渴求短暂的好，把它们当作高贵的好时，就说这是肉体的智慧。因为只要这样一种倾向存在于灵魂，它就不可能顺服上帝的律法，即不可能成就律法所命令的。但是当它开始欲求属灵的好，鄙弃短暂的好，肉体的智慧就停止存在，不再反对灵。当该灵魂欲求低级事物时，就说它有肉体的智慧，当它欲求高贵事物时，就说它有属灵的智慧，不是因为肉体的智慧是一个实体，灵魂穿上或脱下；而是说，它是灵魂本身的一种欲求，当灵魂完全转向属天事物时，它就彻底消失不在。经文说："属肉体的人不能得上帝的喜欢"（罗 8：8）——"属肉体的人"，就是那些屈服于肉体之奢侈无度的人。为了防止有人以为这是指那些还没有脱离此生的人，他又非常及时地补充说："如果上帝的灵住在你们心里，你们就不属肉体，乃属圣灵了。"（罗 8：9）至此，非常清楚，那些还在此生的人也可以是属圣灵的，因为他们在欲求属灵之事中获得了信望爱。"人若没有基督的灵，就不是属基督的，基督若在你们心里，身体就因罪而死，心灵却因义而活。"（罗 8：9—11）这里说身体

---

① 参见《使徒行传》九章 5 节（并非希腊文原文）。

是死的，因为只要它因缺乏属体事物而搅扰灵魂，① ——也就是说，它因这种缺乏，就去贪求属世事物，又因这种贪求而产生各种各样的冲动困扰灵魂——就可以说是死的。然而，即使如此，心灵已经体贴上帝的律，确立在恩典之下，所以并没有屈服去做非法的事。就此而言，前面所说的话也适用这里："我以内心顺服上帝的律，我肉体却顺服罪的律了"（罗7：25）。还没有完全和平的人就被归在恩赐之下，而完全的和平是随着身体的复活和转变而来的。

7. 最后要谈到的就是身体复活的和平，那是第四阶段——如果这也可以称为一个阶段的话——也是最高的安息。经上接下来要说的事是："然而叫耶稣从死里复活者的灵，若住在你们心里，那叫基督耶稣从死里复活的，也必藉着住在你们心里的圣灵，使你们必死的身体又活过来。"（罗8：11）这里非常清楚地证明了身体的复活，也非常清楚地表明，只要我们还在此生中，无论是源于这必朽肉体的干扰，还是属肉快乐的挑逗，都不会缺乏。因为虽然一个已经确立在恩典之下并且内心顺服上帝之律的人不会屈服，但他仍然顺服于他肉体里的罪之律。②

当人经过这些阶段获得完全，恶就显得毫无实体。律法也不是恶，它向人显示捆绑他的罪之锁链，好叫他藉着信心恳求解救者的帮助，配得释放，得抬升，得以坚固地确立。在第一阶段，即律法之前的阶段，没有与这个世界之享乐的争战。第二阶段，即律法之下，我们争战但被征服。第三阶段，我们争战并得胜。第四阶段我们不争战，安息在完全而永恒的和平之中，因为在我们之下的顺服于我们；而它曾经并不那么顺服，因为我们抛弃了在我们之上的上帝。

---

① 奥古斯丁在《订正录》纠正了这一表述，指出他似乎应该更确切地说，这里之所以"说身体是死的，乃因为它已经处于死的必然性之下，而犯罪之前并非如此。"因此，身体的死不在于它是否以其欲求搅扰灵魂，那是一种相对状态；而在于它的必死性，那是绝对的。

② 参见《罗马书》七章25节。

六十七　论经上所写的"我想，现在的苦楚若比起将来要显于我们的荣耀，就不足介意了"（罗 8：18），直到"我们得救是在乎盼望"（罗 8：24）[①]

1. 这段经文含义模糊，因为这里没有充分显明受造之物是指什么。根据大公教的教义，受造之物就是上帝父藉着他的独生子在圣灵的统一中创造并确立的一切事物。因此不仅我们的身体，而且我们灵魂和灵都包含在"受造之物"这个术语里。经上说："受造之物仍然指望脱离败坏的辖制，得享上帝儿女自由的荣耀"（罗 8：21），似乎我们不是受造之物，而是上帝的儿女，因为受造之物必将脱离辖制，得享上帝儿女自由的荣耀。同样，它说："我们知道一切受造之物一同叹息、劳苦，直到如今。不但如此，就是我们……也如此"（罗 8：22—23），似乎我们是一回事，受造之物是另一回事。所以，这整段经文必须详尽考察。

2. 它说："我想，现在的苦楚若比起将来要显于我们的荣耀，就不足介意了"（罗 8：18）。这很显然，因为他前面已经说过，"你们……若靠着圣灵治死身体的罪行，必要活着"（罗 8：13）；这不可能轻易发生，必然需要忍耐。他在稍前所说的也与此相关："如果我们……受苦，也必……得荣耀"（罗 8：17）。因此，当他说："受造之物切望等候上帝的众子显出来"（罗 8：19）时，我想他的意思也是这样。因为当我们治死肉体的行为，即当我们通过自制忍受饥渴，当我们藉着贞洁

[①] 这是讨论《罗马书》的另一段经文，这样的讨论有三篇，在这个系列中，本篇讨论的重点与另外两篇几乎完全不同。这里奥古斯丁主要关注《罗马书》八章 14—24 节所使用的"受造之物"这一术语的意义。他在本问题一开始就以三一术语将"受造之物"定义为"上帝父藉着他的独生子在圣灵的统一中创造并确立的一切事物"。奥古斯丁认为上帝的儿子（不同于《罗马书》八章 19，21 节的"上帝的儿女"）不属于这个"受造之物"，但他并没有将天使排除在外，尽管他们得免折磨其他造物的苦楚和叹息。由于奥古斯丁提出的问题是，在保罗看来，上帝的儿女与单纯作为受造之物的人有什么分别，所以他找到这样一个答案，从微观角度透视人，人自身中包含一切受造之物，因为他就如同整个受造物本身那样，"由三部分构成：部分是属灵的，部分是属魂的，部分是属体的"（5 节）。反过来，人类作为受造物包括灵性上处于两端的人——那些因为还不信主因而不能称为上帝儿女的人，以及那些拥有圣灵的初果因而充满仁爱的人。

克制性活动的享乐，当我们藉着忍耐承受侮辱的伤害和谩骂的刺痛，当我们忽视并弃绝欲望，为母亲教会的益处而劳作，当我们在这些以及其他患难中忍耐磨炼时，那使我们痛苦的一切，都是受造之物的一部分。身体和灵魂是受造之物，它们遭受痛苦，等候上帝众子的显现——即，它们等候那个时刻，就是那呼召它们的将显示在荣耀里的那个时刻。上帝的独生子不可能被认为是受造之物，因为上帝所造的一切无一不是藉着他造的，① 所以我们自己在荣耀显现之前被认为是受造之物是合理的，被称作上帝的儿女也是正当的，但我们是因收养得称为儿女，而他是本性上为独生子。因此"受造之物切望"——即我们切望——"等候上帝的众子显出来"，即等候所应许的显现出来的时刻，我们现在所盼望的，到那时就成为事实。"我们现在是上帝的儿女，将来如何，还未显明；但我们知道，主若显现，我们必要像他，因为必得见他的真体。"（约一3：2）如今受造之物的切望所等候的，正是上帝儿女的显现本身，受造之物等候的并非另一种本性，即不是受造之物的显现；毋宁说，它作为现在的所是，等候它必要成为将来要成为的样子的那个时刻。打个比方，画家从事创作，安排各种颜料备用，颜料切望等候画像的展现——不是说它们将成为别的东西，或者不再是颜料了，而是说它们将拥有一种额外的美。

3. 它说："因为受造之物服在虚空之下"（罗8：20）。这意思是"虚空的虚空，凡事都是虚空。人一切的劳碌，就是他在日光之下的劳碌，有什么益处呢"？（传1：2—3）关于这点，经上说："你必劳碌（汗流满面）才得糊口。"（创3：19）然而，"受造之物服在虚空之下，不是自己愿意"（罗8：20）。加上"不是自己愿意"有充分理由。可以肯定，人类犯罪是出于自己意愿，但受到定罪不是出于自己意愿。也就是说，犯罪是有意违背真理之法的行为，而顺服于错谬是对罪的惩

---

① 参见《约翰福音》一章3节。

罚。所以，受造之物服在虚空之下不是出于它自己的意愿，"乃是因那叫他如此的"（罗 8：21）——即因那位的公义和怜悯，他既没任由罪不受惩罚，也不希望罪人不得医治。

4. "受造之物自己也"（罗 8：21）——即人类自身，一旦因罪失去形像，唯有剩下受造之物，① 所以"受造之物本身"——即它不是作为完成形式的儿女，而只是作为"受造之物"——"仍然指望脱离败坏的辖制"。所以它说"它自身仍然指望脱离"的意思是"它自身也"恰如我们一样。换言之，即使那些因为还不相信因而还不能称为上帝儿女而只能称为"受造之物"的人，也不应有任何绝望，因为他们也会相信，脱离败坏的辖制，就如我们这些已经得称为上帝儿女的人一样，尽管"将来如何，还未显明"（约一 3：2）。他们仍然指望脱离败坏的辖制，"得享上帝儿女自由的荣耀"（罗 8：21）——即他们也将从为奴之地走向自由之境，从必死走向荣耀，得享上帝儿女才拥有的那种完全生命。

5. "我们知道一切受造之物一同叹息、劳苦，直到如今"（罗 8：22）。"一切受造之物"包括在人类之中，不是因为所有天使、高级权势包括在人类里面，或者天地海及其里面的一切在它里面，而是因为一切造物由三部分构成：部分是属灵的（spiritalis），部分是属魂的（animalis），部分是属体的（corporalis）。从最低级事物开始，我们看到属体的造物占据空间，属魂的赋予属体的以生命，属灵的支配属魂的，并且妥善管理属魂的，只要它把自己交托给上帝管理。但是，如果属灵的违背上帝的诫命，就不可避免地陷入劳苦，藉着那些它曾经能够支配的事物加给它重担。所以，人若是按着自己的体生活，就被称为属肉体的（carnalis）或者属血气的（animalis，即属魂的）人——属肉体的，

---

① 奥古斯丁在《订正录》写道，他的意思并不是说人类完全失去上帝的形像。假若他们完全没有失去，圣经就不会叫他们回转；假若他们完全失去，圣经也不会说他们拥有它。

因为他追求属肉体之事；属血气的，因为他被其魂（anima）恣意卷走，灵不能管理它或者将它限制在自然秩序的界限之内，因为灵自身也没有顺服于上帝的管理。但是人若是由灵管理他的魂，魂管理他的体——他若不是把自己交由上帝来管理，就不可能做到这一点，因为正如女人的头是男人，同样，男人的头是基督①——就可称之为属灵的人。如今要过这样的生活很难，但以后它将不会有任何劳苦。由于最高天使按灵生活，最低天使按魂生活，②兽类和一切牲畜则按体的样式生活，而身体没有生命，被给予生命，所以"一切受造之物"包含在人类之中，因为人以灵来理解，以魂来感知，以体来活动。人类中的"一切受造之物一同叹息、劳苦"。这里不是说"整个"（totam），而是说"一切"（omnem），好比说：所有人无一例外看见太阳，但他们并不是整个人看见太阳，因为他们只用眼睛看见。同样，一切受造之物在人类中，因为人理解、活着、拥有身体。但受造之物作为整体并不包含在人类中，因为人类之外有天使，他们理解、活着并存在；有牲畜，它们活着并存在；有物体，它们只是存在。有生命大于没有生命，能理解大于只有生命不能理解。所以，人类可悲地叹息、劳苦，"一切受造之物一同叹息、劳苦，直到如今。"即使有人已经在亚伯拉罕的怀里，③有盗贼与主同在乐园，在他信主的日子不再劳苦，④然而直到如今"一切受造之物一同叹息、劳苦"，因为受造之物由灵、魂和体构成，它的一切都在那些还没有得释放的人里面。

6. 经文说："不但如此，就是我们……也是"（罗8∶23）——即在人类中不仅体、魂、灵因身体的烦恼一同劳苦，而且我们自己也是，

---

① 参见《哥林多前书》十一章3节。
② 奥古斯丁在《订正录》里称这是一个草率的论断，因为无论是圣经还是事物本身都没有证据表明最低天使"按魂生活"。
③ 参见《路加福音》十六章23节。
④ 参见《路加福音》二十三章43节。

除了我们的身体,"我们这有圣灵初结果子的,也是自己在心里叹息"(罗8:23)。"圣灵初结果子"这话说得好,它是指那些已经作为祭献给上帝的人的灵,以及那些已经被仁爱的圣火抓住的人的灵。这些是一个人初结的果子,因为真理首先触摸我们的灵,从而其他一切才能被它抓握。所以,那说"我以内心顺服上帝的律,我肉体却顺服罪的律"(罗7:25)的,说"我用心灵所侍奉的上帝"(太26:41)的,已经有献给上帝的初果,论到这样的人,经上说:"你们心灵固然愿意,肉体却软弱了"(太26:41)。但是当他说:"我真是苦啊,谁能救我脱离这取死的身体呢"(罗7:24)时,当经上说这样的话"必藉着住在你们心里的圣灵,使你们必死的身体又活过来"时,还没有什么大灾难。但是当死被得胜吞灭,① 当经上对死说:"死啊,你得胜的权势在哪里?你的毒钩在哪里"(林前15:55)时,就有大灾难。因此,它说,不仅一切受造之物——即有身体的——而且"就是我们这有圣灵初结果子的",即我们这些灵魂,已经将我们心灵的初果献给上帝的,"也是自己心里叹息"——即,脱离身体——"得着儿子的名分,乃是我们的身体得赎"(罗8:23)——即,接受特权,得着我们受召去得的儿子名分之后,叫身体本身能在各方面向我们显现为上帝的儿女,使我们的整体得释放,我们的所有困苦都结束。"我们得救是在乎盼望;只是所见的盼望不是盼望"(罗8:24)。因此,将来要成就的事,如今是我们的盼望,到那时,我们要成为的样子就会显现——即我们必要像他,因为我们必得见他的真体。②

7. 我们按这里所讨论的这种方式来解释这段经文,就不会陷入很多人面临的难题,他们因为经上说"一切受造之物一同叹息、劳苦",就得出结论说,在我们完全得救之前,所有天使和属天使者都在劳苦和

---

① 参见《哥林多前书》十五章54节。
② 参见《约翰一书》三章2节。

叹息之中。天使因顺服上帝——他为我们的缘故甚至屈尊派下他的独生子——而处于高位,他们虽然依据其高位帮助我们,但我们仍然必须相信,他们这样做时毫无叹息和劳苦,不然,天使被看作不幸的,而拉撒路,我们中的一员,已经安息在亚伯拉罕的怀里,① 倒被认为"比他们"更幸福;尤其因为经上说一切受造之物叹息、劳苦,服在虚空之下,就认为这些高位的、高贵的造物,作为天使和权能,也服在虚空之下,那是恶劣的观点。然后经上说,它必须脱离毁灭的辖制,我们不可能相信,他们这些在天上过着最有福生活的天使会陷于败坏之中。然而,对一切问题都不能草率作出论断,对待圣经经文必须始终怀着敬虔之心,免得以另外的方式理解那叹息、劳苦、服于虚空之下的;对至高天使不可有任何不敬的念头,因为他们按我们主的命令前来帮助我们的软弱。不论我们是结束关于这段经文的解释,还是提出另外一种解释,有一点必须注意,即不能不遵守或者损害大公教的信仰。② 因为我知道愚蠢的异端对这段经文说过许多不敬而荒谬的言论。③

六十八 论经上的话"你这个人哪,你是谁,竟敢向上帝强嘴呢"（罗 9:20）④

1. 当使徒说:"你这个人哪,你是谁,竟敢向上帝强嘴呢"（罗 9:

---

① 参见《路加福音》十六章 23 节。
② 参见第 71 页注释③。
③ 这些异端可能是摩尼教徒,或者至少具有摩尼教倾向的人,因为《罗马书》的这段经文与受造之物的性质有关,而他们对受造之物持否定观点。
④ 这是就《罗马书》经文提出的最后一个问题,奥古斯丁回到第一个问题提出的恩典话题。这里他从上帝神秘计划的视角来讨论,对此人类的抱怨是徒劳的。但是就如在问题六十六,奥古斯丁仍然没有理解恩典是完全没有理由的这一性质,这导致他在本问题中对上帝拣选某些人拒斥另一些人寻找一种人所能理解的理由。他在第 3 节假设功德跟随在信念之后,尽管他补充说:"但恩典本身——藉着信心赐给——赐给时并没有我们自己的功德在先。"在第 4 节,他使用了著名的法老例子表明,不论上帝是怜悯某人还是使他刚硬,他的怜悯或刚硬"产生于"他所怜悯或刚硬之对象的"最隐秘的功过"。这样说来,他的呼召（vocatio）神学——在第 5—6 节详尽论述——必然是不完善的。

20），他似乎是在指责好奇的人，于是这些人无视这个问题，在回应指责他们好奇的话时仍不停止好奇，并且带着侮辱性的不敬说，使徒在回答问题时自己缺乏知识，还指责那些寻求知识的人，因为他不能回答向其提出的问题。此外，有些异端、敌律法和先知的人[①]，他们作假只在于他们假装有某种没有展示出来的知识，所以每当使徒在作品中插入关于他们的话，他们就指责这样的话不真，是弄虚作假者篡改的，包括保罗所说的"你这个人呢，你是谁，竟敢向上帝强嘴呢"，他们断定这话也是被篡改过的，加以否认。因为如果这话指的是那些为了骗人而说诽谤话的人，那他们毫无疑问会沉默，也不敢对轻信者——就是他们想要蒙骗的人——妄称他们拥有关于全能上帝之旨意的知识。然而，还有些人，在读圣经时，以健全而虔诚的心努力学习，寻找可以回答诽谤者和假指控者的话。而我们为了得救的缘故依赖使徒的权威，认为大公教教义所维护的书卷在任何方面都不会被篡改，坚持认为这一点是真实的：即这些事向有些人是隐藏的，因为他们完全不合格，也太软弱，不能明白神圣奥秘。那些因上帝的计划没有向他们显现而抱怨、愤怒的人，当他们开始说："如此看来，上帝要怜悯谁，就怜悯谁；要叫谁刚硬，就叫谁刚硬。那他为什么还指责人呢？有谁抗拒他的旨意呢？"（罗 9：18—19）——当他们说着这样的话，开始鄙视圣经，或者为自己的罪寻找借口，同时看轻激发他们追求美好生活的诫命时，我们要充满自信地回答他们说："你这个人哪，你是谁，竟敢向上帝强嘴呢？"我们不能因为担心他们，就把圣物给狗，把我们的珍珠丢在猪前，[②] 只要我们自己不是狗和猪。让我们在圣灵的启示下，努力得出一个高雅的结论，尽管这结论是不完全的，还模糊不清，[③] 而不对灵

[①] 马西安派（Marcionites）和摩尼教徒都质疑旧约，不过，奥古斯丁特别熟悉后者，还专门写文反驳他们，所以这里很可能是针对他们而说的。
[②] 参见《马太福音》七章 6 节。
[③] 参见《哥林多前书》十三章 12 节。

魂的功过作任何庸俗的推测。

2. 因为使徒在这个段落里不是禁止圣徒去寻求探索，而是禁止那些还未在仁爱中扎根并建立的人去求，这些人还不能与众圣徒一起领会长阔高深以及他在该经文中所谈的其他事。① 他并不禁止那些属灵的人去探求了解，关于这样的人他说："属灵的人能看透万物，却没有一人能看透了他。"（林前2：15）又特别说道："我们所领受的，并不是世上的灵，乃是从上帝来的灵，叫我们能知道上帝开恩赐给我们的事。"（林前2：12）所以，他所禁止的人，不是别的人，就是粘土所造的属地的人，他们还没有重生和成长，还带着那人的形像——那人是头一个被造的，出于土，乃属土，② 因为他不愿意顺服造他的上帝，就回到从中造出他来的土里；他犯罪之后，就该听到这样的话："你本是尘土，仍要归于尘土"（创3：19）。对于这样的人，使徒说："你这个人哪，你是谁，竟敢向上帝强嘴呢？"（罗9：20）只要你仍是一个被造物，你就还不是完全的儿女，因为你还没有接受恩典的全备；藉着全备的恩典我们才得赐权柄，作上帝的儿女，③ 好叫你能够听到这样的话："以后我不再称你们为仆人……乃称你们为儿女（朋友）"（约15：15）。"你是谁，竟敢向上帝强嘴"，想要知道上帝的计划？你是谁，想要知道与你同等的某个人，却行事愚蠢，不先成为他的朋友？正如我们已有属土之人的形像，同样，我们也要有属天之人的形像，④ 脱去旧人，穿上新人，⑤ 免得经上对我们说这样的话"受造之物岂能对造他的说：'你为什么这样造我呢？'"好像对一个用土所造的物说一样。

3. 所以很清楚，这话不是对成圣的灵说的，而是对属肉体的土说

---

① 参见《以弗所书》五章17—18节。
② 参见《哥林多前书》十五章49、47节。
③ 参见《约翰福音》一章12节。
④ 参见《哥林多前书》十五章49节。
⑤ 参见《歌罗西书》三章9—10节。

的。再看接下来的话："窑匠难道没有权柄从一团泥里拿一块做成贵重的器皿，又拿一块做成卑贱的器皿吗？"（罗 9∶21）因为我们的本性在乐园犯了罪，① 于是同一个神意把我们造为必朽的世代，不是沿着天上的路线，乃是沿着地上的路线，即不是按照灵，而是按照肉体；所以我们全都是从一团泥被造，那是一个罪的团块（massa peccati）。② 因着犯罪，我们失去了原本要得的，上帝的怜悯也远离我们；罪人应得的，除了永灭，还有什么，属于这样一个团块的人能看到什么？只能对上帝强嘴说："你为什么这样造我呢？"如果你想知道这些事，就不要做泥土，而要藉着上帝的怜悯作他的儿女，他赐给那些信上帝名的人权柄作他的儿女，③ 但不是（如你所希望的）给那些还未信就想要知道神圣事物的人。因为知识的奖赏是给予那些有功配得的人，而功德则为那些相信的人预备。但恩典本身，乃藉着信心赐给，并不需要我们自己的功德作为条件。罪人和不敬者有什么功德可言？然而基督为不敬者和罪人而死，④ 好叫我们蒙召相信，不是凭着功德，乃是凭着恩典。不过，藉着相信，我们可以获得功德。所以，罪人被要求相信，好叫他们藉着相信洁净自己的罪。诚然，他们不知道若行事正直能看见什么，但他们若不行事正直，就必不能看见；而若不相信，就不能行事正直。所以显然，他们必须以信心为开端，好叫那使相信的人脱离这个世界的法令，也使他们的心清洁，从而得见上帝。因为"清心的人有福了，他们必得见上帝"（太 5∶8）；又有话藉着先知宣告说："要以单纯的心寻求他"（智 1∶1）。因此对那些处于昏暗的生命之中、心眼因此暗淡的人，说

---

① 参见《创世记》三章 6 节。
② "罪的团块"massa peccati。这是奥古斯丁第一次使用这个表述，以后在作品中不时以这种或那种形式（比如 massa damnata, massa peccatorum 或者简单的 massa，如在本问题的其余行文中出现的）一再出现，被认为是他对人类境况的悲观主义观点的独特表达。参见 Paula Fredriksen, "Massa," in Fitzgerald 545—547。
③ 参见《约翰福音》一章 12 节。
④ 参见《罗马书》五章 6、8 节。

这样的话是理所当然的："你这个人哪，你是谁，竟敢向上帝强嘴呢？受造之物岂能对造他的说：'你为什么这样造我呢？'窑匠难道没有权柄从一团泥里拿一块做成贵重的器皿，又拿一块做成卑贱的器皿吗？"（罗9：20—21）"你们……应当把旧酵除净，好使你们成为新团"（林前5：7），在它［即那个新面团］里面，你们不再是在基督作婴孩的，必须用奶喂，① 而已长大成人，② 成为那些完全人中的一员："在完全的人，我们也讲智慧"（林前2：6）。于是，如果全能上帝有什么奥秘，关于最隐秘的灵魂功德，关于恩典或公义的奥秘，你必将听得真真切切，毫无偏颇。

4. 就法老的例子来说，回答很容易：因为他在他的国里压迫寄居者，③ 所以他已经有过错，恰当的结果就是他的心变得刚硬，他甚至不相信最明显的上帝法令的记号。④ 因此，从同一个团块（即罪人的团块），［上帝］既造出怜悯的器皿，当以色列子孙恳求（deprecor）他时，他就藉此前来帮助他们；又造出愤怒的器皿，通过他们的磨难教训他们——即法老及其百姓。因为虽然两者都是罪人，因而属于同一个团块，但仍然有两种方法，一种方法对待那些向一位上帝哀叹，祈求帮助的，另一种对待那些在自己的不义重担下哀叹的。于是"就多多忍耐宽容那可怒、预备遭毁灭的器皿"（罗9：22）。出于那样的原因，当他说"多多忍耐"时，他暗示他们先前的罪，他宽容他们的罪，以便当他们的惩罚有益于那些将要得释放的人时，他就适时地惩罚他们，从而"将他丰盛的荣耀彰显在那蒙怜悯、早预备得荣耀的器皿上"（罗9：23）。

或许你对此很困惑，又回到那个问题："如此看来，上帝要怜悯

---

① 参见《哥林多前书》三章1—2节。
② 参见《以弗所书》四章13节。
③ 参见《出埃及记》一章8—22节。
④ 参见《出埃及记》九章12节。

谁,就怜悯谁;要叫谁刚硬,就叫谁刚硬。那他为什么还指责人呢?有谁抗拒他的旨意呢?"当然,他要怜悯谁就怜悯谁,要叫谁刚硬就叫谁刚硬,但是上帝的这种旨意不可能是不公义的。这源于最隐秘的功过,因为即使罪人自己因普遍的罪①形成一个单一团块,他们之间仍然有程度上的差异。因而,某些罪人身上已经呈现某些东西,使他们配得公义,尽管他们还没有成为公义的;同样,在另一些罪人身上也有某些东西,使他们该受惩罚。同一位使徒在另外地方有话说:"他们既然故意不认识上帝,上帝就任凭他们存邪僻的心"(罗1:28)。他任凭他们存邪僻的心,与他使法老的心刚硬,是一样的意思;他们故意不认识上帝,与他们就该被任凭存邪僻的心,也是一样的。

5. 然而没错,"这不在乎那定意的,也不在乎那奔跑的,只在乎那发怜悯的上帝"(罗9:16),因为即使犯有轻罪或者甚至某些重罪的人,凭着大大的叹息和苦苦的忏悔,仍得上帝的怜悯,这也不是归功于人——他若被抛弃,必致毁灭——而是归功于发怜悯的上帝,是上帝前来帮助他,听他的恳求,解他的困扰。一方面,若不是上帝发怜悯,仅凭意愿无济于事;另一方面,若没有意愿(voluntas)先行表明(praecesserit),叫人得平安的上帝也不会发怜悯,②因为地上的平安归于有良善意愿的人。③ 一个人若不是已经警醒并蒙召,不论是内在的,没有人看见,还是外在的,有可听的话语,可见的记号,就不可能意愿(velle),所以即使意愿这件事本身,也是上帝在我们里面作工的结果。④ 并非所有蒙召的都愿意前来赴那主在福音书里说已经预备的宴

---

① "普遍的罪":generale peccatum。奥古斯丁直到《答辛普利奇的问题汇编》1,1,10才使用"原罪"(original sin)这个术语,但"普遍的罪"指的就是原罪的意思。
② 奥古斯丁在《订正录》论到这段话说,上帝的怜悯必然先于意愿,靠着主为它作预备(从而能够正确意愿)。
③ 参见《路加福音》二章14节。
④ 参见《腓立比书》二章13节。

席，那些真的前来的，若不是已经蒙召，就不可能前来。① 所以，那些前来的，必不把他们蒙召前来这事归功于自己；那些选择不来的，则只能把不来这事归于自己，而非别人，因为他们原本蒙召，来与不来取决于他们的自由意志。因此，先有呼召，后有相应的意愿发动。这样说来，即使某人将他因蒙召而前来归于自己，他也不可能将他蒙召这事归于自己。人蒙召并非因为他做了什么事、可称什么功；人蒙召后却疏忽，没有前来，那就开始应有的惩罚。所以必然有两样东西：怜悯（misericordia，慈爱）与审判（iudicium，公平），"我要歌唱慈爱（怜悯）与公平（审判）；耶和华啊，我要向你歌颂！"（诗 101：1）。呼召与慈爱（怜悯）相关，而公平（审判）关乎那些受召前来者的福祉以及那些选择不来者的惩罚。约瑟的到来给那地［即埃及］加增多少好处，这事向法老隐藏了吗？② 因而，承认［约瑟］所成就的事，就是［对法老的］呼召，叫他要以怜悯之心善待以色列百姓，不要忘恩负义。但是他不愿意听从这样的呼召，对那些应受礼遇配得怜悯的人表现残暴，于是作为对他应得的惩罚，他的心变得刚硬，灵变得昏暗，来自上帝的记号如此众多又如此清晰，他却完全不信。③ 通过降在他头上的这种惩罚——无论是他的顽梗，还是最后的全军淹没④——叫百姓得教导，正是因着他们的苦难，他该受这两种惩罚，即内心的顽梗，这是隐秘的，和军队的淹没，这是可见的。

6. 这样的呼召——总是发生在恰当的时机，不论是个人的，是民族的，还是整个人类的——是某个伟大而深奥计划的一部分。经上为何会有这样的话："你未出母胎，我已分别你为圣"（耶 1：5）；"当你还

---

① 参见《路加福音》十四章 16—24 节。
② 参见《创世记》41 章。
③ 参见《出埃及记》七章 14 节至十二章 30 节。
④ 参见《出埃及记》十四章 23—28 节。

在你父亲身中，我已看见你"①；"雅各是我所爱的，以扫是我所恶的"（罗9：13），既然说这些话时，他们都还未出生，那为何有这些话呢？或许唯有那些尽心、尽性、尽意爱主他们的上帝，并且爱人如己②的人，才能理解。那些已经在如此大爱中确立根基的人或者现在就能与众圣徒一同明白，这爱是何等的长宽高深。③但要持守这样的爱则必须矢志不渝地相信：上帝不做任何不公平的事；④任何存在的本性，其存在无一不归于上帝，因为它的尊贵，它的美丽，它各部分的和谐，全都归于上帝。如果你把这些［即某个本性的尊贵、美丽与和谐］分解出来，把它的每个元素一一去除，剥离到最后，剩下的就是虚无。

六十九　论经上所写："那时，子也要自己服那叫万物服他的"（林前15：28）⑤

1. 那些坚持认为上帝的儿子与父不同等的人，总是擅自援引这段耳熟能详的经文作证据，就是使徒所说的："万物既服了他，那时，子也要自己服那叫万物服他的，叫上帝在万物之上，为万物之主。"（罗15：28）若不是对经文理解有误，他们中也不可能出现这样一种徒有

---

① 奥古斯丁在《订正录》里承认这话不是圣经经文，他不知道自己怎么会认为这是圣经的。如 Raymond Canning 向译者所指出的，它可能是对《希伯来书》七章10节的一种加工。
② 参见《马太福音》二十二章37，39节。
③ 参见《以弗所书》三章17—18节。
④ 参见《罗马书》九章14节。
⑤ 这是个难句，奥古斯丁在《论三位一体》I, 8, 15—10, 21再次回到这句经文，至少在三世纪早期奥利金时代开始（参见《论首要原理》III, 5, 6—8）这句经文就一直被用来证明基督从属于父。奥古斯丁在这个问题一开头就确定无疑地暗示主张次位论的阿里乌学派（Arians），尽管没有提到他们的名字。在稍后的行文中他援引了释经的一条法则，那是阿塔那修最先阐述，以反驳阿里乌学派的（参见他 Letter to Serapion 2, 8），后来就成为教父神学的一种常识：当某个经段说子小于父时，那是指着他的人性说的；而当另一经段说子与父同等时，那是指着他的神性说的。为了表明该问题所涉经文是指基督的人性，奥古斯丁把它放在上下文中（林前15：21—28），加以详尽解释，尤其突出林前15：24基督作王的观念。在奥古斯丁之前注释林前15：21—28的正统拉丁作家有 Hilary, on the Trinity XI, 21 - 49; Ambrose, On the Faith V, 2, 147 - 15, 187; Jerome, Letter 55, 5（其中提到 Hilary 的作品）。

"基督徒"之名的错误,因为他们说:"如果他是同等的,他怎么又是顺服的?"这就类似于福音书的那个问题:如果他是同等的,他的父怎么比他大?因为主亲口说:"父是比我大的"(约 14:28)。大公教信仰的法则规定,当圣经某处谈到子小于父时,那是指着他所穿戴的人性说的;① 当另外地方的经文明确说他是同等的,那应理解为意指他就是上帝。所以,为何经上说"父是比我大的","我与父原为一"(约 10:31),"道就是上帝"(约 1:1),"道成了肉身"(约 1:14),"不以自己与上帝同等为强夺的"(腓 2:6),"反倒虚己,取了奴仆的形像"(腓 2:7),原因很显然。但是,由于许多论到他的事都是根据他位格的特性说的(除了与他所披戴的人性相关的那些事),目的是把父理解为就是父,把子理解为就是子,所以异端认为在这些地方所说的话和所指的意思不可能指同等性(aequalitas)。比如经上说:"万物是藉着他造的"(约 1:3)——也就是藉着子,上帝的道。但若不是由父所造,还由谁造呢?只是经上从不曾写过子藉着父创造任何造物。同样,经上写子是父的像,② 但它从未写过父是子的像。还有一者为生育者,另一者为被生者的问题,以及其他类似的问题,这些都不是指实体上的不同等,而是指他们位格上各有特点。就这些问题来说,当这些人说不可能有任何同等性时,那是因为他们用迟钝的心灵去思考这些事,所以必须通过权威的力量说服他们。事实上,如果在这些例子里看不到子——万物都是藉着他造的——与父——万物是由他所造的——之间,像与本真之间,被生者与生育者之间的同等性,使徒就不可能论到道本身说:"不以自己与上帝同等为强夺的",从而封上那些好争之人的嘴。

2. 因此,那些谈到父与子之间有区别的话,部分是指着位格的独

---

① "他所披戴的人性":susceptionem hominis。这个表述在第 1 节、第 2 节和第 10 节都有使用。这里它与稍后行文中提到的基督的位格性(proprietatem personae)作比照,对于后者,奥古斯丁显然理解为他的神性。

② 参见《歌罗西书》一章 15 节。

特性说的，部分是指着所披戴的人性说的，我们只要坚守父与子之间在实体上的神性（deitas）、统一性（unitas）和同等性，就可以探讨使徒的这句经文是在谈论位格的独特性，还是谈论所披戴的人性："那时，子也要自己服那叫万物服他的。"圣经的上下文通常会启发对某段经文的理解，只要仔细考察与所讨论经文相关的文字。我们发现上面所引经文的上文是这样的："但基督已经从死里复活，成为睡了之人初熟的果子"（林前15：20），这是关于死人复活的问题。这事发生在主所披戴的人性里。事实上，圣经在后面的行文中说得非常清楚："死既是因一人而来，死人复活也是因一人而来。在亚当里众人都死了；照样，在基督里众人也都要复活。但各人是按着自己的次序复活，初熟的果子是基督，以后在他来的时候，是那些属基督的。再后，末期到了，那时，基督既将一切执政的、掌权的、有能的，都毁灭了，就把国交与父上帝。因为基督必要作王，等上帝把一切仇敌都放在他的脚下。尽末了所毁灭的仇敌就是死。因为经上说：'上帝叫万物都服在他的脚下。'既说万物都服了他，明显那叫万物服他的，不在其内了。万物既服了他，那时，子也要自己服那叫万物服他的，叫上帝在万物之上，为万物之主。"（林前15：21—28）所以，很清楚，这是指着他所披戴的人性说的。

3. 但是，我完整引用的这段经文，照例会产生另外一些问题：首先是"那时，基督……就把国交与父上帝"（林前15：24），似乎父现在并不拥有他的国。然后是这一句："因为基督必要作王，直到上帝把一切仇敌都放在他的脚下"（林前15：25），似乎在那之后他就不作王了。与此相关的前面的用词是"再后，末期到了"（林前15：24）。他们对这句话的渎神理解是，"末期"就是他的统治终结，尽管福音书里写着："他的国（统治）也没有穷尽"（路1：33）。最后是这句："万物既服了他，那时，子也要自己服那叫万物服他的"，按他们的理解，似乎现在有什么事物还没有顺服于子，或者他自己还没有顺服于父。

4. 其实留意圣经特定的修辞风格，这些问题就能迎接刃而解。圣经说话往往会采用这样一种方式，说到始终存在的事物，却说它在被某个特定人开始认识之时在他里面存在。就如我们在祷告中说："愿人都尊你的名为圣"（太6：9），似乎曾有过一段时间人不尊其名为圣。因此，正如"愿……为圣"表示我们应认识其为圣，① 同样，"他就把国交与父上帝"意指到了既定的时刻，他必显明他的父作王，好叫信徒所相信、但还没有进入不信者心灵的，藉着他的显现（speciem）和表明（manifestationem）都变得明明白白。他藉着表明他父的王权，必将一切执政的、掌权的，都毁灭了，② 好叫众人都知道，无论是执政的、掌权的——或天上或地上——都不拥有自己的任何王国或王权，都是从他——万物都藉着他造的——而来，不仅他们的存在如此，他们的有序安排也如此。在那样的显明中，必不会再对任何王或任何人心存盼望。即使是现在，也有预言式的宣告说："投靠耶和华，强似倚赖人；投靠耶和华，强似倚赖王子。"（诗118：8—9）因此，只要沉思这样的事，灵魂就已经上升到父的王国，既不宣扬任何人离开他有何德，也不夸口自己有何能，免得导致毁灭。所以，当父藉着他在荣耀里的显现为人所知，他就必将国交于上帝父。事实上，那些他如今藉着信心统治的人，就是他的国。一方面可以说，这国因着神性的权能属于基督，因为一切受造之物顺服于他；另一方面，他的国被称为教会，因为教会拥有在他里面的信仰，因此祷告者说"管辖我们"（赛26：13），这不是说他没有管辖一切。在这一方面，经上又说："因为你们作罪之奴仆的时候，就不被义约束了"（罗6：20）。所以，他必将一切执政的、掌权的、有能的，都毁灭了，好叫任何藉着子看见父的人，不必或者不许在任何造物或他自己身上寻找安息。

---

① 这是对主祷文中这句祈祷的经典解释，在德尔图良 *On Prayer* 3 已经出现，奥古斯丁也在别处使用。参见 *Letter* 130, 11, 21; *The Lord's Sermon on the Mount* Ⅱ, 5, 19。
② 参见《哥林多前书》十五章24节。

5. "因为基督必要作王,直到上帝把一切仇敌都放在他的脚下"——他的国必显明,直到他的所有仇敌都承认他作王,所说的把一切仇敌都放在他的脚下,就是指这个意思。为防止我们把它理解为义人,它用了"仇敌",因为他们从不义变成了义的,并因相信而顺服于他。但这些人必须理解为不义者,他们与义人将来的福祉无关,尽管他们出于惊恐也必在他的国完全显明的时候承认他作王。因此"基督必要作王,直到上帝把一切仇敌都放在他的脚下"这话的意思不是说,当上帝把一切仇敌放在他脚下之后,他就不再作王;而是说,上帝必使他的国完全显明,直到他的仇敌绝不敢否认他作王。同样的例子还有,比如经上写着:"我们的眼睛……望向耶和华我们的上帝,直到他怜悯我们"(诗123:2);然而,当他怜悯我们之后,我们不应就此把眼睛转离他,因为我们的福祉在于我们在何种程度上享有对他的沉思(contemplatio)。所以这话的意思也可以这样说:我们的眼睛完全望向主,直到我们得到他的怜悯,不是说那之后眼睛就可以离开他,而是说,那之后我们不再有所求。因此,"直到"的意思就是,你不求更多。当他的一切仇敌都承认他作王,哪里还会有其他更多的祈求呢?换言之,基督的国怎么还会有比之更大的显明呢?某事不会显明更多是一回事,它不会再留存是另一回事。不会显明更多意指不会变得(比这)更明显了;不再留存则意指不会再继续存在。基督的国何时显明得最多呢,不就是它向他的一切仇敌都显明的时候吗?

6. "尽末了所毁灭的仇敌就是死"(林前15:26)。因为当这必朽坏的穿上了不朽坏的之后,就不会再有任何东西需要毁灭了。① "上帝叫万物都服在他的脚下"(林前15:26),意思是说,他也必将死毁灭了。"既说万物都服了他"——事实上这话是先知在《诗篇》说

---

① 参见《哥林多前书》十五章54节。

的①——"明显那叫万物服他的,不在其内了"(林前15:26—27)。[保罗]希望我们这样理解:父使万物都服于子,就如这同一位主在福音书多处提示并宣告的,②不仅考虑奴仆的形像,③也考虑作为源头(principium)的父神——子从这源头得存在,并因这源头与那使他得存在的父同等。因为他作为这源头的像④(但神性一切的丰盛都居住在他里面⑤),喜欢将一切归于这唯一的源头。

7. "万物既服了他,那时,子也要自己服那叫万物服他的"——不是说现在不是这样,只是说到那时要显明出来,这与前面讨论过的说话方式一致——"叫上帝在万物之上,为万物之主"。他本身就是末期,⑥如[保罗]前面提到的,只不过他想先总体概述,然后再分别解释并阐述,因为当他说"初熟的果子是基督,以后在他来的时候,是那些属基督的。再后,末期到了"(林前15:24—25)时,他是在谈论复活。也就是说,他自己就是末期,"叫上帝在万物之上,为万物之主"。末期有两种,一种意指完成,另一种意指毁灭;前者如同衣服缝制好就完成了,后者如同食物吃完就没了。但是上帝"在万物之上,为万物之主",好叫那些依靠他的人没有一个违背他的旨意,爱他们自己的意愿,从而叫各人明白使徒在另一处所说的话:"你有什么不是领受的呢?"(林前4:7)

8. 还有些人,对"基督必要作王,直到上帝把一切仇敌都放在他的脚下"这节经文这样理解,他们说,动词"作王"(regnare)用在这里有另一种意思,不同于经文"他就把国交与父上帝"里的名词"国"(regnum)。当他提到名词"国"时,意指上帝藉此统治一切受造之物,

---

① 参见《诗篇》八章6节。
② 参见比如《约翰福音》十七章10节。
③ 参见《腓立比书》二章7节。
④ 参见《歌罗西书》一章15节。
⑤ 参见《歌罗西书》二章9节。
⑥ 参见《哥林多前书》十五章24节。

而当他使用动词"作王"时则可以这样理解，就如同率领一支军队反对某个仇敌或者保卫一座城市，所以他说："他必要作王，直到他把一切仇敌放在他的脚下"，因为一旦仇敌被征服，也就不可能发动什么暴乱，这样的统治就完全没有必要了。所以福音书里说"他的国（regnum）也没有穷尽"（路1：33，这里用名词"国"）意思是说，他永远作王。但就在他统率下攻打魔鬼的争战这个含义来说，这样的争战只持续到"他把一切仇敌都放在他的脚下"为止，此后就不会再有争战，到那时，我们将享有永久的和平。

9. 提到这些是为了叫我们更加清楚地知道，以下这点也必须考虑，即主如今作王是通过他的圣礼管理（dispensatio sacrament），藉着他的道成肉身和受难牺牲来实施的。① 就他是上帝的道来说，他的国始终如一，既没有开端，也没有终结或中断。但因为他是成了肉身的道，所以他在信徒中藉着对他道成肉身的信心作王有开端。出于这样的原因经上才说："耶和华从一棵树作王。"（诗96：6）因此他将一切执政的、掌权的、有能的，都毁灭了，但他拯救那些相信他的人，不是靠他的荣耀，而是靠他的谦卑。这些事向聪明通达人就藏起来，向婴孩就显出来，② 因为上帝乐意用人所当作愚拙的道理拯救相信的人。③ 当使徒在婴孩中间时，他说他不知道别的，只知道耶稣基督并他钉十字架。④ 他的谦卑（我相信"脚"这个词就表示谦卑）需要这样的传讲，直到一切仇敌被放在他的脚下，直到整个属世的骄傲投降屈服，如我们所看到的，这些事基本上已经发生，并且每天都在发生。那么这些事的发生是为着什么目的呢？是为了他把他的国交给父上帝——也就是说，他将那些因相信他的道成肉身而得到他喂养的人领向荣光（speciem），在这荣

---

① 参见注释63。
② 参见《马太福音》十一章25节。
③ 参见《哥林多前书》一章21节。
④ 参见《哥林多前书》二章2节。

光里他与父同等。他已经说过,是对那些已经信他的人说的:"你们若常常遵守我的道,就真是我的门徒。你们必晓得真理,真理必叫你们得以自由。"(约8:31—32)因为当他在那些沉思真理——在这真理上他与父同等——的人当中作王时,他必将他的国交与他的父,并藉着他自己,即独生子,在他的荣光里让父显现出来。他如今在信徒中作王,因为他"虚己,取了奴仆的形像"(腓2:7)。但到那时,他必"将一切执政的、掌权的、有能的,都毁灭了"(林前15:24),就把国交给父上帝。他如何实施他的这种毁灭呢?岂不就是藉着谦卑(humilitas)、忍耐(patientia)和软弱(infirmitas)吗?他乃是上帝的儿子,而他之所以在信徒中作王,原因就在于这世界的王审判了他,那么还有什么执政的不能被毁灭呢?他乃是万物都藉着他造的①那位,而他在信徒中作王正是因为他如此顺服于掌权的,以至对一人说:"若不是从上头赐给你的,你就毫无权柄办我"(约19:11),那么还有哪个掌权的不能被毁灭呢?他乃是诸天藉着他而立②的那位,而他在信徒中作王正是因为他成为软弱的,以至于被钉十字架而死,那么还有哪个有能的不会被毁灭呢?子正是以这样的方式在信徒的信心中作王。我们不可能说也不可能相信父成为肉身,或者受审判,或者被钉十字架。然而,藉着他在荣光里的显现——他因这荣光与父同等——他与父一同在那些沉思真理的人中作王。他将他的国交给父上帝,又把那些信他的人从信他道成肉身的信心领向神性的荣光,他这样做必将毫无所失,反而在这两件事上显明自己是那些沉思他的人所享有的独一对象。但是有些人还不能以清晰的理智之光领会父与子的同等性,所以他以这样的方式在他们中间作王是必须的,因为这样的人能理解这样的方式,也因为他自己真的取了这样的方式,也就是道成肉身的谦卑,"直到他将一切仇敌都放在他的脚

---

① 参见《约翰福音》一章3节。
② 参见《诗篇》三十三篇6节。

下"，即，直到整个属世的骄傲都服于他道成肉身的谦卑。

10."那时，子也要自己服那叫万物服他的。"显然，虽然这话是指着他所披戴的人性说的，因为问题是在谈到死人复活时提出的，但仍然可以问，这话只是指他自己而言——他是教会的头①——还是指全备的基督（universum Christum）——包括他的身体和它的肢体——而言。当经上对加拉太人说："上帝并不是说'众子孙'，指着许多人，乃是说'你那一个子孙'，指着一个人，就是基督。"（加3：16）为了防止我们在此处把基督理解为他自己，即由童贞女马利亚所生的那位，它随后又说："因为你们在基督耶稣里，都成为一了。你们既属乎基督，就是亚伯拉罕的后裔。"（加3：28—29）当［保罗］对哥林多人谈到仁爱并引入身体肢体的比喻——"就如身子是一个，却有许多肢体；而且肢体虽多，仍是一个身子。基督也是这样"（林前12：12）——时，他并不是说他们属于基督，而是说"是"基督，表明提到基督时可以是指他的全备性，包括头及其身体，这身体就是教会。我们发现圣经里许多地方都是以这种方式提到基督，所以在上下文中把他理解为他的所有肢体，比如它说"你们就是基督的身子，并且各自作肢体"（林前12：27）。所以，如果我们把"那时，子也要自己服那叫万物服他的"理解为不仅指子，即教会的头，而且也指与他同在的众圣徒——他们在基督里成为一，是亚伯拉罕的一个子孙②——并非没有道理，不过，众圣徒服于对永恒真理的沉思，目的是获得福祉，此时，灵魂的任何意向，身体的任何部分，都不产生任何阻力。在那样的生命中，没有人爱自己的权力，于是叫"上帝在万物之上，为万物之主"。

---

① 参见《以弗所书》一章22节。
② 参见《加拉太书》三章28—29节。

七十　论使徒所说:"死被得胜吞灭……死啊,你得胜的权势在哪里?死啊,你的毒钩在哪里?死的毒钩就是罪,罪的权势就是律法"(林前15:54—56)

经常有人问,"那时经上所记'死被得胜吞灭'的话就应验了。死啊,你得胜的权势在哪里?死啊,你的毒钩在哪里?死的毒钩就是罪,罪的权势就是律法"(林前15:54—56)这段话究竟是什么意思。我想这段经文里的死,指的是属肉体的习惯,它藉着对短暂之物的享受之乐抵挡良善意志。因为它若不曾抵挡和反抗,经上就不会说:"死啊,你得胜的权势在哪里?"(林前15:55)另一段经文也描述了它的权势:"因为情欲和圣灵相争,圣灵和情欲相争。这两个是彼此相敌,使你们不能作所愿意作的。"(加5:17)因而,为了使我们完全成圣,每一种属肉体的欲求都必须顺服于我们开明而活泼的灵——即我们的良善意志。正如我们如今看到我们缺乏许多孩子般的乐趣,而如果当我们还是孩子时被剥夺这样的乐趣,会使我们痛苦成分;同样,必须认为,一旦完全的圣洁恢复了完整的人(totum hominem),属肉快乐也必将如此。如今,只要我们身上还有什么抵挡良善意志的,我们就需要上帝藉着善人和善天使帮助我们,直到我们的伤口得治,免得它困扰我们,以至于毁灭我们的良善意志。

我们因罪该死。这罪原先完全在于我们的自由意志,因为在乐园的时候,不像今天这样,没有任何对剥夺快乐的怨恨妨碍人的自由意志。比如,如果有人根本不喜欢狩猎,他就完全摆脱了选择,不会想狩不狩猎的问题,不论谁禁止狩猎都不会使他困扰。但是如果他滥用自由,在不允许狩猎的时候去狩猎,享乐就渐渐潜入,杀死灵魂,于是,即使他想要放弃,也是困难重重、痛苦万分,但他原本完全可以轻松自如地不做这样的事。因此"死的毒钩就是罪"(林前15:56),正是由于罪,产生了享乐阻挡自由意志,使他在克制享乐时困难重重。由于这种享乐存在于败坏灵魂的软弱之中,所以我们可以称之为死。"罪的权势就律法"（林交 15：56），因为违背律法所禁止的，相比于没有律法禁止的，显出更大的邪恶和不耻。所以，当属灵事物的完全快乐藉着成圣在人的每一部分征服了属肉体的快乐，死就被得胜吞灭了。①

七十一　论经上写的"你们各人的重担要互相担当，如此，就完全了基督的律法。"（加 6：2）

1. 因为旧约的遵行以畏惧为标记，所以当使徒所说"你们各人的重担要互相担当，如此，就完全了基督的律法"（加 6：2），经文最清楚不过地表明，新约的恩赐乃是仁爱（caritatem）。我们认为他这话是指着基督的律法说的，因为主亲自用律法命令我们要彼此相爱，他非常强调这条诫命的措辞，说："你们若有彼此相爱的心，众人因此就认出你们是我的门徒了。"（约 13：35）这种爱的职责就是相互担当各人的重担。但这种职责不会永久持续，因为它必定引向永恒的福祉，在这样的福祉中，不会再有任何重担需要我们彼此担当。只是如今，我们还活在此世，也就是还在今生的客旅中，所以我们要互相担当各人的重担，好叫我们能获得那种不会有任何重担的生命。有些博学之士根据相关专业知识写到雄鹿：当它们要穿越一片水域到岛上觅食时，会排列布阵，把头上的重担——对鹿角来说很重——彼此担当，后面的鹿把脖颈伸长，把头放在前面的鹿身上。由于最前面领头的鹿没有可依靠的，所以据说它们就轮流当头鹿，这样，当领头的因头上的重担累了，就到队伍的最后，它后面由它担当其脖颈的那头鹿就取代它成为领头的。以这样的方式它们互相担当各自的担子，直到渡过水域来到坚实的地土。② 或许所罗门所指的正是雄鹿的这种特征，他说："愿友好的雄鹿和优美的

---

① 参见《哥林多前书》十五章 54 节。
② 参见 Pliny, *Natural History* VIII, 114。奥古斯丁非常喜欢这个引人入胜的意象，至少还在两个地方引用过。参见 *Exposition of Psalms* 41［42］, 4; 129［130］, 4。在早期基督教符号论中，雄鹿一般是有益动物。参见 *Physiologus* 45。

小鸟与你谈心。"（箴 5：19）因为真正的朋友莫过于担当彼此的重担。

2. 然而，如果要彼此担当的两人同时都很软弱，或者有同一种弱点，那我们就无法担当彼此的重担。不过，如果是不同时间并且是不同类别的软弱，那我们仍有可能彼此担当各自的重担。比如，你若不对兄弟发怒，你就可以担当你兄弟的怒火；反过来，当你受制于怒火的时候，他就要以温柔和平静包容你。这个例子涉及的是不同时间担当重担，但软弱本身并非不同类别，因为两个时间中都是担当对方的怒气。另一个例子则涉及不同类别的软弱。如果某人克服了多舌，但没有克服固执，而另一人虽然仍然多舌，却不再顽梗，那么前者必须在爱中忍受后者的多舌，后者必须在爱中担当前者的固执，直到两人各自的弱点都被治愈。当然，如果两人中同时出现同样的软弱，他们就无法彼此担当，因为这会使他们彼此争执。两个发怒的人面对第三人时可以彼此协商，彼此容忍，但不能说他们两人彼此容忍，倒可以说彼此安慰。同样，如果两人都因某事悲伤，那比起一个悲伤一个快乐的，更能彼此体谅，甚至可以说，彼此依靠。但如果他们彼此悲伤，那就完全不可能彼此担当。所以，在这类情感中，你若希望对方因你而摆脱某种软弱，那在某种程度上你必须担当这种软弱，而且担当的结果必须是有助于对方，而不是两人都陷入不幸之中。比如，一个人若倾身伸手要拉某个跌倒的人，那他倾身的姿势不能过度，不然会导致两人都跌倒；他只能倾身到刚好能伸手拉起跌倒者。

3. 甘心担当别人的重担，要使这个光荣的任务变得容易，莫过于思考主为我们承受了多少苦难。所以使徒叫我们留意这一点，说："你们当以基督耶稣的心为心。他本有上帝的形像，不以自己与上帝同等为强夺的，反倒虚己，取了奴仆的形像，成为人的样式。既有人的样子，就自己卑微，存心顺服，以至于死，且死在十字架上。"（腓 2：5—8）因为他前面刚说了："各人不要单顾自己的事，也要顾别人的事"（腓 2：4），接着就说"你们当以基督耶稣的心为心"（腓 2：5），这话应这样理解：正如他作为道，成了肉身，住在我们中间，① 并且他虽然没有罪，却披戴我们的罪，不求他自己的益处，但求我们的益处；同样，我们模仿他时，也当欣然担当彼此的重担。

4. 这一思考导致另一思考——他只是"披戴（取了）"人性，② 而我们就"是"人类，所以我们必须认识到，我们在别人身上看到的软弱，不论灵魂的还是身体的，我们自己也会有，过去会有，现在也会有。那么我们要向我们希望担当其软弱的人表明，如果这软弱是我们的，不是他的，我们会希望他向我们表明什么。使徒本人所说的正是这个意思："向什么样的人，我就作什么样的人。无论如何总要救些人"（林前9：22）——即，他认识到自己也会沾染他希望别人摆脱的恶习。因为这是一个体恤和同情（compatiendo）的问题，并不是说谎，如某些人所以为的，尤其是那些为自己的谎言——无法否认的谎言——辩解的人，他们需要某个重要范例保护自己。③

5. 最后，还有一点必须思考——你不拥有的好品质，别人很可能拥有，即使它是隐藏的，使他毫无疑问比你优秀。这种思考有益于克制并碾碎骄傲，好叫你不至于认为，因为你的优点充分显露、显而易见，别人就不具有任何优点；别人的优秀品质很可能被隐藏，或许更加重要非凡，使他远在你之上，即使你并不知道它。因为使徒吩咐我们不可被谄媚引入歧途，也不可利用它，他说："凡事不可结党，不可贪图虚浮的荣耀；只要存心谦卑，各人看别人比自己强"（腓2：3）。我们绝不能认为这话是叫我们佯装作假，它乃是叫我们真诚地认为别人身上确实可能潜藏着某种品质，使他高于我们，而我们的好品质，只是显露出来了，使我们看起来似乎比

---

① 参见《约翰福音》一章14节。
② "他披戴人性"；ille suscepit hominem。参见第24页注释①。
③《哥林多前书》九章22节被某些人用来表明保罗在说谎，也被他们用来证明他们自己说谎是合理的，这对奥古斯丁来说是件非常棘手的事，他至少在另外三处提到这节经文——The Lord's Sermon on the Mount Ⅱ, 19, 65; Lying 42; Against Lying 26。

他强。这样的思考能克制骄傲，产生仁爱，使我们彼此像兄弟一般担当各人的重担，不仅平静地担当，而且甚至大大欢喜地担当。然而，不可对一个不认识的人作任何论断；若不是藉着友谊，不能认识人。① 所以，我们应更坚定地忍受朋友的坏品质，因为我们已经了解并享受他们的好品质。

6. 所以，凡是努力成为我们朋友的人，我们都不可拒绝他的友谊，不是说要即刻接纳他［成为朋友］，而是说我们要愿意接受他，友好对待他，让他知道他是可被接纳的。当我们敢于把所有想法向某人敞开时，我们就可以说，他得到了我们的友谊。如果有人因为对我们的某种世俗荣誉和头衔感到窘迫而不敢与我们交朋友，那我们就应降卑自己，从他的角度接近他，把他自己不敢要求的东西主动给予他，即向他表达出自灵魂的善意和谦卑。

不可否认，有时候会出现这样的情形，尽管相当少见：对于我们希望接纳并与之结成友谊的人，我们还没了解他的优点之前，就先知道了他的缺点，我们因此很生气，并且在某种程度上被它们击退了，于是我们弃他而去，再也看不到他的好品质，而他的好品质可能只是以某种方式隐藏着。所以主耶稣基督希望我们效仿他，他告诉我们要忍受别人的软弱，好叫我们因着仁爱而来的忍耐去发现那些健全的品质，享受这样的品质会给我们带来快乐。他说："康健的人用不着医生，有病的人才用得着。"（太9：12）因此，如果说为了基督的爱，即使各方面都有病的人，我们也不能将他从我们的灵魂中赶走，因为他可以藉着上帝的道得医治，更何况那因我们在友谊刚开始时不能忍受其某些弱点，就认为他病入膏肓了的人，更不应把他赶走，而且——更糟糕的是——我们胆敢以被惹怒的灵，对此人的整个生命作出草率的论断，不惧怕经上所说的话："你们不要论断人，免得你们被论断"（太7：1），以及"你们

---

① 奥古斯丁在这个问题的其余部分基本上谈论友谊话题，他一生中对这个话题有很多思考。关于他的友谊观的概述，参见 Joseph T. Lienhard, "Friendship, Friends," in Fitzgerald 372－373。

用什么量器量给人，也必用什么量器量给你们"。（太 7：2）。

不过，好品质往往是最先显现的。对于它们，也要提防作出草率的善意论断，不然，你一开始就把某人看作完人，等到发现他后来显现的坏品质时，就会无法忍受，怒不可遏，因为你对此漫不经心，未作预备，于是你原先如何草率地爱上他，如今就会如何强烈地憎恨他，而这就是恶。因为即使他开始时并没有显明好品质，那些最先显露的品质后来被证明是恶习，即使如此，你也仍然要忍受，直到你尽你所能，帮助他治愈这些恶习；更何况他先表现出好品质，我们岂不更应如此，这些好品质就是凭据，要求我们必须忍受他后来显现的一切。

7. 所以这就是基督的律法——我们要互相担当各人的重担。凭着爱基督的心我们就很容易担当别人的软弱，即使我们爱他还不是因其自身的好品质。因为我们认识到我们所爱的主为了他的缘故而死。这种爱，正是使徒保罗叫我们特别注意的，他说："基督为他死的那软弱弟兄，也就因你的知识沉沦了"（林前 8：11）。所以，如果我们因一个人的恶习使他软弱就不那么爱这个软弱的人，我们就得想一想为他而死的那一位，要在基督里看待他。然而，不爱基督不是软弱，而是死。因此，我们要非常小心，恳求上帝的怜悯，免得我们在应当因着基督而爱某个软弱的人时，却因为这个软弱的人而忽略了基督。

七十二　论永恒的时间[①]

我们可以问，使徒保罗怎么会说"在永恒时间之前"（提 1：2）。

[①] 《提多书》里一个词，保罗自己很可能并没有特别留意，却成为奥古斯丁一个寝食难安的问题。希腊文 πρὸ χρόνων αἰωνίων，英文可译为"久远之前"（新耶路撒冷版圣经）和"世代之前"（修订标准版圣经），在奥古斯丁阅读的拉丁文里是一个矛盾的表述：ante tempora aeterna（在永恒时间之前）。无论如何，这为他思考时间问题提供了原料，时间问题是他思考的最大的哲学主题之一。从这个非常简洁的问题可以看到确定的两点，其一，时间不是始于时间；其二，时间是可变的，永恒是不变的。参见 John M. Quinn, "Time", in Fitzgerald 832-838 的讨论会受益良多。

如果这是一个时间的问题，那时间怎么可能是永恒的？如果它是关于永恒之事的问题，那它们怎么可能是时间呢？当然他可能想要表达"在一切时间之前"的意思，如果他说"在时间之前"，而没有加上"永恒"一词，那就会理解为"在某个时间之前"，那还会有另外的时间在这之前。使徒之所以更喜欢用"永恒"而不用"一切"，或许是因为时间并非始于时间，或许"永恒时间"表示永恒，在它与时间之间存在这样的区别，即前者是稳定不变的，而时间是可变的。

七十三　论经上所写"成为人的样式（habitus）"（腓2：7）①

1. 我们在很多意义上使用 habitus 这个词——比如灵魂的 habitus，意指它汲取了某种学问，然后通过使用学问变得强壮和坚韧；比如身体的 habitus，由此我们会说此身体比彼身体更有活力或更健康，通常可以更恰当地称之为一种体质（habitudo）；也可以指称那些适合我们外在肢体的事物，我们称之为服饰、鞋子、装备等等。在所有这些类型的事物中——由于 habitus 这个名词取自动词"拥有"（habere）——显然，habitus 都是指影响某人的某物，影响的结果可以是拥有或者没有。比如教导影响灵魂，活力和体力影响身体，毫无疑问，服饰和装备影响我们的肢体。如此，灵魂若没有教导影响它，它也可能是无知的，我们的器官若是毫无活力和力量，身体就可能是虚弱而懈怠的，一个人若没有服饰就可能是赤裸的，没有装备就可能毫无防御能力，没有鞋子就可能光脚。因此，habitus 用于这样的情形，即某物影响我们，从而产生某种结果。

---

① 奥古斯丁先对 habitus 这个术语作了界定，列出它的四种用法，然后指出第三种用法适用于基督披戴人性。如奥古斯丁所解释的，这种用法暗示在某个事物里面成就的一种变化，比如穿戴，影响（这里他使用动词 accidere 的形式）另一物，比如身体，它虽然受到影响，但并不因此改变。所以基督的人性比作穿衣。亦见 Sermon 264，4。该问题的第二部分多次提到 assumptus homo（披戴人性）基督论，尤其是 induerehominem（亲自穿上人性）的形式。参见第 24 页注释①。

不过这种影响是有不同类别的：有些事物影响我们从而构成一种 habitus，但它们并没有因我们而改变，而是它们把我们变成它们自己，同时它们自身保持完整未损。比如，当智慧影响一个人时，智慧本身没有变化，但它改变了这个人，把他从愚昧变成了聪明。但有些事物是这样影响他者的，既改变对方也被对方改变。比如，当我们进食时，食物失去自己的形式，转变为我们身体的一部分；同时，我们也被改变，从虚弱和懈怠变为强壮而有力。还有第三种类型，即影响他者的事物不仅自己被改变，从而形成一种 habitus，而且在一定程度上被它们为其建立 habitus 的事物所塑造。服饰就是这样的一个例子，如果服饰被脱下或放置一边，它就不拥有当它被穿上并穿在某人身上所拥有的那种样式。因此，当服饰被穿上时，它就有了某种样式，没被穿上时就没有这种样式，尽管身体的各肢体本身，不论是否穿戴服饰，都是同一个样子。此外还可以有第四种类型，影响他者的事物以这样的方式建立一种 habitus，它们既不改变所影响的事物，也不被其改变。如果不是过于挑剔的话，可把戒指与手指之间的关系看作这样的一个例子。不过，如果你仔细考察，这种类型若非不存在，也是极其罕见的。

2. 当使徒谈到上帝的独生子，就他的神性而言——据此他是最真实的上帝——他说他与父同等，但他不认为这是强夺的——所谓强夺，可以理解为某种欲求的东西——如果他准备始终住在那种同等性中，不希望披戴人性，向人显现为人的话。"反倒虚己"，没有改变自己的样式，而是"取了奴仆的形像"（腓 2：7），既没有改变自己转成为人，他不变的稳定性就没有离开他，只是穿上真正的人性；既穿上，就"成为人的样式"（腓 2：7），不是为他自己，乃是为那些他向之显现的人；他"既有人的样式（habitus）"（腓 2：8）——即，因拥有（habendo）人性，他就显现为人。那些心怀不洁的人，那些不能看见与父同在的道①的人，原本不可能看见他，如今他穿上他们能够看见的东西，并由此把他们引向那内在的光。但这种 habitus（样式）不是第一种类型，因为人的本性，仍然是人的本性，没有改变上帝的本性；也不是第二种，因为并没有出现人改变上帝，也被上帝改变的情形；不是第四种，因为人性被穿戴了之后，产生的结果并不是：人性没有改变上帝也未被上帝改变。事实上，它是第三种类型，因为人性被穿戴了之后，就如同服饰，他变得比没被穿戴时更好，并且以某种不可言喻的方式变得更优秀更和谐。因此，使徒通过 habitus 这个词充分表明他所说的"成为人的样式"（2：7）的意思，因为他成为人不是通过转变为人，而是通过成为某种样式，当他穿上人性时，他是以某种方式将人性与他自身和谐统一，并与他自己的不朽和永恒联合。

希腊人提到 hobitus 这个与吸收智慧和知识有关的词时称为 εξις，而我们所说的服饰或装备，他们称为 σχημα。使徒在希腊文本中所写的词其实就是 σχημα，翻成我们的拉丁文就是 habitus，由此可以清楚知道使徒指的是哪类 habitus。这个词的使用表明，道并没有因穿戴人性而改变，正如身体穿戴服饰后，肢体并没有改变，但是那样的穿戴以一种不可言喻的方式把所穿戴的人性与穿戴它的那位结合起来。但是鉴于人类语言在描述不可言喻之事上的有限性，为了防止有人以为担当人性软弱的上帝有什么改变，那样的穿戴在希腊文里使用 σχημα，而在拉丁文里就用 habitus 这个词。

七十四　论保罗《歌罗西书》里写的"我们在爱子里得蒙救赎，罪过得以赦免。爱子是那不能看见之上帝的像"（歌 1：14—15）②

形像（imago）、同等（aequalitas）以及样式（similitudo）这些术

---

① 参见《约翰福音》一章 1 节。
② 虽然这个问题以保罗的一段经文引入，但它的讨论风格完全是哲学的，包括对逻辑的强调。

语必须有所区别：哪里有形像，哪里必然有样式，但并非必然有同等；哪里有同等，哪里必然有样式，但并不必然有形像；哪里有样式，但不必然有形像，也并非必然有同等。哪里有形像，哪里必然有样式，但并非必然有同等，就如一个人在镜子里的形像，因为这是对他的反射，所以必然是一个样式，但并没有同等性，因为形像里缺少很多事物本身所包含的东西。哪里有同等性，哪里必然有样式，但并不必然有形像，就如两个同样的蛋，两者同等，所以也有样式，其中之一具有的特性，另一个也具有，但并没有什么形像，因为任何一个都不是另一个的反映。哪里有样式，哪里必有形像，但并不必然有同等，可以肯定，每个蛋就其是一个蛋而言，与其他任何一个蛋都有相似性，但一个山鹑蛋虽然就其是一个蛋来说与鸡蛋有相似之处，但它并非后者的形像，因为不是后者的反映，也不与之同等，因为它更小，孕育的是另一种动物。

当我们说到"并不必然"时，意思是说有时候可能存在这种情形。因此可以存在既有形像，形像里也有同等性。比如，父母与孩子里既有形像，也有同等和样式，尽管有年龄上的差异，因为孩子是反映父母的形像，所以可以正确地称这为形像；两者又是如此接近，所以可以正确地称之为同等，除了父母年龄大这一点之外。由此也可以清楚看出，同等有时候不只是拥有样式，也拥有形像，前面这个例子就是明证。有时候尽管没有形像，但可以有样式和同等，如我们说过的关于蛋的例子。可以有样式和形像，但没有同等，如我们表明的关于镜子的例子。也可以在既有同等也有形像的地方有样式，如我们提到的孩子的例子，只是父母年龄更大，我们也说一个音节与另一个同等，只是一个在前，另一个随后。

因为上帝不受制于时间，我们不能认为上帝在时间中生了子，时间是藉着他造的，所以，他不只是父的形像，他是出于父；他不只是父的样式，他就是父的像；而且他与父也完全同等，没有时间上的任何分别，即没有任何迟延。

七十五　论上帝的产业

1. 如使徒对希伯来人说的："人死了，遗命才有效力"（希9：17）。因此基督为我们死了，就是宣告新约已经生效①，而旧约原是它的形像，在旧约里，通过祭物预表立遗命者的死。② 所以，如果提出这样的问题，我们如何——用该使徒的话说——和基督同作后嗣（coheredes），既是上帝的儿女又是上帝的后嗣（heredes），③（因为一旦证实立遗命者死了，就可获得产业，所谓的产业 hereditas 就是这个意思，不可能有其他理解）那么回答应该是，藉着基督的死，我们成为后嗣，因为我们也被称为他的儿女，经上说："新郎和他的儿女（陪伴之人）同在的时候，他们岂能哀恸呢"（太9：15）。我们被称为他的后嗣，因为藉着对经世安排的信心——这是我们在此生拥有的——他留给我们教会平安的财产，就如他证实并说的："我留下平安给你们，我将我的平安赐给你们"（约14：27）。到了世界的末了，死被得胜吞灭，④ 到那时，我们必与他同作后嗣。因为那时"我们必要像他，因为必得见他的真体"（约一3：2）。我们获得这份产业不是因他父的死，父不可能死，而是因他自己成为我们的产业，如经上所写的："主（耶和华）是我的产业"（诗16：5）。但是由于我们蒙召时，我们仍作孩子，不能沉思属灵的事，神的怜悯就顾念我们的卑微思想，不论我们如今如何努力去看我们不曾清晰而明确地看见的事物，当我们开始面对面看见的时候，⑤ 我们曾经只能模糊看见的那个事物就死了。因为经上恰当地说那要归于无有的东西就是要死的："等那完全的来到，这有限的

---

① 参见《希伯来书》九章15节。
② 参见《希伯来书》九章18—20节。
③ 参见《罗马书》八章17节。
④ 参见《哥林多前书》十五章54节。
⑤ 参见《哥林多前书》十三章12节。

必归于无有了"(林前13：10)。因此父的模糊性以某种方式向我们死了，而当我们面对面看见他时，他自身就成为我们的产业——不是说他自身死了，而是说我们对他不完全的看见被完全的看见消灭。然而，若不是前者一直支撑着我们，我们就不可能作好预备，接受完全而清晰的看见。

2. 敬虔的心灵接受主耶稣基督的这一属性，即使不是因为他是道，即起初就与上帝同在的道，① 而是把他看作在身量和智慧上渐长的孩子，② 同时主张他披戴了［人性］③——这是独独属于他的，别人所没有的——即便如此，也很显然，他藉着死——可以这么说——所拥有的是谁的产业。因为他自己若不是后嗣，我们不可能与他同作后嗣。但是如果敬虔者不承认这位神—人（homo Dominicus）④ 起先是有限地看见，然后才是完全看见，尽管经上明确说他在智慧上增长，那么可以把他的后嗣理解为他的身体，就是教会，我们是它同作后嗣者，正如我们被称为教会这位母亲的儿女，尽管她是由我们构成的。

3. 但是还可以提出这样的问题，藉着谁的死我们成为上帝的产业？根据经上的话"我将列国赐你为基业"（诗2：8），那岂不就是藉着这个世界的死吗？可以说，我们曾经在它的辖制之下。但是后来，当我们说："就我而论，世界已经钉在十字架上；就世界而论，我已经钉在十字架上"（加6：14），基督就掌管（possidet）我们，因为那曾经掌控我们的死了。当我们摒弃它，我们就向它死了，它也向我们死了。

---

① 参见《约翰福音》一章1节。
② 参见《路加福音》二章52节。关于奥古斯丁的基督幼时无知的观点——《路加福音》的这节经文似乎是一个证明——参见注释187。
③ "同时主张他披戴了［人性］，这是独独属于他的"：propria illa susceptione servata。参见注释31。
④ "神人"：homo dominicus。参见第44页注释①。

七十六　论使徒雅各所说："虚浮的人哪，你愿意知道没有行为的信心是死的吗？"（雅 2：20）①

1. 使徒保罗宣称"人称义是因着信，不在乎遵行"（罗 3：28），但是有些人没有正确理解他，以为这话的意思是说，一旦他们信了基督，就可因这信心得救，即使行为败坏、生命邪恶而可耻。而《雅各书》的这一段经文表达了与使徒保罗一样的意思，并讨论应如何理解保罗。②［雅各］强调了亚伯拉罕的例子，以此表明信心若没有行为就是空的，③ 因为使徒保罗也用亚伯拉罕的例子证明一个人称义是因着信，不在乎遵行律法。④ 当雅各回忆亚伯拉罕的好行为——紧跟在他信心之后的⑤——时，他清楚地表明，使徒保罗用亚伯拉罕的例子并不是教导一个人称义只因着信心，不在乎行为，似乎信主的人是否有好行为是无关紧要的事；保罗用这个例子是为了告诫人，谁也不可以为他得着义的恩赐是因为他先前的好行为，这恩赐乃在于他的信心。犹太人切望自己拥有特权，优于信基督的外邦人，因为他们说，他们原是凭借在律法里的好行为得到福音恩赐的，因而许多因这样的行为相信的人感到愤怒，基督的恩典竟然临到未受割礼的外邦人。⑥ 于是使徒保罗就说，一个人称义是因着信，而不在乎他先前的行为。⑦ 试想，一个已经因信称义的人，怎么可能从此以后不行公义之事呢？即使他先前所行的没有一样是公义的；他因着信心称义不是凭着好行为，乃是藉着上帝的恩

---

① 奥古斯丁这里要处理显然最具代表性的两节相互矛盾的经文，一节是保罗的，一节是雅各的。他后来在 *Exposition of Psalm* 31 [32], 2, 3 - 8 作了更详尽的讨论，最后得出结论说，其实它们是互补的。他在该问题的第 2 节指出，保罗"是说信心之前的事工，而［雅各］是说随信心而来的行为。"
② 参见《雅各书》二章 14—25 节。
③ 参见《雅各书》二章 21—24 节。
④ 参见《罗马书》三章 21 至四章 25 节。
⑤ 参见《雅各书》二章 21—22 节。
⑥ 参见《使徒行传》十一章 1—3 节。
⑦ 参见《罗马书》三章 28 节。

典——这恩典在他不可能是徒劳的,① 因为他如今正是因爱而行善。如果信主不久他就离开此生,那因信心而得的公义仍然与他同在——既不是出于先前的好行为,因为他称义不是靠功德,乃是靠恩典;也不是因着后来的行为,因为他已经不可能在此生有什么行为。因此,使徒保罗所说"所以我们看定了:人称义是因着信,不在乎遵行律法",意思很清楚,我们绝不能把它理解为:只要人接受了信仰,如果他还活着,我们就可以称他为义,即使他行为败坏。所以,使徒保罗引用亚伯拉罕的例子,② 是为了表明他称义是因着信心,不在乎遵行律法,他不曾接受律法。雅各也同样引用这个例子,是要表明亚伯拉罕的好行为源于他的信心;③ 同时指出我们应当如何理解使徒保罗所传讲的道。

2. 那些认为使徒雅各的话与使徒保罗的话相互矛盾的人,也会认为保罗自己的话相互矛盾,因为他在另一处说:"原来,在上帝面前不是听律法的为义,乃是行律法的称义"(罗2:13);又在一处说:"惟独使人生发仁爱的信心才有功效。"(加5:6)还说:"你们若顺从肉体活着,必要死;若靠着圣灵治死身体的恶行,必要活着。"(罗8:13)他为表明肉体的行为必须藉着属灵行为治死,又在另一处说:"情欲的事都是显而易见的,就如奸淫、污秽、邪荡、拜偶像、邪术、仇恨、争竞、忌恨、恼怒、结党、纷争、异端、嫉妒(有古卷在此有'凶杀'二字)、醉酒、荒宴等类。我从前告诉你们,现在又告诉你们,行这样事的人必不能承受上帝的国。"(加5:19—21)又对哥林多人说:"不要自欺!无论是淫乱的、拜偶像的、奸淫的、作娈童的、亲男色的、偷窃的、贪婪的、醉酒的、辱骂的、勒索的,都不能承受上帝的国。你们从前就是这样;但如今你们奉主耶稣基督的名,并藉着我们上帝的灵,已经洗净、成圣、称义了。"(林前6:9—11)通过这些

---

① 参见《哥林多前书》十五章10节。
② 参见《罗马书》三章21节至四章25节。
③ 参见《雅各书》二章22节。

话他非常清楚地教导，他们得信心的义不是因着过去的好行为；得赐恩典也不是由于他们的功德，"你们从前就是这样"（林前6：11）。但当他说"行这样事的人必不能承受上帝的国"（加5：21）时，他非常明确地指出，那些从如此的割礼转到信心的人必须有行为。雅各也说到这点，保罗在他作品的许多地方都清楚而公开地宣称，所有相信基督的人都必须行正当的事，免得受到惩罚。主自己也提到这一点，他说："凡称呼我'主啊，主啊'的人，不能都进天国；惟独遵行我天父旨意的人，才能进去。"（太7：2）另一处说："你们为什么称呼我'主啊，主啊'却不遵我的话行呢？"（路6：46）"所以，凡听见我这话就去行的，好比一个聪明人，把房子盖在磐石上。"（太7：24）诸如此类，"凡听见我这话不去行的，好比一个无知的人，把房子盖在沙土上"（太7：26），等等。所以，保罗和雅各这两位使徒的话并没有相互矛盾，一位说："人称义是因着信，不在乎遵行律法"，另一位说信心没有行为是死的，① 因为前者是说信心之前的作为，后者是说随信心而来的行为，正如保罗自己在许多段落所表明的那样。

七十七　论惧怕是否一种罪②

每一种搅扰都是一种激情（passio），而每一种欲望都是一种搅扰；因此每一种欲望都是一种激情。当我们心里出现任何激情，我们因那种激情而受苦（patimur），也就是说，我们受苦（patimur）只因它是一种激情（passio）。由此，每当我们心里有任何欲望，我们就因那种欲望而受苦，我们受苦是因着它是一种欲望。但是，并非每一种激情——就

---

① 参见《雅各书》二章20节。
② "激情"（passion）与"遭受、受苦"（suffer）在拉丁语里是两个相关词，了解这一点会帮助我们更好地理解这种逻辑操练。Suffer 的完成式分词在拉丁语是 passus。Passio（passion）和 passus 两者都包含受动成分。虽然有些罪是受动的，但惧怕——也是受动的——不属于这些罪。

我们遭受激情之苦来说——都是罪。因此，（若是有人说）如果我们遭受惧怕，它就不是罪。这就好比说"如果那是两足的，它就不是动物"。很显然，这个推论不成立，因为有许多动物都是两足的；同样，前者也不能成立，因为有许多罪是我们遭受的。这里既说，"如果我们遭受惧怕，它就不是罪"这个推论不成立，你①却又说，"如果我们遭受惧怕，它就不是罪"这个推论可以成立，尽管你也承认有些罪是我们所遭受的，那岂不矛盾了？

七十八　论形像之美②

全能上帝用最高超的艺术从无创造了万物，这艺术也称为他的智慧，③ 这艺术也运行在工匠心里，使他们造出优美而和谐的事物，尽管他们并非从无创造，而是从某种材料制造，比如木头、大理石、象牙或者其他可以利用的材料。这些人不能从无造出某物，因为他们通过自己的身体工作，但在他们心里，他们接受那些数目和几何模型，并通过自己的身体把它们印在其他物体上，而这些数目和模型乃是至高智慧以某种精巧无比的方式印刻在整个世界中的，④ 因为世界就是从无中被造出

---

① 这里突然插入第二人称，意味着这个问题曾是奥古斯丁与某人对话的一个部分。（这里英译本显然有遗漏，故依据拉丁文作了调整——中译者注）
② 奥古斯丁在这个问题里主要描述三维艺术，问题的结论部分表明这种艺术是异教的主题。（无论如何，基督教的三维艺术，尤其是雕塑，在他那个时代还处于初创时期。）事实上，在 Bibliotheque ugustinienne（1, 10, 34）的译本中，这个问题的标题为"De la beaute des statues paiennes"。这个问题中的艺术论大部分再现于《忏悔录》X, 34, 53。奥古斯丁在这里论断何为美时，似乎与其他地方一样，受心里的前概念指导，而不是感觉上的精美。参见 H. -I. Marrou, *Saint Augustin et la fin de la culture antique*（Paris: Boccard, 1938）184, n. 1。值得注意的是，在问题的一开头，他就把艺术家比作——当然有限定条件——神圣智慧，也就是上帝的儿子。
③ 参见《哥林多前书》一章 24 节。
④ 关于数目的作用——即再现归根结底源于上帝的一种秩序或和谐，艺术家或工匠若是想要造出美的事物来，就必须遵循这样的数目——亦参见《论自由意志》II, 16, 42；《论音乐》VI, 17, 57。

来的①。动物的身体也在世界里面，是从某种东西——即，世界的元素——形成的②；人在自己的作品中模仿动物的体态和形状，但即使他技艺高超，也远远比不上它们自身的效能和精美。比如，人体的各种和谐元素（numerositas）并非都能在雕像中找到，而无论雕像中表现什么，都是藉着工匠的心灵源于那个最高智慧——他则根据自然本性创造人体本身。但是对于那些制造或热衷这类作品的人，绝不能把他们看作了不起的人，因为他们的心灵专注于次要的事物，就是他们根据物体模型通过自己的身体所造的事物，而不再定睛于最高智慧本身，那智慧才是他们各自技巧的源头。只要他们以外在的方式操练这些技巧，就是滥用它们，因为当他们迷恋那些他们用来操练［自己技巧］的事物，没有注意到它们不变的内在形式，他们就变得愚蠢而软弱。但由此可以明白，那些甚至坠落到去崇拜这类作品的人，是在何等程度上偏离了真理，因为即使他们仅仅崇拜真实的动物身体——要比那些艺术作品优美得多，那些作品不过是模仿这些身体创作的——我们都说他们已是可恶之极了。

七十九　为何法老的魔法师像上帝的仆人摩西一样行某些神迹？③

1. 每个灵魂在一定程度上行使它自己的权能，这权能具有某种私己性，在一定程度上受制并被辖于宇宙法则，这法则可称为公共法。由于这个世界的每个可见事物，不论它是什么，都有一个掌权使者（potestatem angelicam）置于其上，如圣经的一些段落所证实的④，所

---

① Fabricatum，不是 fabricata。
② Fabricantur，不是 fabricator。
③ 参见《出埃及记》七至八章。该问题试图解释为何不仅恶人能行神迹，邪灵也能行神迹，这个问题在《答辛普利奇的问题汇编》Ⅱ，2（讨论拥有说预言之灵的恶人的相关问题）以及Ⅱ，3（=《杜尔西提乌斯的八个问题》6）；《论三位一体》Ⅲ，7，12–10，21；Ⅳ，1，14 再次谈到。属灵权势不论做什么，包括恶行，都得到上帝的允许，这种观点已经出现在《约伯记》一至二章。
④ 参见比如《马太福音》十八章 10 节；《启示录》一章 20 节。

以，在使者的管理下，每个事物一方面如同受某个私法支配，另一方面又不得不按照公法活动。我们知道，宇宙比它的任何一个部分更加强大，因为即使按私法行动的事物，也只能在宇宙大法所允许的范围内活动。然而，任何一个灵魂，它越是因敬虔而洁净，就越不以自己的私事为乐，而是关注宇宙大法，并且忠贞而甘心地遵守它。因为宇宙之法就是神圣智慧。相反，[灵魂]越是以自己的私利为乐事，忽视看管一切灵魂之利益和好处的上帝，想要取代上帝主宰自己，如若可能，还要取代上帝主宰其他事物，喜爱自己的能力支配自己和他者，而不喜爱上帝统率万物的权能，那么它越是可鄙，并且越是被迫——作为惩罚——服从神圣的或者公共的法则。因此，人的灵魂越是抛弃上帝，以自己的尊荣或能力为乐，它就越是受制于自己的权力，在自己的私利中找乐，渴求在人中得尊崇，得到神一般的对待。神圣律法往往会允许他们甚至行某些神奇之事，让某些人——按其功过——受他们控制；他们行这样的事是仰仗自己在这些事上的私权，他们对此夸口炫耀，但他们的私权处于最低层次，而这样的安排却是出于最有序的权力等级。只要神圣或者公共的法则发出命令，它就胜过私人特权；事实上，没有宇宙神圣法则的许可，私人特权本身就是乌有。

所以就会出现这样的情形，当上帝的圣仆人合理地拥有这种恩赐——与公共的并且（可以说）统率一切的法则即至高上帝的权能相一致——时，他们可以命令最低级权势施行某些可见神迹。因为正是上帝本身在他们里面——他们是上帝的殿，① 上帝是他们最热切喜爱的对象，同时他们鄙弃自己的私权——发出命令。但是在魔法咒语中，魔法师为了追求蒙骗之乐，也为了把那些得允向其行这类事的人归于他们的掌控，他们通过祈求和密仪产生某种果效，这是藉着他们的私法得逞

---

① 参见《哥林多前书》三章 16 节。

的,也是允许他们向那些尊敬他们、伺奉他们并在他们的礼仪(sacramenta)①中与他们缔结某种约的人展示的。当魔法师似乎发出命令时,他们利用高级存在的名恐吓低级存在,以便向那些仰慕他们的人展示一些在其看来似乎了不起的可见事物——这些人因着肉体的软弱,无法领会永恒事物,那是真上帝向那些爱他的人显明的。上帝公义地管理万物,他允许这样的事发生,以便按他们的欲求和选择分配奴役或自由,即便在他们恳求至高上帝之后,他们的恶欲得到了满足,那也是一种惩罚,而不是恩惠。使徒说这话不是毫无原因的,他说:"上帝任凭他们逞着心里的情欲"(罗4:24)。让某些罪轻易地发生,这是对先前那些[罪]的惩罚。

2. 有人利用某些低级权势的名把小鬼赶走了,此人会认为主的话"撒但怎能赶出撒但呢"(可3:23)是假的。然而他应该明白,主说这话是因为撒但即使放弃身体或身体感官,他放弃它们也是为了借人不敬虔的错误而掌控他的意志,得更大的胜利。这样说来,撒但并没有离开人,反而进入了他的最内在部分,在他里面作工,正如使徒所说:"顺服空中掌权者的首领,就是现今在悖逆之子心中运行的邪灵"(弗2:2)。他没有搅扰和折磨他们的身体感官,也没有击打他们的身体,但他在他们的意愿或者毋宁说他们的情欲上作王。

3. 当他[耶稣]说,假先知要行许多神迹奇事,倘若能行,连选民也被迷惑②时,他告诫我们要明白,甚至恶人也行圣徒不能行的神迹奇事。但是不能认为他们在上帝面前拥有优先位置。事实上,尽管埃及法术师能行的事,以色列百姓不能行(不过,摩西藉着上帝的权柄能够成就更大的事)③,但埃及人并没有比以色列人更被上帝悦纳。然而,

---

① 这些礼仪当然不同于注释63所解释的那种意义上的圣礼,毋宁说是与此相悖的。这里暗示与第4节所提到的基督教圣礼的对比。
② 参见《马太福音》二十四章24节。
③ 参见《出埃及记》七至十章

并不是所有圣徒都得赐行这些事的能力，免得软弱者被极其有害的错误所蒙骗，以为这样的行为比使人获得永生的公义行为包含更大的恩赐。因此，主禁止他的门徒因这样的事而欢喜："不要因鬼服了你们就欢喜，要因你们的名记录在天上欢喜。"（路10：20）

4. 因此，圣徒们有时候所行的事，魔法师也会行，这些事表面上看起来似乎是一样的，但其发生的目的迥异，所依据的法则也不同。一者行这些事是求自己的荣耀，另一者是求上帝的荣耀；① 一者藉着允许他们使用的某种权柄，可以说，在自己的领域从事私人交易，谋取私人利益，另一者则在那使整个受造之物顺服的主的命令之下谋求公共福利。马的主人被迫将马交给士兵是一回事，将马交给贩马者或者将它捐献或借给某人则是另一回事。正如很多坏士兵，违背帝国法纪，用皇帝的军旗恐吓某些财主，向他们勒索公法并未要求征用的东西；同样，坏基督徒、分裂分子以及异端分子，有时候以基督的名或者借着基督的话或圣礼，向那已被责成顺服于基督尊荣的权势索要某些东西。如果他们愿意服从发恶令的人，那他们服从是为了引诱人犯错，他们以别人的错误为乐。所以，魔法师行神迹是一回事，好基督徒行神迹是另一回事，坏基督徒行又是一回事；魔法师是藉着私约，好基督徒是藉着公义，坏基督徒是藉着公义的记号。不足为奇，这些记号被他们利用时是有效的，因为鉴于至尊帝王的荣耀，这些记号即使被没有登记入伍的外人篡夺，它们仍是合法有效的。经上就记有这样一人，门徒们对主说，有人奉他的名赶鬼，尽管此人并不与他们一样跟从主。② 但如果这类权势（鬼灵）不服从这些记号，那是上帝亲自以隐秘的方式阻止它们，只要他认为这是正义而有益的。因为任何灵都不可能胆敢轻视这些记号，每当它们看见记号，都会惊恐发抖。但是上帝会发出另一个命令，而人全

---

① 关于这一思想的扩展，参见《上帝之城》XIV, 28。
② 参见《路加福音》九章49节。

然不知——或者为挫败恶人,因为他们应该受挫,如我们在《使徒行传》里读到关于士基瓦儿子的话,一个恶鬼对他们说:"耶稣我认识,保罗我也知道,你们却是谁呢?"(徒 19:15)或者为告诫善人,叫他们在信心进步,并且能够进步而不自夸,而得益;或者为了分辨教会肢体的恩赐,如使徒说:"岂都是行异能的吗?岂都是得恩赐医病的吗?"(林前 12:30)出于这些原因,如上面所说,至圣者往往在人不知道的情形下发出命令,于是,当这类记号被利用时,权势(鬼灵)就不会顺服于人的意志。

5. 但是很多时候,恶人之所以得到权柄控制好人,暂时伤害他们,是为了使他们得更大的益处,即操练他们的忍耐。因此基督徒的灵魂在患难过程中要始终警醒,跟随主的旨意,免得抵挡上帝的计划,就为自己积聚更严厉的审判。主在人性里行事①时对本丢彼拉多所说的话,很可能也是约伯会对魔鬼说的:"若不是从上头赐给你的,你就毫无权柄办我"(约 19:11)。恶人得赐权柄让他办好人,不是出于恶人的意愿,而是出于那赐他权柄者的意愿,那必是对我们最为宝贵的意愿,"因为患难生忍耐,忍耐生老练,老练生盼望,盼望不至于羞耻。因为所赐给我们的圣灵将上帝的爱浇灌在我们心里"(罗 5:3—5)。

八十 驳阿波利那流主义者②

1. 有个异端,据说以其创立者阿波利那流(Apollinarius)的名字命名,他们主张我们的主耶稣基督,就他屈尊成为人来说,并没有人的

---

① Ipse dominus agens hominem。参见注释 31。
② 从这个问题可以清楚知道阿波利那流主义者的立场。他们声称,基督只有人的外在装备,但没有人的内在属性,即心灵或灵魂。阿波利那流(约 310—约 390 年)曾是老底嘉的主教,既明智地反对叛教者朱利安(Julian)的异化政策,又坚定捍卫尼西亚基督宗教反对阿里乌主义(Arianism)。他的基督论体系尝试解释基督的人性与神性的统一性,同时强调后者以反对阿里乌主义者。奥古斯丁在该问题中多次使用 homo assumptus 这个术语,似乎特别贴切。参见第 24 页注释①。

心灵（mens）；其中有些信奉者还违背常理来取悦急切的听众，说他贬低了上帝里面的人，因为他说自己没有心灵或者理性灵魂（animus）——也就是使人内在地区别于兽类的东西。① 他们中还有些人认为，果真如此，那就完全可以相信，上帝的独生子、智慧②、父的道，万物都是藉着他造的③，他必定取了某种动物，再加上人体的形状。诚然，这种说法使他们不高兴——但并没有促使他们去纠正错误，回到真理之道，承认上帝的智慧④取的是完整的人，同时又无损他的[神圣]本性。相反，他们更加胆大妄为，甚至去除他的灵魂以及所有生命形式，说他只是取了人的肉体，并且还从福音书引用证据，说经上就是这样写的："道成了肉身，住在我们中间"（约1：14）。由于对这节经文完全误解，他们竟敢以此抗衡大公教真理，妄图用这句经文表明，道与肉身完全结合并混为一体，以至两者之间不仅不可能有人的心灵，甚至连人的灵魂也没有。

2. 对于这些人首先必须回答，福音书这样表述是因为主披戴的人性甚至包括可见的肉身，他的披戴是一个统一的整体，在这个整体中，道是首要成分，而肉身是最小也是最后的成分。所以，这位传福音的使徒为了我们的缘故想要强调指出，这样一位上帝是如何深爱谦卑，又表明他卑己到何等程度，所以只提到道和肉身，忽略了灵魂本性，这本性低于道，但高于肉身。因为他说"道成了肉身"比说"道成了人"更能突显这种谦卑。如果人们吹毛求疵地考察这句话，其他同样悖逆的人可以利用这话曲解我们的信仰，他会说，道自身变成了肉身，不再是道了，因为经上写道："道成了肉身"。那就如同说，人的肉身，既然要

---

① 心灵：mentem；理性灵魂：rationalem animam；内在地：secundum animum。在奥古斯丁这里，心灵（mens）与灵魂（animus）有时没有区别。参见 Bibliotheque Augustinienne 1, 10, 705—706。
② 参见《哥林多前书》一章24节。
③ 参见《约翰福音》一章3节。
④ 参见《哥林多前书》一章24节。

成为土，就不是肉身和土，而是从肉身变成的土，根据众所周知的说法，凡是生成的、不是原来所是的，必然不再是原来的所是。然而我们不是这样理解这话的。即使他们〔这些异端〕自己，其实也同我们一样明白，道取了奴仆的形像，① 同时保留他自身的所是，而不是他通过某种变化，变成了那种样式，才能说"道成了肉身"。

最后，如果凡是说到肉身（血气）而没有提到灵魂的，就应该理解为灵魂不存在，那么经上所说的那些人也没有灵魂："凡有血气的，都要见上帝的救恩"（路3：6）；一则诗篇说："听祷告的主啊，凡有血气的都要来就你。"（诗65：2）；福音书说"正如你曾赐给他权柄，管理凡有血气的，叫他将永生赐给你所赐给他的人"（约17：2），由此可见，即使单独提到肉身（有血气的），往往也是指人，所以，"道成了肉身"这话也可以按照这样的方式理解，它的意思不是别的，就是道成了人。正如部分意指整体，单独提到灵魂时，也要理解为指人，如以下这话："许多人（灵魂）来到埃及"（创46：27），同样，既然部分意指整体，单独提到肉身时也要理解为人，就如我们所引用的这个例子。②

3. 所以，正如我们反驳他们以福音书为基础提出的这种异议，说：没有人会愚蠢到以为，经上写这样的话是要我们相信并承认，上帝与人之间的这位中保，降世为人的耶稣基督，③ 竟然没有人的灵魂；同样，请问，他们能如何回应我们这个极其清楚的异议：我们可以从数不胜数的福音书经段，从传福音的使徒们关于他所说的话表明，他拥有没有灵魂就不可能存在的那些情感。我提出这点不是出于我自己的论断，而是出于主自己说的很多话，比如："我心（soul）里甚是忧伤，几乎要死"

---

① 参见《腓立比书》二章7节。
② 对"肉身"更宽泛的定义可见于 *Exposition of Psalm* 56〔57〕, 5；《论三位一体》Ⅱ, 6, 11；*Continence* 4, 11；《上帝之城》XIV, 2。
③ 参见《提摩太前书》二章5节。

（太 26：38）；"我有权柄将命（soul）舍了，也有权柄取回来"（约 10：18）；"人为朋友舍命（soul），人的爱心没有比这个大的"（约 15：13）。顽梗的反对者会对我说，主说这些话是比喻，正如他明确用比方说过很多事那样。即使这一点不是［如我所描述的那样］，以下事实也是无须争辩的，我们有福音书的记载，由于这些记载，我们知道他的生平，他出生于童贞女马利亚，[①] 被犹太人抓住，受鞭打，被钉十字架，死了，埋葬在坟墓[②]——对于所有这些，谁会认为没有身体就可能发生呢？即使有人非常愚蠢，他也不可能说这些事也应当在比喻意义上理解，因为这些事是那些记载者根据自己的记忆写下的。正如他们证实，他有身体，同样，那些若不是在灵魂里就不可能存在的情感——我们就在这些福音书的记载中读到它们——表明他有灵魂。耶稣感到希奇[③]、愤怒、忧愁[④]、欢喜[⑤]以及无数其他同样证明灵魂与身体结合才有的事，比如他饥饿，[⑥] 睡觉，[⑦] 走路累了就坐下来，[⑧] 以及其他诸如此类的。他们不能说，古书[⑨]里也说到上帝的愤怒[⑩]和喜乐[⑪]以及其他类似情绪，但不能由此就相信上帝有灵魂。因为说到那些事是带着预言式的想象，不具有历史记载的真实特点。比如讲到上帝的肢体——他的手[⑫]、脚[⑬]、

---

① 参见《马太福音》一章 18—23 节。
② 参见《马太福音》二十六章 47 节至二十七章 60 节。
③ 参见《马太福音》八章 10 节。
④ 参见《马可福音》三章 5 节。
⑤ 参见《约翰福音》十一章 15 节。
⑥ 参见《马太福音》四章 2 节。
⑦ 参见《马太福音》八章 24 节。
⑧ 参见《约翰福音》四章 6 节。
⑨ 古书就是旧约。
⑩ 参见比如《出埃及记》三十二章 12 节。
⑪ 参见比如《申命记》二十八章 63 节。
⑫ 参见比如《以西结书》一章 3 节。
⑬ 参见比如《诗篇》九十九篇 5 节。

眼睛①、面②以及诸如此类。正如后者并不意味着他有身体,前者也不意味着他有灵魂。但是,正如当说到基督的手、头等等时,指向他的身体,同样,在这些记载中关于他灵魂的情感所说的话指向他的灵魂。如果说福音书作者在记载中说到主吃饭时相信他吃了,却不相信他有饥饿,岂不荒谬。即使不能推出凡是吃饭的人必是饿的——因为我们也读到天使吃,但我们没读到他饿③——也不能说凡是饿的都吃,有时人出于某种原因禁食,有时没有食物或者缺乏购买食物的资金,饿了也没法吃,但是当福音书作者把这两件事都记载下来,那就必须相信两者都是真实的,因为他记下两件事实和行为是表明这是已经发生的事。如果没有身体就不能理解他吃饭这一事实,同样,没有灵魂就不可能发生他饥饿这样的事实。

4. 当他们出于邪恶的敌意说,他若真的有灵魂的这些禀性,那他就受制于必然性,这样愚蠢而可笑的谬论并不能吓倒我们。我们可以很容易反驳它:确实,他受制于必然性,因为他被抓住、受鞭打、被钉十字架,死了。但他们终究会明白——如果他们愿意,如果他们摒弃自己的顽梗——他根据神圣计划,自愿接受了灵魂的真实情感,即灵魂的各种活动,这是他所喜悦的,正如他根据那计划自愿取了身体的情绪,并非出于任何必然性。我们的死不是出于自己的意愿,我们出生也不是依据自己的意愿。然而,他的死和生两者都是出于自己的意愿,按照适当的方式成就,并且是完全真实地成就了。因此,正如谁也不能以必然性之名使我们或他们不再相信最真实的情绪(passio),这情绪证明了他的身体;同样,谁也不能以必然性之名阻止我们相信最真实的情感(affectio),这情感使我们认出他的灵魂;只要他们改变错误观点——尽管这观点是他们长期以来一直顽梗坚持的,尽管改变这样一种错误观

---

① 参见比如《诗篇》三十三篇 18 节。
② 参见比如《出埃及记》三十三章 23 节。
③ 参见《创世记》十八章 2—8 节。

点令人尴尬无比——也不应妨碍他们认同大公教信仰。

八十一　论四十和五十①

1. 以教导人为目的的这门智慧大学科（disciplina），就是要区分造主和造物，要敬崇前者为主，承认后者为从。造主就是上帝，万物都本于他、倚靠他、归于他，② 因而他是圣父、圣子、圣灵三位一体。而造物一部分是不可见的（像灵魂），一部分是可见的（如身体）。三这个数字与不可见者相关，因为我们得盼咐要以三重方式爱上帝，即尽心、尽性、尽意爱上帝，③ 而数字四与身体相关，因为身体有最明显的四个特征：冷、热、干、湿。因而，数字七与造物的整体相关。这样，区分和辨别造主和造物的整个学科就由数字十渐次形成。

这门学科，就其施行于时间中的身体活动而言，建立在相信的基础上，并且通过发生、发展然后过去的事件来教导小子，就如用奶喂婴孩④那样，使他们长大，能够思考那并非发生然后过去的事，而是永远存在的事。只要把那些为了救人的缘故已经在时间中发生的事，或者预告仍然在将来但必然要发生的事，以神圣的方式向某人讲述，如果此人坚定地相信这些事，盼望所应许的事，心中的爱永不动摇，凡神圣权威所命令的事，一丝不苟地执行，那他必然正直地度过由必然和时间构成的此生。而数字四十（quadragenario）就叫人想到此生，因为数字十（表示这整个学科）乘以四（这个数与身体相关，因为学科的实施——

---

① 拉丁词 quadragesima 意为四十，这里与四十天斋期相关。Quinquagesima 意为五十，这里指从复活节到五旬节期间的五十天。奥古斯丁分析出四十与五十的数字学（numerological）含义，前者表示此生的劳苦和哀叹，后者表示天上的和平，最后对《约翰福音》二十章11节的一百五十三条鱼作出解释，让我们想起问题五十七里对同一主题略微不同的讨论。关于四十、五十以及一百五十三之关系的其他讨论，参见 Letter 55, 28–32; Semon 252；《基督教教导》II, 16, 25。亦见注释119。
② 参见《罗马书》十一章36节。
③ 参见《马太福音》二十二章37节。
④ 参见《哥林多前书》三章1—2节。

如上所述基于信念——通过身体活动实现）得到数字四十。由此他得到一种不变的、不受制于时间的智慧，这种智慧与数字十相关，所以，可以把十加到四十上，因为四十的各个因子，只要把它们相加，就得五十（quinquaginta）。我们知道，四十拥有以下这些因子——四十个一，二十个二，十个四，八个五，五个八，四个十，二个二十。而一、二、四、五、八、十、二十相加，就得五十。因此，正如四十的各个因子相加，得五十，比四十多出一个十；同样，怀着信心——即相信为我们得救而发生的事以及必将发生的事——的时间，加上正直的生活，就获得一种以永久智慧为标记的理解力，好叫这门学科不仅以信念为基石，也以理解力为基石。

2. 这就是如今教会——虽然我们是上帝的儿女，但将来怎样，还未显明①——在劳苦和患难中所维持的境况，在这样的境况中，义人必因信得生。② 经上说："你们若不信，定然不得理解（立稳）"（赛7：9）。这是我们哀叹并陷入痛苦的时代，③ 因为等候我们的身体得赎（参罗8：23），所以要过四十天的大斋节即四旬节（quadragesima）。"但我们知道，主若显现，我们必要像他，因为必得见他的真体"（约一3：2）。然后数字十要加在数字四十上，好叫我们不仅能够相信属于信心的事，也能明白清晰的真理。在这样的教会里，必将没有忧伤，没有坏人，没有邪恶，只有喜乐、平安和欢欣，庆祝五旬节就预表这样的教会。于是，当我们的主从死里复活，向门徒显现足足四十天④——以这个数字暗示与信心相关的经世安排——之后，就升上天去了。⑤ 十天之后，他派下圣灵，⑥ 目的不是沉思属人的、时间中的事，而是沉思神圣

---

① 参见《约翰一书》三章2节。
② 参见《罗马书》一章17节。
③ 参见《罗马书》八章22—23节。
④ 参见《使徒行传》一章3节。
⑤ 参见《使徒行传》一章9节。
⑥ 参见《使徒行传》二章1—4节。

的、永恒的事,通过某种爱的气息和仁的火焰,十就可加到四十上。所以这整个数,即五十天这个天数,必以喜乐的庆祝作为标记。

3. 我们的主还通过撒进海里的网表示两个世代,一个是劳苦和忧愁的世代,另一个是欢喜而安全的世代。福音书记载说,在基督受难前,一次门徒把网撒入海中,圈住了好多鱼,几乎拉不到岸上,网也裂开了。① 这里没有说他们把网撒在右边,因为这个世代的教会有许多坏人;也没有说撒在左边,因为教会也有许多好人,② 而是未加区分,以此表明好人与坏人混合在一起。然而,网裂开这一点象征圣爱遭到破坏之后许多异端兴起。但复活之后,基督希望预示未来世代的教会,那时一切必是完全而圣洁的,所以他吩咐把网撒在右边,③ 于是捕到了一百五十三条大鱼,令他的门徒惊奇的是,虽然鱼这么大,网却没有破。④ 鱼的个头大表示智慧和公义之伟大,它们的数目象征这门学科——我们说过,五十这个数字就象征这门学科——因经世的安排和永恒的重生而得完全。因为那时不会再有身体的需要,灵魂必紧握信心和智慧;也因为我们说过,数目三与灵魂相关,我们把五十乘以三,得一百五十;再把三位一体的三加到这个数目上,因为这整个学科的完全因圣父、圣子和圣灵的名而为圣。由此,就得一百五十三,就是从右边捕上来的鱼的数目。

八十二　论经文"因为主所爱的,他必管教,又鞭打凡所收纳的儿子"(希12:6)

1. 许多在上帝的规训下发怨言的人,当他们看到义人在今生常常经历大患难,似乎事奉上帝这一点对他们毫无益处,因为他们同样忍受

---

① 参见《路加福音》五章5—6节。
② 关于右边代表好,左边代表坏,参见《马太福音》二十五章33节。
③ 参见《约翰福音》二十一章6节。
④ 参《约翰福音》二十一章11节。

身体上的劳苦，蒙受损失，遭受侮辱，经受种种在必朽者看来属于不幸的坏事，与众人并无两样；甚至因其热爱上帝的大道和公义——罪人不堪忍受，就会憎恨传道者，甚至设计阴谋、发动暴乱反对他们——倒比其他人遭受更大的患难和不幸，当他们看到这些现象，就忍不住发出质疑。对此我们要这样回答：如果此生是人所拥有的唯一生命，那么说公义的生活在此生并无益处，或者说无论如何都是有害的，似乎不算荒谬。即便如此，仍然会有这样一些人，他们把公义的甜美及其内在喜乐看作身体（因其必朽性）所遭受的一切劳苦和患难的同等回报，也是对所有那些因其公义生活而招惹的完全不当的迫害的同等补偿。即使撇开对未来生命的盼望不说，他们出于对真理的爱，就算承受苦难，也比纵欲之徒出于醉酒的欲望设宴狂饮，拥有更多的喜乐和愉悦。

2. 还有些人，当他们看到义人遭受不幸和痛苦时会认为上帝不公（即使他们不敢说上帝不公），觉得上帝要么对人事毫不关心，要么在某个时间立了命运之神，甚至他自己也不敢对抗他们，免得人们以为他变来变去扰乱他原本安排好的事物秩序；或者提出这样一种观点，即上帝在一定程度上变软弱了，无法让坏事远离义人。对此，我们必须指出，上帝若是对人事毫不关心，那人类中就不可能有任何公义，因为如果不存在某种不变的公义，人类的这种公义——人心可以通过行事正直而紧紧抓住它，也可以通过犯罪失去它——就不可能被印刻在灵魂上，被归向它的义人完整地发现，也被背离它光的罪人完整地抛弃。这种不变的公义当然就是上帝的公义，如果他不关心人事，就不会提供他的公义，照亮那些归向他的人。但是，如果因为他不愿意打乱他所安排好的事物秩序，因而任由义人忍受重担，那么也不能说他是公义的；这不公义并不是因为他想要维持自己的安排，而是因为他竟这样安排事物的秩序，使义人遭受不该遭受的痛苦。另外，凡是认为上帝太软弱无法阻挡义人所遭遇的坏事的，都是愚蠢的，因为他不明白，否定上帝的全能与说上帝不公，同样是大不敬。

3. 对于以上提出的问题，简洁的回答就是：怀疑上帝的存在、公义和全能，那是无法言喻的邪恶观点；义人之所以在此生不断遭受苦难，很可能没有别的原因，仅仅因为这对他们有益。如今存在于人类中间并以获得永恒救恩为目的的公义是一回事，当初住在乐园的人为了保留同样的永恒救恩不至失去而需要的公义是另一回事。正如上帝的公义有这样的特点，吩咐有益的事，分派对悖逆者的惩罚，对顺服者的奖赏；同样，人的公义也有其特点，即遵从对人有益的命令。然而，福祉之于灵魂，就如健康之于身体，并且就如对身体要开一味药使它不失健康，对灵魂要开另一味药使它恢复已经失去的，同样，对于人类的总体状况，曾经立下某些命令，免得人类失去不朽，如今又规定另一些命令，好叫他重新获得不朽。就身体的健康而言，如果人不留意医生为维护他的健康而开的药方，沾染了某些疾病，那医生就得给他开另一些药方，使他恢复健康；如果疾病进一步加剧，这些药方就统统变得无效，医生必须使用某些额外的治疗方案，这些方案往往会引起疼痛和不适，但对恢复健康有益。所以就会出现这样的情形，即使一个人听从医生，仍有可能遭受痛苦，这痛苦不仅来自于疾病本身，因为还没完全治愈，而且来自于这些额外的医治手段。同样，当人类因罪坠入这个软弱多病、易逝必朽的生命之中——因为他不愿意顺从最初的命令（primo praecepto），那原本使他能够抓住永恒、保守健康——他就在患病中接受第二次命令，他若遵守这个命令，就可以说他行正直之事；但是他仍然得承受患难，这些患难或者源于他那还未治愈的疾病，或者源于额外给予的治疗方法。经上所说的"因为主所爱的，他必管教，又鞭打凡所收纳的儿子"（希12：6），正是指这种额外医治。而那些完全无视健康药方的人，行事败坏，导致疾病不断恶化，这些人必身陷不幸，遭受数不胜数的患难和痛苦，不论是因为疾病本身，还是因为额外的惩罚。所以，凡是不健康的，必是易受感染、易遭痛苦的；处于这些困境中的人，有怜悯的告诫给予他们，只要他们遵医服药，就能藉着上帝的恩典得医治。如果他们鄙弃所有这一切,即藉着话语和苦难所命令的事,来生他们必受公义而永远的定罪。所以,如果有人认为生命只有今生,就是我们现在所过的可朽生命,不相信来生,就是以神圣的方式宣告的生命,那就让他说这些事的发生是不公平的。既然他在罪里顽梗不化,缺乏信心,他必遭受最严厉的惩罚。

八十三 论婚姻①,主说:"凡休妻的,若不是为淫乱的缘故……"等等

如果主只允许淫乱的缘故休妻,②并且不禁止离弃那不信的配偶,③那就可以推出,不信等同于奸淫。很显然,当主在福音书里讲到休妻时,他通过排除的方式明确把奸淫作为唯一的原因。然而,这里他也没有禁止放弃不信的配偶,因为虽然使徒在这个问题上建议信徒不应离弃愿意与他生活的不信配偶,但他说"我……说,不是主说"(林前7:12),由此我们要明白,事实上主并没有命令要离弃不信主的配偶——不然,使徒就好像是提出了与他[即主]的命令相反的建议——但他仍然允许这样做,好叫人在这件事上不必受法律的强制,可以按自己的意愿自由行事。但是如果有人声称说,主承认奸淫是休妻的唯一原因——奸淫这个词在通行的用法中指非法性交——那么他可以解释说,当主谈到这个问题时,他是指夫妻双方都是信徒说的,即,如果两人都是信徒,若不是因为奸淫,一方可以不离弃另一方;这里不涉及异教徒,因为双方都是信徒。使徒似乎作出了这种区分,他说:"至于那已经嫁娶的,我吩咐他们,其实不是我吩咐,乃是主吩咐说:'妻子不可

---

① 这个问题在这里只是简略讨论,更详尽的讨论可见于 *The Lord's Sermon on the Mount*1, 14, 39 – 16, 50; *Adulterous marriages* ,以及各处。也可注意《论信心与行为》16, 28 =《杜尔西提乌斯的八个问题》1, 7。

② 参见《马太福音》五章 32 节。

③ 参见《哥林多前书》七章 15 节。

离开丈夫。若是离开了，不可再嫁，或是仍同丈夫和好。'"（林前7：10—11）这话要这样理解，即使唯有一个原因，因之可以抛弃一个婚姻，离开丈夫的妻子也不可再嫁，如果她不能克己，就应该与丈夫和好——这丈夫也得有所改善，或者至少得是可忍受的——而不是择人另嫁。下一句经文紧接着说："丈夫也不可离弃妻子"（林前7：11），这就简明扼要地把［使徒］命令妻子的做法套用于丈夫。他从主的命令引出这些之后，接着又说："我对其余的人说，不是主说，倘若某弟兄有不信的妻子，妻子也情愿和他同住，他就不要离弃妻子。妻子有不信的丈夫，丈夫也情愿和她同住，她就不要离弃丈夫。"（林前7：12—13）。这里他说得很清楚，主所说的是，如果两人都是信徒，就不可彼此离弃。

答辛普利奇的问题汇编

导论

奥古斯丁在《订正录》Ⅱ，1，1 说明，本文题目中提到的辛普利奇（Simplician）是 397 年接任安波罗修（Ambrose）的米兰主教。安波罗修的传记作者米兰的保利努斯（Paulinus）指出，尽管辛普利奇年事已高，却是安波罗修亲自精挑细选的人选。① 辛普利奇曾对著名的罗马修辞学家马里乌斯·维克托里努斯（Marius Victorinus）于 350 年以及安波罗修于 374 年皈依大公基督教起了重要作用。② 他约于 400 年去世，数年之后奥古斯丁在《上帝之城》里谈到他，说他是一位"老圣徒"，并把他作为道成肉身教义的引荐人。③ 显然，辛普利奇是一个能给人留下持久印象的人。不过，如一位著作者所评论的，他"与其说以自己的作品闻名，不如说以我们所听闻的对其他比他更有名人物的影响而闻名"；这种影响，"非常巨大，更多地表现在引出他们的思想，而不是记载自己的思想。"④ 辛普利奇给奥古斯丁的信写于 390 年代中期，如今已经佚失，写信的目的是询问关于圣经的八个问题；可以肯定，他的信成功地引出了他的受信人一些相当重要的思想。

---

① 参见 *Life of Saint Ambrose* 46。
② 参见奥古斯丁《忏悔录》Ⅷ，2，3—5。
③ 参见《上帝之城》X. 29。
④ William Smith and Henry Wace, eds., *A Dictionary of Christian Biography* Ⅳ (London: John Murray, 1997) 699, 689。

我们从《订正录》II，1，1知道，《答辛普利奇的问题汇编》是奥古斯丁任主教后写的第一部作品。而他于395年按立为希坡主教，所以该论著应于396—398年间撰写。由于辛普利奇写给奥古斯丁的请教信已经佚失，我们无法知道信的具体内容，只能从本《问题汇编》得知他提了哪些问题。问题的顺序——奥古斯丁应该未有改动——有点奇怪，因为第一卷讨论的是《罗马书》的两个问题，而第二卷回到旧约，涉及《列王纪》的六个问题（尤其是《撒母耳记》上下以及《列王纪》上）。

从奥古斯丁自己在《订正录》对本《问题汇编》的论述来看，很显然，第一卷的重要性胜过第二卷，尤其是他相当详尽地阐明第一卷第二个问题的含义，特别关注它的意义，而对第二卷的六个问题则完全按常规处理。本书收录了《论圣徒的预定》和《论坚毅的恩赐》的几个选段，从中可以更加清楚地看出，第一卷的第二个问题体现了奥古斯丁神学发展中一个怎样的转折点。

奥古斯丁早就写过两卷作品讨论保罗的《罗马书》：《〈罗马书〉某些经句的注释》（Commentary on Some Statements in the Epistle to the Romans）和《〈罗马书〉注释未完本》（Unfinished Commentary on the Epistle to the Romans），也在《八十三个问题汇编》的问题六十六至六十八里解释了《罗马书》的三段经文；在回复辛普利奇的问题时，他再次谈到这节至关重要的新约经文，事实上，他很可能整个余生都一直在思考这节经文。

第一个问题的主题是《罗马书》第七章的一段长文，在文中保罗一方面坚持认为旧约律法是好的，同时指出正是律法引发了内心的争斗或者使其难以解脱。奥古斯丁紧随保罗，并且也像保罗一样强调律法的益处。虽然辛普利奇要求解释的是《罗马书》七章7—24节，但奥古斯丁以前一节经文作为讨论的开头和结束，就是分别精义（心灵或圣灵）与仪文（字义）的那节经文。这节经文是后面经文的关键，因为律法的精义就是爱，这爱使人从叫人死的仪文（字义）中摆脱出来。

然而，在讨论这个问题的过程中，就如在他的《〈罗马书〉某些经句的注释》一样，奥古斯丁采用了后来被他推翻的两个观点①。第一个观点，他在问题开头就提出，②就是保罗在这段经文里并非指着他本人说的，而是指着他之外某个在律法之下的人说的。二十年后，奥古斯丁在反驳佩拉纠主义者（Pelagians）的作品中拒斥了这个观点，把它看作佩拉纠主义的特点，并指出，保罗本人与其他任何人一样，都没有摆脱与罪的这种争战。③第二个观点就是，恩典生命的最初开端都在人的能力范围之内。如奥古斯丁在 I, 1, 11 所说，"立志本身在我们的权能之下"，尽管成就立志要做的善事是不可能的。在 I, 1, 14 他说："事实上，在这个必死的生命里，自由意志（libero arbitrio）所能做的，不是一个人想成全义就能成全义，而是通过敬虔的祈求转向上帝，靠着他的恩赐才能成全义。"换言之，人可以靠自己的驱动力转向上帝，但唯有上帝能赐给人——当他转向上帝之后——行善的力量。人的意志至少能不时地参与神圣恩典的作为，这一观念后来得到卡西安（John Cassian）拥护——他的《谈话集》（*Conferences*）包括二十四篇谈话录，其中著名的第十三篇明确主张这一观念——并逐渐被称为半佩拉纠主义，后来又被称为半奥古斯丁主义，或者这是更恰当的称呼。不过，虽然奥古斯丁在回答辛普利奇的第一个问题时主张这个观念，但在回答他的第二个问题时开始拒斥它。

在回答这个问题时，经辛普利奇要求，奥古斯丁解释了《罗马书》

---

① 参见《订正录》I, 23, 1. 3，他指责自己在《〈罗马书〉某些经句的注释》里主张两个后面要讨论的观点。第一个观点是关于保罗的人称，见 41 节，但这个观点不算突兀；第二个是关于恩典，可以在 61 节非常清楚地看到："相信并立志在于我们，但［上帝］赐给相信的人能力，使他藉着圣灵行善。"
② 参见 I, 1, 1。亦见 I, 1, 9。
③ 参见比如 *The Grace of Christ and Original Sin* I, 39, 43; *Answer to the Two Letters of the Pelagians* I, 8, 13—11, 24。

九章10—29节，在这段经文中，保罗基于《创世记》里雅各和以扫的故事总结出关于人的功德与神的恩典之关系的神学思想。奥古斯丁在《订正录》Ⅱ，1，2告诉我们，"在回答这个问题时，我确实为人的自由意志努力争地盘，但是上帝的恩典得胜了。……"他似乎是说，他未曾想到给辛普利奇的回答最终会变成这样的结果。或许那个时候，他甚至还没有意识到第二个问题与第一个有多大的区别，尽管三十年后他在《订正录》以及其他地方作出了说明。不然，当他讨论了第二个问题之后，为何没有即刻回到第一个问题，从他新的视角去修正它呢？无论如何，唯有他在第二个问题中得出的结论才能解释保罗在另外地方所写的话："你有什么不是领受的呢？若是领受的，为何自夸，仿佛不是领受的呢？"（林前4：7）这是对《罗马书》这段经文的一个阐释。

如果说奥古斯丁在《答辛普利奇的问题汇编》第一卷的第一部分关于《罗马书》这段经文的解释为人的意志保留了机会，人可以无须借助恩典而作出救赎决定，那么保罗关于雅各与以扫故事的思考则取消了这样的机会。因为保罗清楚指出——至少在奥古斯丁看来——任何好的东西，不论是意愿，是功德，是信心，是作为，都不可能先于恩典的作用而存在。雅各和以扫是同时怀胎前后出生的双生子，道德品性上似乎也没有区别，两人都没有任何行为可以决定一个事奉另一个，或者一个该得上帝悦纳，另一个——用圣经的夸张说法——该遭上帝憎恨。之所以一个被拣选，另一个被遗弃，原因只在于上帝的神秘目的（propositum）。即使提出以下这种说法，即上帝作出这种选择（electio）是基于他的预见——他预先知道雅各将来的信心和良善行为，也知道以扫将来的恶意和邪恶行为——并不能解决这个问题，这种说法只能使上帝的预见和恩典取决于人的行为。①

---

① 这是奥古斯丁的最伟大前辈奥利金提出的对恩典与自由意志这个难题的解决方案。参见 *On Prayer* 6.2–5。

一旦确定了恩典的绝对优先性问题，奥古斯丁就转向《马太福音》二十章16节作出的区分："被召的人多，选上的人少。"一个人成为上帝呼召（vocatio）的对象是一回事，被选上则完全是另一回事。如奥古斯丁所解释的，被召就是恩典临到，但并非凡是得恩典临到的人都能被恩典感动；唯有那些被感动的人才构成被选上的少数人。这种分别是后来神学家们提出两种恩典之分的基础，即一种是"运作的"或"充足的"恩典，另一种是"合作的"或"有效的"恩典。

那么，为何有人被召，有人不被召呢？在那些被召的人中，又为何有人被选上，有人未被选上呢？回答只能是，因为亚当的悖逆，整个人类成了"一个罪的团块（una quaedam massa peccati）"，如奥古斯丁在I, 2, 16所描述的，所以整个人类都该受惩罚。如果上帝让这个"罪的团块"中的某些人付出代价，遭受其该受的惩罚，而赦免另一些人同样的债务，好叫他们成为义的，那谁也没有理由提出异议。"所以必须坚定不移地相信，"他在I, 2, 17说，"上帝没有任何不公平，不论他赦免还是索取所欠的债务；他正当索还债务的，不能指责他不公，他赦免债务的，不应夸口自己的功德。因为前者只是偿还所欠的，后者只是拥有他所领受的。"

奥古斯丁这里必是为自由意志找到了一点地盘，到了该问题的结尾处他强调了这一点，但是受《罗马书》七章14节的启发，他又添加了一个限定条件，对它的最终意义引发了怀疑："可以肯定，意志的自由选择（liberum volumtatis arbitrium）起很大作用。但是那些已经被出卖给罪的人，自由意志在他们身上有什么用呢？"（I, 2, 21）

奥古斯丁在作出结论时，通过反问句式琢磨哪类人可能被上帝选上。是那些没犯什么罪并且拥有造福于人的学识、才智和修养的人吗？然而，有一些出身背景不可想象的人、妓女、演员可以与其他人一起皈依，而且拥有某种突如其来、根本不可设想过的美德。保罗本人又为自己的皈依作过什么预备，克服他那"疯狂、暴烈、盲目的意愿"（I,

2，22）呢？所以奥古斯丁对这个话题的结语就是呼吁我们要认识到上帝的论断是不可预测的，要加入到赞美颂唱中，永远致敬那些论断——可以看到，对于这样的呼吁，唯有被拣选者才可能作出回应。

讨论了《罗马书》的这两段经文之后，奥古斯丁开始写第二卷讨论辛普利奇的其余六个问题。他在简略的前言中指出，他要涉及的问题出于蒙着奥秘的书卷，他感谢辛普利奇没有要求他对各节经文作出预言（即寓意）解释，因为那会困难得多，费时得多。因此他使用了一种他在另外地方称之为字面或历史解经的方法，来回答辛普利奇在研读《列王纪》时所提出的难题，尽管这里他并没有使用这种解经法的名称。①

第二卷包含三个问题，都涉及扫罗故事的某一方面。在第一个也是最长的问题中，奥古斯丁用到辛普利奇引证的两节经文（撒上 10：10 和 16：14）——描述扫罗的灵性经历——讨论预言如何发生；甚至像扫罗这样晚年败坏的人，如何依据上帝的隐秘计划拥有这样的恩赐；如何知道圣经提到的某个灵是善是恶，或者就是圣灵本身。这个问题的结论指向多纳图主义者，奥古斯丁当时严重关注他们的教会论（ecclesiology）。

第二个问题讨论《撒母耳记下》十五章 11 节上帝的话"我立扫罗为王，我后悔了"。旧约往往用人的术语描述上帝，尤其是经历后悔的时候，这种惯例至少从马吉安（Marcion）（约卒于 154 年）时代以来基督徒就一直在讨论。② 奥古斯丁在这里就讨论这个古老话题。其实他在《八十三个问题汇编》的问题五十二已经谈过这个话题，尽管非常简略，极为扼要，在那里他注释的是《创世记》六章 7 节上帝的话"我造人后悔了"。上帝后悔这个观念即刻让人想起上帝预见这个概念，预

---

① 关于寓意（或预言）解经与历史（或字义）解经的区别，参见《〈创世记〉字疏》（*The Literal Meaning of Genesis*）I，17，34。
② 参见德尔图良 *Against Marcion* II，23—24。

见似乎应该杜绝后悔。然而，依据上帝的知识（对它来说，万物都是当下的），他的预见——暗示将来的事——似乎也应该被排除。这些发现引着奥古斯丁转而思考人的语言——包括圣经的——运用于上帝时的性质。要把描述人的属性的术语，比如愤怒、怜悯、嫉妒甚至知识，用于上帝的神圣作为，就必须洁净它们，尤其要净化它们的可变因素。最后，有些可贵的人品，比如知耻，不适用于上帝，而某些可指责的品质，倒可以归于他。于是奥古斯丁鉴于这种种考虑，就认为"后悔"，还有知识和预见，可以应用于上帝。

奥古斯丁接着回答辛普利奇关于巫师身上污鬼的问题，如《撒母耳记上》二十八章 7—19 节记载的，经扫罗恳求，巫师招来撒母耳，让扫罗见他。这里奥古斯丁采用他在第二卷第一个问题所用的类似方法，即允许邪灵或鬼有一定活动空间，但服从神圣计划的限制。因此这里，在上帝的许可下，污鬼也能联络撒母耳，甚至把他的灵从死人之地招上来，这不足为奇。诚然，所见的可能并非他的灵本身，而是一个幻影，如奥古斯丁所解释的，叫它撒母耳的名也是完全恰当的。至于污鬼能说出真相，圣经提到几个污鬼或邪灵说某些真相的例子，但是往往用谎言歪曲真相。撒母耳告诉扫罗他（扫罗）不久必与他（撒母耳）在一处很可能就是——虽然并非必然——这类鬼灵蒙骗的一个例子。早期基督徒著作家为弄懂经文，一直在长期不懈地努力，从最初二世纪中叶游斯丁（Justin）在《与特里丰的对话》（*Dialogue with Trypho*）105 简略一笔开始，包括三世纪初奥利金的一篇有争议的布道书，奥古斯丁关于这个奇怪小故事的注释也是这种努力序列中的一环。他本人又在《对死者的照料》（*The Care to be Taken of the Dead*）18 讨论这个问题，而且在《杜尔西提乌斯的八个问题》中回复第六个问题时原原本本地复制了写给辛普利奇的内容。

辛普利奇的第四个问题是关于《撒母耳记下》七章 18 节经文"大卫王进去，坐在耶和华面前"的含义，这个问题使奥古斯丁有机会谈谈大卫在哪里祷告（或者在约柜前，或者在某个僻静之处，或者在他内心深处），以及更重要的，祷告时的身体姿势。奥古斯丁这里不关注祷告时的身体姿势（不过，参见《对死者的照料》5.7，在那里他承认身体姿势的意义，但并不认为那是必不可少的），与传统有一定背离，因为典型的姿势就是站立，面朝东，双手伸展。跪姿是悔罪时的做法；除非生病，一般不赞成坐姿或卧姿。①

辛普利奇的第五个问题是：《撒母耳记上》十七章20节以利亚的话"耶和华啊，这位寡妇的见证者，因为我住在她家，你就降祸与她，杀死她的儿子"是什么意思，回答这个问题时转向讨论讲话的语气问题。如果把它转为一个问句——"你就降祸与她，杀死她儿子吗？"——对此可以给予否定回答，然后就会呈现一种含义，更符合以利亚对上帝所行之事的真正理解，也符合他对上帝讲话的方式。因为在奥古斯丁看来——这种看法隐含在他对辛普利奇所提问题的回答之中——以利亚既不会以为上帝允许寡妇的儿子死去（或者更糟糕，以为上帝会杀死他），也不会让自己说出指责上帝的话。关于如何对圣经里的问题正确发音，从而使它们符合正统教义的回答，这也是《基督教教导》（*Teaching Christianity*）Ⅲ，3，6所关注的问题。

《订正录》没有提到第二卷的第六个问题，但在一些手稿中第六个问题与第五个放在一起。这个问题讨论的是《列王纪上》二十二章19—23节经文，讲的是蒙骗亚哈王的说谎鬼灵，此问题对第二卷第一和第三个问题中出现过的大部分内容作了极为简略的概述。

---

① 参见德尔图良 *On Prayer* 16—17；奥利金 On Prayer 31，2—3；Cyprian, *On the Lord's Prayer* 20；Basil, *On the Spirit* 27，66。

《订正录》Ⅱ,1

1. 我任主教期间写的最早两卷书是回复米兰教会主教辛普利奇——接任圣安波罗修的职位——的问题汇编。我把其中涉及保罗《罗马书》的两个问题拿出来放在第一卷。

2. 第一个问题讨论经文"这样,我们可说什么呢?律法是罪吗?"(罗7:7),一直到"谁能救我脱离这取死的身体呢?感谢上帝!靠着我们的主耶稣基督就能脱离了。"(罗7:24—25)在讨论中,我解释了使徒说的"律法是属乎灵的,但我是属乎肉体的"(罗7:14)等等,由此表明体与灵的相争——以至可以看到人类仍"在律法之下",还未"在恩典之下"(罗6:14)。很久之后我才认识到那些话也可以——并且更可能——与属灵的人相关。

3. 本卷第二个问题源于经文"不但如此[即撒拉的故事],还有利百加,既从一个人,就是从我们的祖宗以撒怀了孕"(罗9:10)一直到"若不是万军之主给我们存留余种,我们早已像所多玛、蛾摩拉的样子了"(罗9:29)。在回答这个问题时,我确实为人类的自由意志努力挣地盘,但是上帝的恩典得胜了,否则我不可能最后理解使徒说得最明白不过的真理性话语:"使你与人不同的是谁呢?你有什么不是领受的呢?若是领受的,为何自夸,仿佛不是领受的呢?"(林前4:7)殉道者居普良(Cyprian)也希望表明这一点,对这个话题作出概括说

"谁也不能自夸,因为没有什么是我们自己的。"①

4. 第二卷讨论其他问题,并尽我的能力作出回答。它们都涉及被称为《列王纪》的书卷。②

5. 第一个问题涉及经文"上帝的灵大大感动他"(撒上10:10),因为有另外的经文说"有耶和华的恶灵扰乱扫罗"(撒上16:14)。在解释这个问题时我说:"意愿某事是在人的权能之下,然而能向某人做成某事……不在他的权能之下。"我说这话是因为若不是我们意愿发生的事,我们不会说它在我们的权能之下。首先且最重要的是意愿本身。当我们意愿时,意愿本身总是无时无刻不存在。但是如果我们的意愿是耶和华预备的,③那我们也从高处领受能过良善生活的权能。

6. 第二个问题问为何经上说"我造以扫后悔了"(撒上15:11)。

7. 第三个问题:巫师身上不洁的灵是否能够使这样的事发生,即让扫罗看见撒母耳并与他说话。④

8. 第四个问题关于经上的话"大卫王进去,坐在耶和华面前"(撒下7:18)。

9. 第五个问题讨论以利亚说的话:"耶和华啊,这位寡妇的见证者,因为我住在她家,你就降祸与她,杀死她的儿子"(王上17:20)。

10. 本书这样开头:"辛普利奇父亲啊,承蒙您寄来问题,荣幸之至!"

---

① Testimonies 3,4,奥古斯丁在《论圣徒的预定》3,7也提到它。迦太基的居普良(200?—258年),作为一位声望很高的权威,常为奥古斯丁引用。
② 奥古斯丁所知道的《列王纪》有四卷,但今天这四卷分为两卷《撒母耳记》和两卷《列王纪》。
③ 参见《箴言》八章35节(LXX)。
④ 参见《撒母耳记上》二十八章7—19节。

《论圣徒的预定》4,8[①]

你当然明白我关于信心和作为所信奉的是什么，即使我力图强调上帝的恩典。我看到如今我们的那些弟兄持仍持有这样的观点，因为他们没有好好读我的书，所以在这些问题上也没有跟着我前进。[②] 如果他们作出了努力，他们就会发现，在我主教生涯刚开始时写给圣安波罗修的继任者、已故米兰主教辛普利奇的二卷书信中的第一卷里，我已经依据圣经的真理回答了那个问题。然而他们或许并没有注意到这些书信。若是这样，务请他们去了解一下。我在《订正录》第二卷里谈到那两卷书信的第一卷的第一个问题。我的话如下：

我任主教期间写的最早两卷书是回复米兰教会主教辛普利奇——接任圣安波罗修的职位——的问题汇编。我把其中涉及保罗《罗马书》的两个问题拿出来放在第一卷。

第一个问题讨论经文"这样，我们可说什么呢？律法是罪吗？"（罗7：7），一直到"谁能救我脱离这取死的身体呢？感谢上帝！靠着我们的主耶稣基督就能脱离了"（罗7：24—25）。在讨论中，我解释了使徒说的"律法是属乎灵的，但我是属乎肉体的"（罗7：14）等等，

[①] 写于428—429年，写给Aquitaine Prosper和某位Hilary。
[②] 奥古斯丁所提到的弟兄是指南高卢，主要是马赛的僧侣，他们对恩典的理解与奥古斯丁《答辛普利奇的问题汇编》I, 1中的观点一样，但是奥古斯丁在第一卷后半部分已经修正了自己的观点，而他们的恩典观仍然坚持认为，有时人的主动性可以先于上帝的作为。

由此表明体与灵的相争——以至可以看到人类仍"在律法之下",还未"在恩典之下"(罗6:14)。很久之后我才认识到那些话也可以——并且更可能——与属灵的人相关。

本卷第二个问题源于经文"不但如此[即撒拉的故事],还有利百加,既从一个人,就是从我们的祖宗以撒怀了孕"(罗9:10)一直到"若不是万军之主给我们存留余种,我们早已像所多玛、蛾摩拉的样子了"(罗9:29)。在回答这个问题时,我确实为人类的自由意志努力挣地盘,但是上帝的恩典得胜了,否则我不可能最后理解使徒说得最明白不过的真理性话语:"使你与人不同的是谁呢?你有什么不是领受的呢?若是领受的,为何自夸,仿佛不是领受的呢?"(林前4:7)殉道者居普良(Cyprian)也希望表明这一点,对这个话题概括为"谁也不能自夸,因为没有什么是我们自己的"①。

所以我前面说,当我从另一角度思考这个问题,我自己也特别为使徒的这则证据②所折服。当我回复辛普利奇的这个问题时,上帝就将这证据启示于我。使徒的这一证据,即当他为了遏制人的自夸所说的"你有什么不是领受的"?使任何信徒都不能说"我有信心,这不是我领受的"。使徒的这话彻底遏制了这种十分骄傲的回答。甚至也不能这样说:"虽然我没有完全的信心,但我还是有信心的开端;正是由于这开端,我才相信基督。"因为对此仍然可以反驳说:"你有什么不是领受的呢?若是领受的,为何自夸,仿佛不是领受的呢?"

---

① Testimonies 3,4。
② 参见《哥林多前书》四章7节。

论坚毅的恩赐 20，52；21，55[①]

他们说："没有必要让那么多智力平平的人心灵受到这种讨论的不确定性困扰，因为在这么长的年代中，没有关于预定的界定，大公教信仰一直得到大公教徒和其他人很好维护，不时地对抗其他教义，尤其是佩拉纠主义者，这归功于我们已经拥有的书卷。"[②] 我非常吃惊他们说这样的话，而不考虑我们的（这里不说其他人的）那些在佩拉纠主义登场之前撰写出版的书，奇怪他们没有注意到，在它们里面的多少地方——我们甚至没有意识到——通过赞美恩典粉碎了未来的佩拉纠主义异端，上帝藉着恩典把我们从自己的邪恶错误和行为中解放出来，这是他按着自己白白的怜悯所行，与我们先前的功过无关。我在主教任职之初写给已故的米兰主教辛普利奇的那篇作品里，开始更加充分地理解这一点，开始认识并且确信，信心的开端乃是上帝的恩赐。……

---

① 写于 428—429 年，紧随《论圣徒的预定》之后，也是写给 Prosper 和 Hilary 的。
② 奥古斯丁是在引用 Hilary 给他的一封信，该信收在奥古斯丁自己的书信里。参见 Letter 226. 8。Hilary 又引了一些人的观点，说奥古斯丁预定定义令人困惑，不合时宜。奥古斯丁在这里所附的《论坚毅的恩赐》的两段摘录中的回答是，他的恩典神学根本上并不是为了反对佩拉纠（他对恩典的理解与奥古斯丁截然相反），它的基本要素，包括至死坚毅和预定，到了他写作《答辛普利奇的问题汇编》I, 2 之时早就已经存在，而这个时候佩拉纠远未引起奥古斯丁的关注。Carol Harrison 在她的 *Rethinking Augustine 's Early Theology: An Argument for Continuity*（Oxford 2006）142—154 指出，奥古斯丁独特的恩典神学甚至早于《答辛普利奇的问题汇编》，在该《问题汇编》I, 1 他只是试验他所提出的恩典观念，看是否能为人的自由保留一点小小的作用。参见 Chad Tyler Gerber 对 Harrison 论文既赞同又有批判的评论：*Journal of Early Christian Studies* 15（2007）120—122。

我说，请他们看一看，我在主教任职之初——佩拉纠异端还没有登场——写给米兰主教辛普利奇的两卷书的第一卷的最后部分里，是否有什么话会让人怀疑一个事实，上帝的恩典不是按照我们的功德赐给的；我是否没有说清楚，即使信心的开端也是上帝的恩赐；从那里所说的话，是否不能明白地推出——即使没有公开表明——唯有那预定我们得他的王国和荣耀的，才能赐给我们至死坚毅。

书信37，致辛普利奇（约397年）

奥古斯丁主内问候最有福的辛普利奇大人和父亲，并致以最深沉的敬意和最诚挚的爱。

1. 阁下惠寄的书信我已收讫。信中字字温馨，令我如沐春风，因为您不仅记得我，一如既往地关爱我，而且不论主屈尊恩赐我什么礼物——不是出于我自己的功德，乃是出于主的怜悯——您都为我欢欣雀跃。我最有福、最尊敬的大人啊，我向您致以最深沉的敬意！我在信中吮吸您父亲般的挚爱，那是从您最善良的心灵涌出的，这种情感对我并不意外，也不陌生，我再次感受到它，觉得它是那么确切，那么熟悉。

2. 诚然，我们绞尽脑汁、字斟句酌地写出一些作品，但能蒙大人您的阅读和指教，又何其幸也？那必是主——我已将灵魂交给他——希望缓解我的焦虑，消除我的畏惧，因为我在这样的写作中不可避免会陷入这种境况，担心会有某些疏忽和草率，即使是论及最清楚明白的真理，也可能会引起冒犯。如果我的作品蒙您悦纳，我就知道它也蒙谁悦纳，因为我知道谁住在您心里。确实的，分配并赐予种种属灵恩赐的这一位，藉着您的论断巩固我的顺服。不论那些作品有什么配得你垂爱的，都是出于上帝，他在我的工作中说"让它成了"，它就成了；但是正是因着您的认同,上帝看它是好的。①

3. 即便我因自己的愚钝没有理解您屈尊吩咐我解释的问题,我也会借您大德的协助处理它们。我只有一个请求:请您为我的软弱恳求上帝,不论在这些您真挚地以父亲般的方式希望我着手解释的问题上,还是在其他问题上——我们中的某些问题或许会劳您处理;鉴于我已尽了上帝给我的恩赐,也认识到自己的不足,所以请您不仅要表达一个读者的关注,也要提出一个批评者的论断。

---

① 参见《创世记》一章 3—4 节。

| 第一卷 |

辛普利奇父亲啊,承蒙您寄来问题,荣幸之至!我若不尽力回答这些问题,岂止显得毫无礼貌,简直就是忘恩负义!事实上,你提出的关于使徒保罗的经文的那些问题,我们已经有过某种程度的讨论,还付诸了文字。① 但我并不满意之前的研究和解释,因为我可能无意中疏忽了某些相关因素,于是我更加仔细更加深入地考察了使徒的那些话语及其含义。没错,如果这些话一看就明白,一读就理解,你也不会认为有必要就它们提出问题了。

第一个问题:立法的目的

1.1,你希望我们解释的第一个问题是关于这段经文——从"这样,我们可说什么呢?律法是罪吗?断乎不是!"(罗 7:7)一直到"有个律,就是我愿意为善的时候"(罗 7:21),我想也包括后面的经文"我真是苦啊!谁能救我脱离这取死的身体呢?感谢上帝!靠我们的主耶稣基督就能脱离了"(罗 7:24—25)。在我看来,使徒在这段经文里把自己放在一个处于律法之下的人的位置,站在他的角度说话。他稍前说过,"我们既然在捆我们的律法上死了,现今就脱离了律法,叫

---

① 奥古斯丁无疑是指《〈罗马书〉某些经文的注释》37—46,60—65 以及《八十三个问题汇编》问题六十六和六十八。

我们服侍主,要按着心灵的新样,不按着仪文的旧样"(罗 7∶6)。但是因为考虑到有人会认为他这些话是在指责律法,所以他随即又说:"这样,我们可说什么呢? 律法是罪吗? 断乎不是! 只是非因律法,我就不知何为罪。非律法说:'不可起贪心',我就不知何为贪心。"(罗 7∶7)

1.2,这里又有一点引人注目:如果律法不是罪但它灌输罪,那这些话仍是在指责律法。所以就必须明白,立法不是为了灌输罪,也不是为了消灭罪,而是为了使罪显明出来。这样,它就能使人的灵魂——它原本似乎对自己的清白很有把握——因罪的完全显明而感到罪疚,鉴于离开上帝的恩典不可能克服罪,所以因罪感而产生不安的灵魂就会转向对恩典的接受。所以他没有说"非因律法,我就不犯罪",而是说"非因律法,我就不知何为罪"。同样,他没有说"非律法说'不可起贪心',我就不起贪心",而是说"非律法说'不可起贪心',我就不知何为贪心"。由此可以看出,不是律法灌输了贪心,而是律法使贪心显明出来。

1.3,然而结果却是,由于还未领受恩典,人无法抵挡贪心,罪反倒增加了,因为这贪心变得更大了;也就是说,既然贪心是违法的,它就与过犯的罪行(crimine praevaricationis,即违法的罪行)联合起来,这样,比起没有律法禁止时,它如今倒变得更有力量了。所以[保罗]又说:"然而罪趁着机会,就藉着诫命叫诸般的贪心在我里头发动。"(罗 7∶8)诚然,它在律法之前也是存在的,但那时还没有过犯的罪行(违法的罪行),故还不是"诸般的贪心"。因此他在另一处说:"哪里没有律法,哪里就没有过犯(违法)。"(罗 4∶15)

为何没有律法罪是死的,罪如何又活了

1.4,对此他补充说:"因为没有律法,罪是死的。"(罗 7∶8)这就好比说它是隐藏的——即,它被认为是死的。稍后他说得更清楚:"我以前没有律法,是活着的"(罗 7∶9),也就是说,我以前不怕死于罪,因为没有律法,罪不曾显明出来。"但是诫命来到,罪又活了"(罗7:9)——即,诫命使它显现。"我就死了"(罗7:10)——即,因为违法的罪以某种死的惩罚威胁我,因而我知道我是死的。显然,当他说"诫命来到,罪又活了"时,就已经表明罪曾经是活的——在我看来,当第一人犯罪时,它是活的,即它是已知的,因为他自己曾领受诫命。① 使徒在另一处说:"乃是女人被引诱,陷在罪里"(提前2:14);又说:"与亚当犯一样罪过的,……亚当乃是那以后要来之人的预像"(罗5:14)。[罪]若非曾经是活的,它就不可能"又活了"。但必朽的人出生时并没有律法诫命,也就是没有任何禁令,所以当他在不知不觉中追求肉体的贪欲时,罪是死的,即是隐藏的。因此他说:"我以前没有律法,是活着的",由此表明他这话不只是指着他自己说,也指着整个人类说。"但是诫命来到,罪又活了,我就死了。那本来叫人活的诫命,反倒叫我死。"(罗7:9—10)如果人顺服诫命,当然有生命;但只要违背诫命,结果就是死,所以现在它不仅成为了(fiat)罪——这罪甚至在有诫命之前就已犯了——而且以更普遍更可恶的方式成为罪,于是如今人犯罪是明知故犯。

1.5,他说:"罪趁着机会,就藉着诫命诱骗(fefellit)我,并且杀了我。"(罗7:11)罪非法利用律法,因着禁令变得更有诱惑力,更加甜美,所以它是诱骗迷惑人的。事实上,诱骗(fallax)是这样一种甜美,它必然跟随着更多更痛苦的惩罚。这样说来,因为那些还不拥有属灵恩典的人欣然承认有一个禁令,罪就藉着虚假的甜美诱骗他们;又因为这样的人对过犯有罪疚,所以罪就杀了他们。

人滥用律法

1.6,"这样看来,律法是圣洁的,诫命也是圣洁、公义、良善的"

---

① 参见《创世记》二章16—17节。

（罗7：12），因为律法规定该做的，禁止不该做的。"既然如此，那良善的是叫我死吗？断乎不是！"（罗7：13）恶在于滥用某物，而不在于诫命本身；诫命是好的，因为"律法原是好的，只要人用得合宜"（提前1：8）。然而，人若不以敬虔和谦卑顺服上帝，藉着恩典成全律法，他就用得不合宜，就是滥用。凡是不合宜使用律法的，接受律法最终只能指向他的罪，这罪在被禁止之前是隐藏的，藉着过犯就开始显明出来，并且"无限地"显现，因为如今它不只是犯罪问题，而且还是违背诫命的问题。因此，他接着又说："叫我死的乃是罪。但罪藉着那良善的叫我死，就显出真是罪，叫罪因着诫命更显出是无限的恶*（恶极了）①"（罗7：13）。由此表明他前面说的"没有律法，罪是死的"是指什么意思，不是因为罪不存在，而是因为它还没有显明；也表明"罪又活了"是什么意思，不是说它恢复律法之前的样子，而是说它变得明显，因为它违背了律法，这里他说"罪藉着那良善的叫我死，就显出真是罪"；他不是说"就真是罪"，而是说"就显出真是罪"。

唯有属灵的人能成全律法。"属肉体的"是在两重意义上说的

1.7，然后他说明为何如此的缘由："我们原晓得律法是属乎灵的，但我是属乎肉体的。"（罗7：14）这话清楚地表明，唯有属灵的人才能成全律法，而属灵的人，也必须藉着恩典才能成全。一个人，他越是遵守属灵律法——即，越是上升到某种属灵品性——就越能成全它，因为当他不再被它的重担压垮，而是因它的光增加能量，他就越是以它为喜。因为耶和华的训词清澈，能照亮眼睛；② 耶和华的律法清洁，能改变灵魂。③ 藉着恩典，他赦免罪，浇灌爱的灵，这就是践行公义不再是重担而成为喜乐的原因。

---

① *"无限的恶"：super modum，和合本译为"恶极了"——中译者注。
② 参见《诗篇》十九篇8节。
③ 参见《诗篇》十九篇7节。

虽然他说得很清楚："但我是属乎肉体的"，但必须澄清他所说的"属乎肉体的"是什么意思。即使那些已经生活在恩典之下的人，已经被主的宝血救赎并藉着信心更新了的人，在一定程度上仍然是属肉体的。这位使徒对他们说："弟兄们，我从前对你们说话，不能把你们当作属灵的，只得把你们当作属肉体，在基督里为婴孩的。我是用奶喂你们，没有用饭喂你们。"（林前3：1—2）他通过这些话表明，那些在基督里为婴孩、还必须用奶喂的，其实已经藉着恩赐重生了，然而他仍然说他们是属肉体的。至于不是在恩典之下而是在律法之下的人，更是属肉体的，因为他还没离罪重生，"是卖给罪了"（罗7：14）；他甘愿接受至死享乐的代价，被它的甜美诱骗；也以违背律法为乐，越是不允许的事，就越有诱惑力。① 他若不是像一个买来的奴隶一样服侍自己的欲求，就不可能享受这种甜美——这是他如今境况的代价。因为受到禁令约束的人，知道自己是被正当禁止的，却仍然去行所禁止的事，这样的人意识到自己是欲望的奴隶，欲望是他的主人。

1.8，他说："因为我所做的，我自己不明白。"（罗7：15）他这里说"我不明白"，并不是说他不知道自己是在犯罪，否则就与他前面说的自相矛盾："但罪藉着那良善的叫我死，就显出真是罪"，以及再前面的"非因律法，我就不知何为罪"，对于他不知道的东西，怎么能说是显明的，或者怎么又说他知道呢？事实上，他说这话就类似于主对恶人说："我不认识你们。"（太25：12）其实在上帝面前没有任何东西是隐藏的，"耶和华要向行恶的人变脸，要从世上除灭他们的名号"（诗34：16）。但是我们有时候会对我们所不赞成的事说我们不知道。正是在这个意义上，使徒说"我所做的，我自己不明白"，意思是说，"我不赞成"。后面的话说明了这一点，他说："我所愿意的，我并不做；我所恨恶的，我倒去做。"（罗7：15）当他说"我恨恶"，意思就

---

① Cum tanto magis libet, quanto minus licet.

是"我不明白",因为对于那些主对其说"我不认识你们"的人,也有话对他们说:"耶和华啊……凡作孽的,都是你所恨恶的。"(诗5:5)

对原罪的惩罚

1.9,"若我所做的,是我所不愿意的,我就应承律法是善的"(罗7:16),因为那也是律法所不愿意的,是律法所禁止的。他应承律法,并非因为他做的是律法禁止的,而是因为他做的是他不愿意做的。他还未藉着恩典得自由,尽管已经藉着律法知道自己在作恶,也知道自己不愿意作恶,所以他被压倒了。但接下来他说的是:"不是我做的,乃是住在我里头的罪做的"(罗7:17)。他这样说并非因为他应承犯罪,尽管他应承禁止犯罪的律法(因为他这里仍然代表在律法之下、尚未在恩典之下的人说话,① 这样的人实际上是在贪心的主宰之下、在所禁止之罪骗人的甜美引诱之下作恶,虽然由于对律法的某种认知,他并不赞同作恶);他说"不是我做的",乃是因为他已经被压倒。其实这正是欲望(cupiditas)做的,他屈从于它,让它得胜。而恩典则保证没有任何屈从,保证人心有能力抵挡欲望。这一点他后面会说。

肢体里罪的律法

1.10,他说:"我也知道良善没有住在我里头,就是我肉体之中。"(罗7:18)就他所知道的而言,他应承律法;但就他所做的来说,他屈从于罪。或许有人会问,"他为何说没有良善住在他里头,意指是罪做的呢?"回答只能是,这是因为代代相传的必死本性和永不满足的感

---

① 奥古斯丁在《订正录》对这里的观点作了限定,说:"很久之后我才认识到那些话也可以——而且更可能——与属灵的人相关。"

官享乐。前者源于对原罪（originalis peccatum）的惩罚，① 后者源于对反复犯罪（frequentatum peccatum）的惩罚；我们带着原罪出生于世，然后在反复犯罪中度过一生。这两样东西——我们可以分别称为本性和习惯——一旦联合起来，就产生非常强大、难以克服的贪欲，［保罗］称之为罪，说它住（habitare）在他肉体之中——即，可以说拥有某种主权和统治。所以《诗篇》说："我宁可在神的家中被打倒，也不愿住在罪人的帐棚里"（诗84：10）——似乎被打倒的人，不论在哪里被打倒，就不能算住在那里，尽管还在那里。所以他表明，"住"必须理解为具有主权的标记。但是如果他在另一处所说的事——罪必不能在我们必死的身上作王、使我们顺从它的私欲②——能藉着恩典成就在我们身上，那就再也不能说罪住在我们里头。

经文读来似乎说律法是恶的

1.11，"因为立志为善由得我，只是行出来由不得我。"（罗7：18）在那些没有正确理解的人看来，他说这话似乎是要废除自由意志。然而，他既说"立志由得我"，他怎么可能废除意志呢？立志本身就在我们的权能之下，它唾手可得，但行善不在我们权能之下，这是原罪的缘故。人类的这第一本性没有其他保留，只留下罪的惩罚，因着这惩罚必死性本身似乎成了第二本性，而造主的恩典正是把我们这些已经因着信顺服于他的人从这个本性中解救出来。但上面那话是仍然活在律法之下、未在恩典之下的人说的。人若还未在恩典之下，那么他所愿意的善，他反不做；他所不愿意的恶，

---

① "原罪"：originalis peccati。这是奥古斯丁第一次使用的术语，很可能比任何术语更与他密切相关。这里英文用了定冠词"the"，既是为了强调它最初其实是亚当的罪，也为了表明它还不是一个通行的表述，若不用定冠词就可能有这种意指。
② 参见《罗马书》六章14、12节。

他倒去做,① 因为贪心辖制了他,这贪心不仅靠着必死性的桎梏,而且藉着习惯这个磨盘,变本加厉,更加贪得无厌。既然他所不愿意的,他倒去做,那就不是他做的,而是住在他里面的罪做的,如上面经文所说,我们前面也作了解释。

律法是好的

1.12,他说:"我觉得有个律,就是我愿意为善的时候,便有恶与我同在(mihi adiacet)。"(罗 7∶21)这意思是说,我发现当我愿意做律法所要求之事时,律法对我来说是好的,因为恶近在咫尺(mihi adiacet,"与我同在"),所以作恶是轻而易举的,就如前面所说"立志由得我"(adiacet mihi),这是指它的轻松易行。对一个生活在律法之下的人来说,还有什么比立志为善却行出恶来更容易的呢?一方面,他可以轻松立志,但他轻松所立的志愿,却不能同样轻松地去做;另一方面,他所憎恨的,却唾手可得,尽管不是他所意愿的。这就如同某人一旦被推动,就很容易继续倾倒,尽管他不愿意并且憎恨所发生的事。这是我根据他所使用的术语——与我同在、由得我(adiacet)——阐述的。一个生活在律法之下还没有因恩典得自由的人见证律法是好的。它当然为他作见证,因为他克制自己不违背律法,并且发现,即使当他立志要做律法所命令的事但因被贪心辖制而不能做时,律法也是好的。由此他发现自己陷入了对过犯的罪疚之中,于是他必然祈求解救者的恩典。

与肢体之律相争的律

1.13,他说:"因为按着我里面的人,我是喜欢上帝的律"(罗 7∶22),也喜欢那说"不可起贪心"的律。他说:"但我觉得肢体中另有个

---

① 参见《罗马书》七章 19 节。

律和我心中的律交战,把我掳去,叫我附从那肢体中犯罪的律。"(罗7:23)他所说的他肢体中的律就是必死性这个担子,我们这些因它劳苦的人在这个轭下叹息。① "因为必朽坏的身体压倒灵魂"(智9:15),由此才会经常发生这样的事:不被允许的事,反倒不可遏制地喜欢。所以他说律法是一种压迫人、使人不堪重负的力量,因为它是通过神圣审判定给人的惩罚,是那曾警告人说"你吃的日子必定死"(创2:17)的上帝强加给人的。这律与心里的律——就是那说"不可起贪心"的律——相争,但按着里面的人,他是喜欢心里的律的。当人还未来到恩赐之下时,这律与心里的律相争,以至于它把自己的臣服者掳去,伏在罪的律法之下——即,在它自身之下。当他说"我肢体中的"(罗7:23)时,他表明这律就是他前面所说"我觉得肢体中另有个律"所指的那个律。

我真是苦啊

1.14,但所有这些话都是为了向被掳的人表明,人不可妄恃己力。也正因如此,保罗才指责犹太人,他们骄傲地夸口自己行了律法之工,然而事实上,尽管他们所夸口的律法说:"不可起贪心",他们却因贪心沉溺于不法之事。人既被征服,被俘虏,被定罪,即使在领受了律法之后,也没有得胜,反成了罪人,这样的人就必须谦卑地说、应当谦卑地喊:"我真是苦啊!谁能救我脱离这取死的身体呢?上帝的恩典,靠着我们的主耶稣基督就能脱离了。"(罗7:24—25)事实上,在这个必死的生命里,自由意志所能做的,不是一个人在想要成全义就能成全义,而是通过敬虔的祈求转向上帝,靠着他的恩赐才能成全义。

凡在恩典之下的,就不受律法辖制

1.15,关于我们以上所讨论的使徒经文,如果有人联系其他相关经

---

① 参见《哥林多后书》五章4节。

文，认为使徒在经文中表达了这样一种观点：律法是坏的——因为使徒说："律法本是外添的，叫过犯显多"（罗5：20）；"那用字刻在石头属死的职事"（林后3：7）；"罪的权势就是律法"（林前15：56）；"你们藉着基督的身体，在律法上也是死了，叫你们归于别人，就是归于那从死里复活的"（罗7：4）；"那因律法而生的恶欲就在我们肢体中发动，以致结成死亡的果子。但我们既然在捆我们的律法上死了，现今就脱离了律法，叫我们服侍主，按着心灵的新样，不按着仪文的旧样"（罗7：5—6）；以及其他可以找到的诸如此类的使徒经文——那么此人应当明白，使徒说这些话是鉴于这样的事实，即律法因其禁令倒使贪心增加了，又藉着违法（过犯）把罪人捆绑了。因为人自身软弱，他若不敬虔地转向上帝的恩典，凭自己不可能成全律法的规定。因此可以说，受律法统治的人就是在律法之下的人；律法所惩罚的人，就是受律法统治的人；而律法惩罚所有违法的人。那些领受了律法的人都违背律法，唯有藉着恩典才可能最终做成律法所命令的事。于是，那些曾在律法的威慑下被定罪的人，如今在恩典之下必将藉着爱成全律法，律法就不再在他们身上作王。

摩尼教徒关于旧法的错误观点

1.16，如果以上所说使人以为使徒是在找律法的不是，那我们又该如何理解他这句话"按着我里面的人，我是喜欢上帝的律"（罗7：22）？可以肯定，他说这话是在赞美律法。那些人听到了会回答说，使徒在这节经文里指的是另一个律，即基督的律法，不是给犹太人立的法。如果我们问他们，那当他说"律法本是外添的，叫过犯显多"时他是指哪个律法，他们必定会回答说，"就是犹太人接受的律法"。那么，看看它是否就是这话——"罪趁着机会，就藉着诫命叫诸般的贪心在我里头发动"——所说的诫命。何谓"叫诸般贪心在我里头发动"，不就是"叫过犯显多"吗？再看看这话是否一致："叫罪人和罪因着诫命更显出是无限的恶（恶极了）。"何谓"叫罪……显出是无限的恶（恶极了）"，不就是"罪显多"的意思吗？所以，如果我们已经表明，诫命是好的，"罪趁着机会，就藉着诫命叫诸般的贪心在我里头发动"，更显出恶的极致，那么我们也要表明，律法是好的，它"是外添的，叫过犯显多"——即，叫罪发动诸般的贪心，显出恶的极致。请他们再听听这位使徒的话，他说："这样，我们可说什么呢？律法是罪吗？断乎不是！"他们说，这说的是基督的律法；这指的是恩典的律法。那就请他们回答，该如何理解以下这段话："只是非因律法，我就不知何为罪，非律法说：'不可起贪心'，我就不知何为贪心。然而罪趁着机会，就藉着诫命叫诸般的贪心在我里头发动。"（罗7：7—8）这里，"律法是罪吗？断乎不是！"非常清楚地表明他所说的律法究竟是哪种律法。他所说的律法就是让罪有机可乘，藉着它的诫命发动诸般贪心的律法，就是外添进来，叫过犯显多的律法，就是他们以为坏的律法。更为明白的莫过于他稍后所说的："这样看来，律法是圣洁的，诫命也是圣洁、公义、良善的。"（罗7：12）他们又说，这说的不是为犹太人立的律法，而是福音的律法。摩尼教徒的这种悖谬言论真是无理之极！① 他们根本没有注意到后面的经文，它们说得清清楚楚、明明白白："既然如此，那良善的是叫我死吗？断乎不是！叫我死的乃是罪。但罪藉着那良善的叫我死，就显出真是罪，叫罪因着诫命更显出是无限的恶（恶极了）"，即，藉着圣洁、公义、良善的诫命，这诫命仍是外添的，叫罪显多，也就是使它显出是恶极了。

---

① 这里很清楚，摩尼教徒就是那些否认旧约律法是好的人，当保罗提到律法的好时，他们声称他是指基督的律法。摩尼教——其名称源于波斯宗教人物摩尼（216—277年）——完全拒斥旧约。奥古斯丁最早的论辩作品基本上就是反驳他们。关于他这里所提出的论点，亦见 *Answer to Faustus, a Manichean* XV, 8; XIX, 7。摩尼教徒法斯图斯（Faustus）的律法观由他自己的陈述呈现，同上 XIX, 1—6。

解释那些读来让人以为是说律法不好的经文

1.17，既然律法是良善的，那为何说它是"属死的职事"？因为"罪藉着那良善的叫我死，就显出真是罪"。当它说到福音的道理时，你不必吃惊："无论在得救的人身上，或灭亡的人身上，我们都有基督馨香之气体。在这等人，就作了死的香气叫他死；在那等人，就作了活的香气叫他活"（林后 2：15—16）。就犹太人来说——因为他们的刚硬，对他们来说，律法甚至是刻在石头上的——律法被称为"属死的职事"；对我们来说，却不是这样，我们藉着爱成全了律法。"爱就是律法的成全"（罗 13：10）。律法本身——就是写在石头上的文字——说："不可奸淫，不可杀人，不可偷盗，不可贪婪"（出 20：14，13，15，17），等等。使徒声明这样的律法藉着爱完全了律法，他说："爱人的就完全了律法。像那'不可奸淫'，'不可杀人'，'不可偷盗'，'不可贪婪'，或有别的诫命，都包在'爱人如己'这句话之内了"（罗 13：8—9），因为这一句也写在同样的律法里。

既然律法是良善的，那它为何是"罪的权势"呢？因为罪藉着那良善的叫人死，好叫它显出恶极了——即，它能从过犯（违法）获得更大的力量。

既然律法是良善的，为何说"我们藉着基督的身体在律法上死了"呢？因为我们在一个辖制我们的律法上死了，从律法惩罚和定罪的那种处境中解放出来了。最常提到律法的情形就是警告、威慑和惩罚。如此说来，同一个戒律，对畏惧者是律法，对爱人者却是恩典。所以福音书里说："律法本是藉着摩西传的，恩典和真理都是由耶稣基督来的"（约 1：17）。这同一个律法，藉着摩西传是为了激发畏惧，藉着耶稣基督就成了恩典和真理，以便成全。因此它说："你们在律法上也是死了"（罗 7：4），似乎是说，你们"藉着基督的身体"（罗 7：4）在律法的惩罚上死了，藉着基督的身体，那原本在管制之下该受律法惩罚的罪，得赦免了。

既然律法是良善的，为何罪的恶欲从律法而生呢？因为他［即使徒］希望把前面频频谈到的——因禁令导致贪心的增加，因过犯（违法）导致惩罚的归咎——理解为罪的恶欲，也就是，罪"藉着那良善的叫人死，叫罪人和罪因着诫命更显出是恶极了"。

既然律法是良善的，为何说"我们既然在捆我们的律法上死了，现今就脱离了律法，叫我们服侍主，按着心灵的新样，不按着仪文的旧样"？因为对那些没有藉着爱的灵（spiritum caritatis）成全律法的人，律法就是仪文，而爱乃是新约的领域。所以那些在罪上已经死了的人，就脱离捆绑罪人的仪文，罪人不能成全仪文。对那些知道如何读律法但不能成全它的人，律法除了单纯的仪文字句外，还能是什么呢？律法为他们而写，他们并非不知道，但是他们只知道它是一张写有字句可读的纸，却不知道它作为爱的对象去成全，对这样的人，律法只是字句。这字句对读者并无帮助，反倒是指控罪人的证据。而那些藉着圣灵得到更新的人，就脱离了律法的定罪，所以不再受字句捆绑，以至受罚，而是藉着公义联合于对它的领悟。所以经上才说："那字句是叫人死，精意（圣灵）是叫人活"（林后3：6）。律法，如果只是诵读，却不理解，也不成全，那确实是叫人死；这样它才被称为"字句"。但精意（圣灵）是叫人活，因为律法的成全就是爱，"所赐给我们的圣灵已经将爱浇灌在我们心里"（罗5：5）。

第二个问题：《罗马书》的论题

2.1，我想，现在我们应该转到你提出的第二个问题。这个问题要讨论以下整段经文："不但如此［即撒拉的故事］，还有利百加，因一次同房（ex uno concubitu）就从我们的祖宗以撒怀了孕。双子还没有生下来，善恶还没有作出来"（罗9：10—11）一直到"若不是万军之主给我们存留余种，我们早已像所多玛、蛾摩拉的样子了"（罗9：29）。这段话确实极为晦涩难懂。但我确切地知道，你对我知根知底，你若不是早就向主代求，赐我能力解释这些话，你就不会要求我做这样的事。既蒙主恩助，我自信心百倍，砥砺前行。

信心的恩典先于善工。信心的恩典在望教者是小的，在重生者是大的

2.2，首先，我要抓住使徒的主要思想，纵观我要思考的这整卷书信，这一点是清楚的。那就是，谁也不可夸口自己有什么功德作为。以色列人妄称自己有功，因为他们遵行了传给他们的律法，① 从而领受了福音的恩典，似乎这是由于他们遵行了律法而应得的。因此他们不愿意同样的恩典传给外邦人，认为外邦人不配，除非他们接受犹太人的圣礼②（在《使徒行传》里就出现了这样的问题，并有专门讨论③）。因为他们不明白，福音的恩典不在乎行为，否则，恩典就不是恩典了。④

在许多地方［使徒］不断地证实，信心的恩典先于事工，不是要废去事工，乃是要表明事工不是在信心之前，而是跟随在信心之后；换言之，叫人不要以为他得恩典是因为他行了善工，而要明白他若不因着信心得恩典，就不可能行善工。⑤ 当人或因内在感动，或因外力推动而归于信心，从而开始相信上帝时，他就开始得着恩典。⑥

但是，恩典是否在某些特定时刻或者在举行圣礼时才更充沛、更显明地浇灌，知道这一点很重要。说真的，望教者并不缺乏相信；不然，那个尼哥流，当他藉着周济和祷告配得上帝记念、有天使派到他面前时，岂非也没有相信上帝。⑦ 然而，他若不先相信，就不可能行这些

---

① 参见《罗马书》二章 17—23 节。
② 关于"圣礼"这个术语在古代基督宗教里的宽泛意义，参见注释 63。这里，这个词当然是指旧约的礼仪和规条。
③ 参见《使徒行传》十五章。
④ 参见《罗马书》十一章 6 节。
⑤ 参见《罗马书》五章 2 节。
⑥ 参见《罗马书》十章 14 节。
⑦ 参见《使徒行传》十章 1—4 节。

事；他若不是受到他的心或灵能领会的隐秘劝告，或者通过他身体感官向他显现的更明显告诫，就不可能相信。① 不过，在某些人，就像望教者，就像尼哥流本人，在他们还未参与圣礼，不曾与教会合一之前，信心的恩典大则大矣，仍不足以使其获得天国；而在另一些人，它大到足以使他们算为基督身体的肢体，属于上帝的圣殿。[使徒]说："上帝的殿是圣的，这殿就是你们"（林前3：17）。主也亲口说："人若不是从水和圣灵生的，就不能进上帝的国。"（约3：5）因此，某些信心的开端，就如同怀胎。然而，为了获得永生，你不能只是怀胎，还必须出生。所有这一切没有一样不需要上帝怜悯的恩典，因为即使有好行为跟随在恩典之后，如他们所说，这些行为也并非在恩典之先。

使徒引用雅各与以扫故事的目的。善行出于恩典，而非恩典出于善行

2.3，使徒希望强调这一点，就如他在另一处所说："这并不是出于自己，乃是上帝所赐的；也不是出于行为，免得有人自夸"（弗2：8—9），所以他提到那些还没有出生的人作为证明。没有人能说，还没出生的雅各因自己的行为在上帝面前有什么功德，以至如圣经所说的："将来大的要服侍小的"（创25：23）。所以当经上说"到明年这时候我要来，撒拉必生一个儿子"（罗9：9），他紧接着说："不但如此[以撒得应许]。"（罗9：10）可以肯定，[以撒]不是因为任何作为而在上帝面前有功劳，才会应许他出生，叫亚伯拉罕的后裔在以撒里面得称为后裔②，即，叫他们得享圣徒的份——这份在基督里——同时要明白他们是应许的儿女，③ 不可夸口自己的功德，而要把他们得与基督同

---

① 参见《罗马书》十章14节。
② 参见《罗马书》九章7节。
③ 参见《罗马书》九章8节。

作后嗣①这一件事归功呼召他们的恩典。② 因为当有应许说他们将要存在时，他们还未存在，自然没有任何事是应得的。[他接着说:]"还有利百加，因一次同房就从我们的祖宗以撒怀了孕"（罗9:10）。他说得非常精确而醒目："因一次同房"。因为怀的是双子。否则，有人会将这样的事归功于父母，说，这样的儿子之所以出生，是因为父亲以某种特定方式受到影响于某时某刻把他种在母亲的肚腹中，或者母亲以某种特定方式受到影响在某时某刻怀了他。事实上他同时种了双子，她也同时怀了双子。[保罗]说"因一次同房"，以便强调这里没有占星家或者那些他们称为算命者（genethliaci）的用武之地，这些人根据人的生辰来推测其行为和命运。③ 既然怀胎双子是在几乎同一时刻发生的事件，既然这个时刻日月星辰以某种特定的方式排列，分辨不出有任何不同的星相，那么他们如何解释这双子有如此巨大的差别。如果他们愿意，他们可以轻易明白，他们兜售给那些可怜人的神谕不是出于对哪门科学理论的精通，而是出于对巧合之事的一知半解。④

当然就目前我们所讨论的问题来说，回顾这些事，更是为了击碎并摧毁人的骄傲，他们不感谢上帝的恩典，胆敢夸口自己的功德。"双子还没有生下来，善恶还没有作出来，只因要显明上帝拣选人的旨意，不在乎人的行为，乃在乎召人的主。上帝就对利百加说：'将来大的要服侍小的'"（罗9:11—12）。这样，恩典出于那召人的主，而善行作为结果出于领受恩典的人；善行不产生恩典，它们是因着恩典而被产生的。就好比火不是为了燃烧而发热，而是因为燃烧才发热，轮子不是为

---

① 参见《罗马书》八章17节。
② 参见《罗马书》九章12节。
③ Genethliaci，一个希腊词的拉丁化形式，它的意思是"与出生的日子相关"。
④ 双子有迥异的生活这个故事是反驳占星家论断的典型例子，占星家认为，一个人受孕或出生时的天相决定他的人生轨迹。奥古斯丁动不动就用这个例子来反驳，所以他特别强调雅各和以扫是在同一个时刻受孕怀胎的。参见《忏悔录》Ⅶ，6，8—10；《基督教教导》Ⅱ，22，33—34；《上帝之城》Ⅴ，1—6。

了成为圆的而跑得快，而是因为圆的才跑得快。同样，任何人不是为了领受恩典而行善，而是因为领受了恩典才能行善。一个人，若没有成为义的，怎么能行义呢？同样，一个人没有成为圣洁的，怎么能过圣洁的生活，没有得赐生命，怎么能生活？正是恩典叫人称义，① 好叫得称为义的人行为正直。因此，先有恩典，后有善行。就如［使徒］在另一处说的："作工的得工价，不算恩典，乃是该得的"（罗4：4）。一个恰当的例子是，善行之后恳求不朽是否应得的回报。因为这位［使徒］有话说："那美好的仗我已经打过了，当跑的路我已经跑尽了，所信的道我已经守住了。从此以后，有公义的冠冕为我存留，就是按着公义审判的主到了那日回报（reddet）给我的。"（提后4：7—8）或许就是因为他这里说了"回报"，就有人认为这是一个应得的工价问题。但是当主升上高天的时候，掳掠了仇敌，将各样恩赐"赏给"人，② 而不是回报人。试问，使徒如果不是先领受了恩典——不是他应得的，藉着这恩典，他得称为义，③ 才能打那美好的仗——他怎么可能认为有工价——不妨暂且这么说——要回报给他呢？他原本是一个渎神者，一个逼迫者，一个诽谤者，但是他得蒙怜悯，如他自己所证实的，④ 归信主，就是称罪人为义，而不是称正直人为义的那位；既称他为义的，就使他行为正直。⑤

拣选雅各拒斥以扫如何是义的

2.4，他说："不在乎他们的行为，乃在乎召他们的主，就是对她说'将来大的要服侍小的'那位。"（罗9：12）联系上一节"他们还

---

① 参见《罗马书》三章24节。
② 参见《以弗所书》四章8节。
③ 参见《罗马书》三章24节。
④ 参见《提摩太前书》一章13节。
⑤ 参见《罗马书》四章5节。

没有生下来，善恶还没有作出来"（罗9：11），从而可以说"不在乎他们的行为，只在乎召他们的主"。由此有人会问，他为何说"只因要显明上帝拣选人的旨意"（罗9：11）。试想，既然两人之间没有任何区别，对他们的拣选怎么能显出公义或者显出某种性质呢？雅各还没有生下来，也不曾有任何行为，所以拣选他不是出于任何功德；既然雅各与兄弟之间没有任何分别，没有理由使他被拣选，那他之被拣选又有什么公义可言呢？同样，以扫还没有生下来，也没有作任何行为，但经上说"将来大的要服侍小的"，他被弃绝不是出于任何过错，那弃绝他又怎么能说是公义的呢？我们要基于怎样的甄别行为，基于怎样的公正判断来理解后面的话："雅各是我所爱的，以扫是我所恶的"（罗9：13）？当然，这是某个先知在书里写的，他很久之后预言了他们怎样出生又怎样死亡。① 然而，"将来大的要服侍小的"这句话似乎是在他们还未出生之前，更没有作任何行为之前说的。既然他们还未出生，也未有任何行为，就没有任何机会积德，那凭什么作出这样或那样的拣选呢？或许他们的本性有所不同？然而，他们同父同母，在同一时刻受孕怀胎，拥有同一位造主，谁能作出这样的论断呢？或者就如同一位造主让同样的土地生出各类不同的生命物，他也从两人的一次结合和爱抚中造出一胎双胞，两个不同的孩子，一个是他所爱的，另一个是他所恶的？这样说来，在有某物可被拣选之前，不可能有任何拣选。如果雅各被造为良善，使他被悦纳，那他得先被造，以便被造为良善，在这之前怎么可能被悦纳？同样，并非他被拣选所以成为良善的，而是他被造为良善，才能被拣选。

拣选雅各是出于对他将来信心的预知吗？

2.5，或者是否这样，因为上帝预先知道一切，所以他看见还未出

---

① 参见《玛拉基书》一章2—3节。

生的雅各将来的信心是合乎他的拣选的？这样，虽然一个人没有作为，不配称为义的——因为事实上他若不成为义的，就不可能行善——然而，因为上帝使外邦人因信称义，而凡是信的，都是出于自由意志，所以上帝预见这种将来相信的意愿，于是就在他的预知中拣选甚至还未出生的某人，以便称他为义，是这样吗？如果拣选是通过预知作出的，而上帝预知雅各的信心，那你如何证明他拣选雅各不是因为他的作为？果真如此，那么我得说，他们还未生出来，善恶还未作出来；还有一点事实就是，他们都未曾有信心。但是（你说）预知能看到将来谁会相信。那么，（我说）预知也可以看到将来谁作什么行为。于是，既可以说一人被拣选是因为上帝预知他将来的信心，也可以说此人被拣选是因为上帝同样预知他将来的行为。那么，凭什么可以肯定，使徒说的"将来大的要服侍小的"不是指行为？既然他们还未出生，就既可以指行为，也可以指信心，因为未出生的人既没有行为也没有信心。因此，使徒显然不希望我们这样理解这话，即小的被拣选好叫大的来服侍他是由于预知，使徒想要表明这事的发生不在乎行为，所以他加上这样的话："他们还没有生下来，善恶还没有作出来"；否则，我们可以对他说："但上帝已经知道谁将来会作什么。"因此，问题只在于：拣选是如何作出的。如果它不是基于行为——还未生出来的人不可能有任何行为——也不基于信心——它本身还未存在——那这拣选是如何作出的？

拣选是出于上帝的恩典和旨意

2.6，是否必须说，若是双子在母腹里没有任何分别，不论是信心上，是行为上，还是某种功德上，不论是什么，就不会有任何拣选？但是经文说"只因要显明上帝拣选人的旨意"，那么我们要努力找出这样说的原因。或许这句话应从不同的角度来理解，也就是说，"只因要显明上帝拣选人的旨意"并非意在说明"不在乎人的行为，乃在乎召人的主，才有话对她说，将来大的要服侍小的"这话的原因，而是为了解释所举的未出生者之例说的话，他们既然还未作出任何行为，这里的拣选就不能理解为是基于行为作出的。"他们还没有生下来，善恶还没有作出来，只因要显明上帝拣选人的旨意"——也就是说，善恶还没有作出来，所以不可能有基于善恶行为作出的那种拣选，不可能依据所行的善拣选行善之人。因此，拣选绝不是基于善行，乃是要显出上帝的旨意，它"不在乎人的行为，乃在乎召人的主，才有话对她说：'将来大的要服侍小的'"。换言之，只在乎这位主，他召罪人归信，藉着恩典称他为义。①

因此，上帝的旨意并不依赖于一次拣选，相反，这拣选源于上帝的旨意——不是因为上帝在人类中间发现善工，他才拣选人，才使他称义的旨意（计划）显明出来；相反，他显明旨意以便称那些相信的人为义，并因而发现义人的作为，可以为天国作出拣选。若不是已经作出拣选，就不会有被拣选者，说这样的话也不恰当："谁能控告上帝所拣选的人呢？"（罗8：33）然而，并非拣选先于称义，而是称义先于拣选。人若不是已经完全不同于被弃绝的人，就不可能被拣选。因此，若不是出于预知，我就不知道为何会有这样的话"上帝在创立世界以前，……拣选了我们"（弗1：4）。但是他在这里所说的"不在乎人的行为，乃在乎召人的主，才有话对她说，将来大的要服侍小的"，他想要读者明白，这拣选不是基于人的功德——人因恩典得称为义之后才会有功德做出来——而是基于上帝白白的恩赐，免得有人夸口自己的行为。"我们得救是本乎恩，也因着信。这并不是出于自己，乃是上帝所赐的；也不是出于行为，免得有人自夸。"（弗2：8—9）

或许信心也属于恩典所赐的礼物

2.7，现在的问题是，信心是否使人配得称义。信心的功德是否先

---

① 参见《罗马书》四章5节。

于上帝的怜悯呢，或者甚至信心本身也属于恩典所赐的一个礼物？因为在上面所引的那段说到"不在乎他们的行为"的经文中，他没有说"只在乎他们的信心，才有话对她说，将来大的要服侍小的"，他乃是说"只在乎召他们的主"。事实上，人若没有蒙召，就不可能相信。人并没有任何信心的功德，正是发怜悯的上帝呼召人，赐给人这个［礼物］，因为信心之功在呼召之后，而不是在呼召之前。"人……未曾听见他，怎能信他呢？没有传道的，怎能听见呢？"（罗 10：14）若不是上帝藉着呼召先发怜悯，人不可能相信，好叫他因信开始得称为义，并领受能力去行善。所以，恩典先于一切功德，因为基督为罪人死了。①因此，小的领受恩典成为被大的服侍的对象，并不是因为他自己的功德，乃是因为那召他的主。这也解释了"雅各是我所爱的"这话，那也是因为召他的上帝，不是因为雅各的行为。

责备以扫为何是公义的

2.8，那么以扫又怎样呢？他作了什么恶行，就该服侍弟弟，并且经上要写着说"以扫是我所恶的"？事实上，当经上说"大的要服侍小的"时，他同样没有生出来，善恶也没作出来。或许正如以上关于雅各所说的，他之被爱不是出于任何善行之功，同样，以扫之被恨恶，也不是出于任何恶行之过？如果说上帝预定他要服侍弟弟是因为上帝预知他将来要作恶，而预定雅各将来要得到哥哥服侍，是因为预知他将来要行善，那么使徒所说的"不在乎人的行为"就是错误的。然而，如果这事确实不是因为他们的行为，而是上帝赞同的事，因为所涉之人都还没生下来，行为也还没有作出来；这事也不是因为信心，人都未出生，哪里有什么信心，那么，以扫还未出生就被憎恶究竟是基于什么原因呢？毫无疑问，上帝爱他所造的。如果我们说他恨他所造的，那就与圣

---

① 参见《罗马书》五章6节。

经的一处经文相矛盾,它说:"你不曾造出任何可恨之物,凡你所造的,你都不恨。"(智 11:24)太阳被造为太阳靠什么功德?月亮有何过犯,要低于太阳?它又凭什么被造得如此光亮,胜过其他星辰?但无论如何,所有这些被造的,都是好的,各从其类。① 上帝不会说:"太阳是我所爱的,月亮是我所恶",也不会说:"月亮是我所爱的,星辰是我所恶的",就如他真切说过的"雅各是我所爱的,以扫是我所恶的"。尽管被造物优劣有别、高低不同,但他爱所有事物,因为当他藉着他的话创造它们之后,他看它们都是好的。② 这样说来,既然以扫没有任何不义该受憎恶,他却恨恶以扫,岂非不公吗?如果我们承认这一点,那么雅各开始被爱也必是因为义行之功。果真如此,那所谓的不在乎行为的话就是假的。或者这是因为信心之义吗?但是"他们还未生下来",既如此,你的观点如何能成立,还未出生的人怎么可能有信心之义呢?

信心是上帝怜悯的恩赐

2.9,所以,使徒看到他的话在读者或听众心中可能产生的结果,于是即刻又说:"这样,我们可说什么呢?难道上帝有什么不公平吗?断乎没有!"(罗 9:14)他似乎要表明这种想法何其荒谬,就说:"因他对摩西说:我要怜悯谁,就怜悯谁;要恩待谁,就恩待谁。"(罗 9:15)通过这些话他解决了难题,或者毋宁说使问题更复杂了。因为有一点很是令人困惑:既然上帝要怜悯谁就怜悯谁,要恩待谁就恩待谁,那为何就不恩待以扫,让他也因此成为良善的,就如雅各因此成为良善的那样?或者上帝之所以说"我要怜悯谁,就怜悯谁;要恩待谁,就恩待谁",是因为他怜悯一个人是为了呼召他,怜悯他所怜悯的人,好

---

① 参见《创世记》一章 16—18 节。
② 参见《创世记》一章 16—18 节。

叫他相信；恩待他所恩待的人，使他富有爱心，行出善来？果真如此，我们就由此得到警告：任何人都没有权利夸口或炫耀自己怜悯的作为，宣称自己作了上帝的工，应受到上帝的奖赏，似乎这些作为出于他自己，而事实上正是那要恩待谁就恩待谁的上帝赐恩于他，才使他有这样的同理心。如果有人夸口说，他因相信就配得这样的恩赐，那么他得知道，正是那位想怜悯谁就怜悯谁的上帝怜悯他，向他显明信心，启发他的信心，为了呼召他这个在赐给他信心之前完全没有信心的人。有了信心，人就与罪人相分别了。所以使徒说："你有什么不是领受的呢？若是领受的，为何自夸，仿佛不是领受的呢？"（林前4：7）

为何不给以扫信心的恩赐

2.10，说得好！但是他为何不恩待以扫呢？为何不以这样的方式召他，使他一旦蒙召，就受灵启得信心；既作了信徒，就满有爱心，好叫他行善工？或许是因为他不愿意吗？那么，雅各相信是否因为他愿意，上帝并没有赐给他信心，是他藉着意愿这个行为自己确立的，所以他有属于自己而并非领受的东西？或者是这样：若非他愿意，无人能相信，若非他蒙召，无人能愿意，但是无人能确立自己蒙召，唯有上帝通过呼召赐人信心，因为尽管凡相信的都是出于意愿，但凡相信的，都是蒙召相信。"人……未曾听见他，怎能信他呢？没有传道的，怎能听见呢？"（罗10：14）所以，没有被召，就不会有人相信，但并非所有被召的，都能相信，事实上"被召的人多，选上的人少"。（太20：16）这些选上的人，乃是没有鄙弃呼召人的主，相信他，从而跟随了他的人。然而，毫无疑问，他们是心甘情愿地相信的。那么后面的经文"据此看来，这不在乎那定意的，也不在乎那奔跑的，只在乎发怜悯的上帝"（罗9：16）是什么意思呢？我们若不被召，我们能定意吗，若不是上帝帮助我们使意愿成全，我们的意愿岂不是徒劳吗？所以立意和奔跑是必要的，因为经上说这样的话不是毫无意义的："在地上平安归于有善良意志的人"（路 2∶14），"你们也当这样跑，好叫你们得着奖赏"（林前 9∶24）。然而，我们得着我们想要的，到达我们想去的，并"不在乎那定意的，也不在乎那奔跑的，只在乎发怜悯的上帝"。以扫没有定意，也没有奔跑。但是，如果一个人既定意了，也奔跑了，他会在上帝的帮助下得着，只要他不鄙视不拒斥上帝的呼召，上帝也会藉着呼召赐给他立意的心和奔跑的行。上帝一方面赐予我们立意的心，另一方面又赐给我们所意愿的事。他希望我们的立意既是他的，又是我们自己的——他呼召，所以是他的，我们跟从，所以也是我们自己的。然而，我们所立意的事——即，行善以及永福生活的能力——全在于他的恩赐。不过，以扫还未出生，既不可能意愿什么，也不可能拒斥什么，那么为何当他还在母腹里就遭唾弃呢？这使我们回到那些令人费解的经文，由于它们晦涩，又由于我们反复地解释，它们变得更加复杂难懂了。

或者以扫遭弃雅各蒙纳是出于对他们将来意愿的预知？

2.11，以扫还未出生，自然不可能相信召他的主或者鄙弃主的呼召或者行任何善恶作为，那为何他就要遭弃绝呢？如果说这是因为上帝预先知道他［即以扫］将来的恶意，那为何雅各蒙悦纳就不是因为上帝对他将来善意的预知呢？一旦你承认，一个人可以基于还不存在于他身上，只因为上帝预知将来要存在于他身上的因素，而遭弃或蒙纳，那么也就承认可以基于上帝预知将来他要做的行为肯定或否定他，尽管他还没有做任何行为。而事实上，当经上说"将来大的要服侍小的"时候，他们还没有出生，所以这一点必不能支持你的观点，因为你必明白，既然还未有任何行为作出来，那说这话也不是出于他们的作为。

我们的美意出于上帝的运行

2.12，如果你仔细琢磨这话："这不在乎那定意的，也不在乎那奔跑的，只在乎发怜悯的上帝"，就会发现，使徒说这话不仅因为我们要实现我们所意愿的事，必须依靠上帝的帮助，而且因为他在另一处经文提到的那种努力："当恐惧战兢，做成你们得救的工夫。因为你们立志行事，都是上帝在你们心里运行，为要成就他的美意。"（腓2：12—13）这里他清楚表明，即使是美好的意愿，也是藉着上帝的运行才在我们心里产生。试想，如果他说"这不在乎那定意的，只在乎发怜悯的上帝"，只是因为若没有上帝的怜悯，仅凭人的意愿不足以使我们行为正直而公义，那么也可以说，这不在乎发怜悯的上帝，只在乎人的定意，因为仅有上帝的怜悯，而没有我们意愿上的认可与之结合，也不足以行义。然而显然，若没有上帝发怜悯，我们的定意是徒劳的。我们怎么可能反过来说，若没有我们的定意，上帝发怜悯是徒劳的。因为只有上帝发怜悯，我们才有定意。事实上，我们能定意也属于上帝的怜悯，"因为你们立志行事，都是上帝在你们心里运行，为要成就他的美意"。如果我们问，美意是否上帝的恩赐，若有人胆敢否定，岂不奇怪。既然不是美意先于呼召，而是呼召先于美意，那就应该把我们立意行善归功于呼召的上帝，而不能把我们被召归功于我们自己。所以，绝不能认为使徒说这话"这不在乎那定意的，也不在乎那奔跑的，只在乎发怜悯的上帝"，是因为没有上帝的帮助我们不能实现所意愿的事，而是因为没有上帝的呼召我们不可能立意。

呼召是引发美意的原因。适合的呼召

2.13，如果这呼召以这样的方式引发美意，即凡是被召的人都跟从它［即呼召］，那为何又说"被召的人多，选上的人少"（太20：16）呢？如果这话是对的，并且被召的人并不跟从、顺服于呼召，因为他的意愿决定不顺从，那么也可以合理地说，这不在乎上帝发怜悯，只在乎人的定意和奔跑，因为只有呼召者的怜悯，没有被召者顺服地跟从，是不够的。或许那些不认同以这种方式被召的人，如果以另外的方式被召，就有可能愿意相信？果真如此，这话就说得没错："被召的人多，选上的人少"，也就是说，虽然很多人以同一种方式被召，但并非所有人都以同一种方式受感动，唯有那些有能力领会呼召的人才可能跟从它。这话也同样是正确的："这不在乎那定意的，也不在乎那奔跑的，只在乎发怜悯的上帝"，上帝以适合于那些跟从呼召者的方式呼召他们。其实，这呼召也临到了其他人，但是因为他们无法被它感动，并且也不适合领会它，可以说他们被召但没被选上，所以不能说这不在乎上帝发怜悯，只在乎人的定意和奔跑。因为上帝怜悯的果效不可能取决于人的意愿，以至于人若不愿意，上帝的怜悯就会徒劳；事实上，如果他愿意怜悯那些〔稍前提到的〕人，他会以适合他们的方式呼召他们，好叫他们感动并理解，从而跟从。所以这话一点没错："被召的人多，选上的人少。"因为选上的人就是那些以某种适合的方式被召的人，而那些没有接受并且不顺从呼召的人就没有选上，因为他们被召了却没有跟从。同样，这话也正确无误："这不在乎那定意的，也不在乎那奔跑的，只在乎发怜悯的上帝"，因为即使他召了许多人，他仍只怜悯那些他以适合的方式召他们的人，好叫他们跟从。然而，如果有人说，这不在乎上帝发怜悯，只在乎人的定意和奔跑，这是错误的，因为上帝对任何人发怜悯绝不会徒劳。对于他发怜悯的人，他以他知道适合他的方式召他，好叫被召的人不会拒绝他的呼召。

为何以扫没有以适合的方式被召

2.14，此时有人会说："那么，为何以扫没有以他愿意服从的方式被召呢？"确实，我们看到有些人得到这些事的显现或预示就感动了，相信了。比如西面（Simeon），当圣灵向他启示，他就认识了我们的主耶稣基督——当时他还只是一个小小婴孩——并且相信了他。[1] 再比如

---

[1] 参见《路加福音》二章 25—35 节。

拿但业，当他听到关于他的一句话："腓力还没有招呼你，你在无花果树底下，我就看见你了"（约1：48），就回答说："拉比，你是上帝的儿子，你是以色列的王"（约1：49）。当彼得很迟之后认信这一点，他就配听到主对他说，他是有福的，天国的钥匙要给他。① 当主在加利利的迦拿行了神迹——传福音的约翰称之为他的第一个记号——把水变为酒，他的门徒就信了他。② 他在讲道时就召了许多人接受信心，但即使他使死人复活，还是有许多人不相信他。甚至门徒们都因他的十架和死亡害怕了，动摇了，③ 然而那个盗贼看到他就信了——并没有看到他行什么神迹奇事，只看到他与自己同钉十字架。④ 他复活之后，有一位门徒信了，与其说因为他活的肢体，不如说因为他新的伤口。⑤ 把他钉十字架的那些人中有许多都见过他行神迹，仍鄙弃他，但是当他的门徒们传讲他并以他的名行同样事的时候，他们倒是相信了。⑥

因此，此人以这种方式感动相信，彼人以那种方式感动相信；而且往往有这样的情形，同样的事在此时说给此人听感动了他，在彼时说给彼人听却没有感动他；感动此人，没感动彼人，谁敢斗胆说上帝缺乏适当的呼召方式，使以扫也能使用自己的心灵、加上自己的意愿，接受使雅各得称为义的那个信心呢？

如果人的意愿可以有如此强大的抵挡力量，心理上的惊恐就使他顽梗地拒斥任何一种呼召，那就可以问，这种变得顽梗是否源于上帝的惩罚，即上帝没有通过能让人感动以至相信的方式呼召他，从而抛弃了他。试问，谁能说全能者缺乏说服他、使他相信的方法？

---

① 参见《马太福音》十六章16—19节。
② 参见《约翰福音》二章1—11节。
③ 参见《马太福音》二十六章56节。
④ 参见《路加福音》二十三章40—42节。
⑤ 参见《约翰福音》二十章27—29节。
⑥ 参见《使徒行传》二章37—41节；五章12—16节。

何谓上帝的刚硬

2.15，但是我们何必问这样的问题呢？使徒本人接着就说："因为经上［上帝］对法老说，我将你兴起来，特要在你身上彰显我的权能，并要使我的名传遍天下。"（罗9：17）不过，使徒增补这段话是为了证明他前面所说的"这不在乎那定意的，也不在乎那奔跑的，只在乎发怜悯的上帝"。就好比有人问他，这一教导的出处在哪里？他就宣称说："因为经上［上帝］对法老说，我将你兴起来，特要在你身上彰显我的权能，并要使我的名传遍天下。"由此他就表明了"这不在乎那定意的，也不在乎那奔跑的，只在乎发怜悯的上帝"，又总结说："如此说来，上帝要怜悯谁，就怜悯谁；要叫谁刚硬，就叫谁刚硬"（罗9：18），因为前面并不曾提到两者。事实上，"这不在乎那定意的，也不在乎那奔跑的，只在乎发怜悯的上帝"这话所表达的意思并不等同于说："这不在乎那不愿意的，也不在乎那轻看的，只在乎叫人刚硬的上帝"。由此可以明白，使徒这句话"如此看来，上帝要怜悯谁，就怜悯谁；要叫谁刚硬，就叫谁刚硬"，与前面的话［即"这不在乎那定意的，也不在乎那奔跑的，只在乎发怜悯的上帝"］意思是一致的，所以应该认为，上帝使人刚硬就是他不愿意发怜悯。因此，他没有强加任何使人变坏的东西，只是没有赐给他使他变好的东西。如果毫无功过时情形是这样，谁不会脱口而出——使徒自我诘问的那些话："这样，你必对我说：'他为什么还指责人呢？有谁抗拒他的旨意呢？'"（罗9：19）上帝常常指责人类，圣经里有数不胜数的段落可以证明，因为他们不愿意相信，也不愿意行事正直。因此那些忠心耿耿地遵行上帝旨意的人被称为"没有可指责的"（路1：6），因为圣经没有指责他们。但是，既然"他要怜悯谁，就怜悯谁；要叫谁刚硬，就叫谁刚硬"，那为何还指责人"抗拒他的旨意"呢？我们不妨思考前面所说的，以此为基础，在主的恩助下形成我们自己的观点。

关于弃绝以扫问题的一种解答

2.16，他稍前说过："这样，我们可说什么呢？难道上帝有什么不公平吗？"我们若是在信仰上纯正、敬虔、坚定，就要在心里牢牢守住一点，上帝没有任何不公平。因此要坚定不移地相信，这样的事——即，上帝"要怜悯谁，就怜悯谁；要叫谁刚硬，就叫谁刚硬"，意思是说，他愿意怜悯谁就怜悯谁，不愿意怜悯谁就不怜悯谁——属于一种隐秘的公平，不同于我们在人事和世俗缔约中所寻求并必须遵守的那种公平。我们若不紧紧抓住永恒公平的某种清晰痕迹，我们微弱的努力就永远不会指向并渴求那至圣至纯的安息之地和属灵戒律的圣所。"饥渴慕义的人有福了，因为他们必得饱足"（太5：6）。因此，在我们贫瘠的生命中，在这个必朽的境状中，若不是从至高处洒下一阵极稀薄的公正水汽，还没等我们干渴，我们就已迅速枯萎。我们知道，人类社会正是通过给予和领受才彼此联结起来，而所给予和领受的事物，或者是当给的，或者是不当给的，如果有人索要他当得的——当然甘愿放弃自己当得之物的，另当别论——谁能指责他不公平呢？而这件事［即，债务是否应该索还］不是由那些欠债的人决断，而是由债权人来决断，谁会不明白这样显然的道理呢？这一观念或痕迹（如我上面所说）已经从公平的至高处清晰地印刻在人事上。

因此，所有人——如使徒所说，"众人都在亚当里死了"（林前15：22），悖逆上帝的原罪从他传播到整个人类——都是罪的一个团块，负有债务，该受神圣而高洁的公义惩罚，不论［那该受的惩罚］是实施还是赦免，都没有任何不公平。然而，那些负债者却在傲慢地论断应该向谁索还，应该赦免谁，比如那些被带到葡萄园干活的人，看到别人得的恩赐与他们得的工钱完全一样，就不正当地发怒。① 所以使徒这样反击这个无礼的问题："你这个人哪，你是谁，竟敢向上帝强嘴呢？"（罗

---

① 参见《马太福音》二十章1—12节。

9：20）因为他对上帝指责罪人不高兴，就反问上帝，似乎上帝会迫使某人犯罪，事实上他自身绝不会强迫谁犯罪，他只是没有赐怜悯给某些罪人，称之为义，出于这样的原因，经上就说，他叫某些罪人刚硬，因为他没有怜悯他们，但绝不是说他迫使他们犯罪。对那些他没有怜悯的人，他以完全隐秘的、人的理智无法领会的公正作出判断，即不向他们显怜悯。"他的判断何其难测！他的踪迹何其难寻！"（罗11：33）然而，他既没有迫使罪人犯罪，指责他们就是正当的。同时，[他指责]也是为了叫那些他显怜悯的人蒙召领受恩典，也就是说，当上帝指责罪人时，也把他们的心刺痛，以便叫他们转向他的恩典。这样看来，上帝的指责是公正而怜悯的。

所有人都是罪的一个团块

2.17，如果有人对此感到困惑：既然无人抗拒他的旨意，他要保留谁就保留谁，要抛弃谁就抛弃谁，尽管不论是他要保留的，还是他要抛弃的，都出于同一个罪的团块，两者都有亏欠，都该受惩罚，但为何对一个要求偿还，对另一个给予赦免？——如果有人觉得这一点令人困惑，提出质疑，那么"你这个人哪，你是谁，竟敢向上帝强嘴呢"？我想，这里的"这个人"与另一节所提到的人是同一类人："你们岂不是属乎肉体，照着世人的样子行吗？"（林前3：3）根据这个说法，他们被称为属肉体的、属血气的人，就如他所说的："我不能把你们当作属灵的，只得把你们当作属肉体的"（林前3：1）；"那时你们不能吃，就是如今还是不能，你们仍是属肉体的"（林前3：2）；"然而，属血气的人不领会上帝圣灵的事"（林前2：14）。于是对这些人有话说："你这个人哪，你是谁，竟敢向上帝强嘴呢？受造之物岂能对造他的说：'你为什么这样造我呢？'窑匠难道没有权柄从一团泥里拿一块做成贵重的器皿，又拿一块做成卑贱的器皿吗？"（罗9：20—21）通过这些话他似乎非常清楚地表明，他是在对那些属肉体的人说话，因为泥团本身就暗示从中造出第一人的东西。① 既然——如我已经指出的，根据这位使徒——"众人都在亚当里死了"，那么，（他说，）众人都是同一个团块里的。虽然有器皿被造成贵重的，有器皿被造成卑贱的，但即使被造为贵重的，也必然从属肉体的样式开始，然后必从那里上升到属灵的成熟样子，因为他们已经被造为贵重的，已经在基督里重生。然而，因为他与之说话的人仍是婴孩，所以他也称他们为属肉体的，他说："我从前对你们说话，不能把你们当作属灵的，只得把你们当作属肉体，在基督里为婴孩的。我是用奶喂你们，没有用饭喂你们。那时你们不能吃，就是如今还是不能。你们仍是属肉体的。"（林前3：1—2）虽然他说他们仍是属肉体的，但无论如何他们已经在基督里出生，在他里面作婴孩，并且必须喝奶。他所补充说的——"就是如今还是不能"——表明他们将来有可能取得进步，因为当他们在属灵意义上重生之后，恩典就已经在他们身上。因此，这些人就是被造为贵重的器皿，但仍然可以对他们说："你这个人哪，你是谁，竟敢向上帝强嘴呢？"倘若对这样的人说尚且可说这样的话，更何况那些还没有这样重生，或者甚至是被造为可指责的器皿的人呢，岂不更有理由对他们说这样的话呢？所以必须坚定不移地相信，上帝没有任何不公平，不论他赦免还是索还所欠的债务；他正当索还债务的，不能指责他不公，他赦免债务的，不应夸口自己的功德。因为前者只是偿还所欠的，后者只是拥有他所领受的。

既然凡他所造的，他都不恨恶，他为何恨恶以扫。何谓罪。

2.18，在此我们必须在主的帮助下努力搞明白，以下这两句话为何都是对的，一句说："凡你所造的，你都不恨恶"，一句说："雅各是我所爱的，以扫是我所恶的"。如果他恨以扫是因为以扫是一个被造为卑

---

① 参见《创世记》二章7节。

贱的器皿，而造一个器皿为贵重的，一个为卑贱的，乃是同一个窑匠，那为何说"凡你所造的，你都不恨恶"？他明显恨恶以扫，因为他造他为卑贱的器皿。要解决这个问题，需要我们明白，上帝是一切造物之造主。上帝所造的一切造物都是好的，每一个人，就他是一个人，而不是一个罪人而言，都是上帝的造物。因此上帝是人的身体与灵魂的造主。这两者都不是恶，两者都不是上帝所恨恶的，因为凡他所造的，他都不恨恶。灵魂远优于身体，而上帝作为两者的造主，又远优于灵魂和身体，人身上的一切，他唯独恨恶罪。而罪就是人里面的无序（inordinatio）和悖逆（perversitas）——离开卓越的造主，转向低级的造物。[1] 因此，上帝不是恨作为人的以扫，上帝乃是恨作为罪人的以扫，如有话说到主："他到自己的地方来，自己的人倒不接待他"（约1：11）。主本人也对这些人说："你们不听我，因为你们不是出于上帝的"（约8：47）。若不是因为一者指的是人，是主亲自造的，另一者说的是罪人，是主亲口责备的，怎么能说他们既是出于主自己，又不是出于上帝的呢？而同样这些人既是人，又是罪人——作为人，是出于上帝的作为；作为罪人，是出于他们自己的意志。

那么他为何爱雅各，难道雅各不是罪人吗？但他爱他，不是爱他所除掉的罪，而是爱他所赐予的恩典。基督也为罪人死[2]——但不是为了让他们仍作罪人，而是使他们成为义的，好叫他们改变原来的罪恶，相信他这位使恶人成为义人的主。因为上帝憎恨罪恶，因此，在这些人，他定他们的罪，以此惩罚恶；在另一些人，他使他们为义，以便除去恶，正如他自己所论断的，他那深不可测的判断[3]必然成就在他们身上。他从他未称义的罪人数目中取一些造为可卑贱的器皿，他恨他们不在于他造出他们，他们可指责是因为他们有罪；但他们既被造为器皿，

---

[1] "离开……转向"：aversio……conversio。罪的这个定义以简洁而宽泛闻名。
[2] 参见《罗马书》五章6节。
[3] 参见《罗马书》十二章33节。

就是为某种用处被造的，这用处就在于，通过为他们所立的惩罚措施，叫那些被造为贵重的器皿在圣洁上得进步。所以，上帝恨他们不是因为他们是人，不是因为他们是器皿——即，[他不是恨]他在创世时在他们身上所成就的，也不是根据他的命令在他们身上所成就的。因为凡他所造的，他都不恨。然而，他造他们为可灭的器皿，是用他们来纠正别人，他恨他们里面的恶，那不是他亲手所造。正如法官恨一个人的盗窃行为，但不恨把他送去矿场①——盗贼行窃，法官就送他去劳改；同样，上帝也不恨自己所造的，因为他从一个罪的团块里造出可灭的器皿——即，他命令造出这作品是为惩罚那些应受惩罚的可灭者，好叫那些他赐怜悯的人找到得救的机会。因此经上有话对法老说："我将你兴起来，特要在你身上彰显我的权能，并要使我的名传遍天下。"（罗9：17）彰显上帝的权能，使他的名传遍天下，这有益于那些适合得到这样呼召的人，好叫他们畏惧并改邪归正。所以他这样说："倘若上帝要显明他的忿怒，彰显他的权能，就多多忍耐宽容那可怒、预备遭毁灭的器皿"（罗9：22）。这意思是说："你是谁，竟敢向上帝强嘴呢？"我们把这节经文与前面的话联系起来，就可以理解：倘若上帝要显明他的忿怒，尚且忍耐那可怒的器皿，你是谁，竟敢向上帝强嘴呢？然而，他不仅要显明他的忿怒，彰显他的权能，多多忍耐宽容那可怒、预备遭毁灭的器皿，而且如后面的话所说，"又要将他丰盛的荣耀彰显在那蒙怜悯的器皿上"（罗9：23）。上帝造出可灭的器皿，多多忍耐宽容他们，然后依据他的命令，把他们毁灭，利用他们作为那些他施以怜悯之人得救的手段，这对这些可灭器皿有什么益处呢？但它确实有益于那些他为其得救而利用这些器皿的人，这样，就如经上写的，义人要在罪人的血中洗手②——意思是说，当他们看见罪人受的惩罚，出于对上帝的畏

---

① 在国有矿场劳动这是标准形式的刑事惩罚。
② 参见《诗篇》五十八篇10节。

惧，就金盘洗手，脱去恶行。因此，他要显明他的忿怒，忍耐那可怒的器皿，这有助于产生一种必然向其他人显现的有益威慑，也有助于将他丰盛的荣耀彰显在蒙怜悯的、"他早预备得荣耀的器皿上"（罗9：23）。确实，罪人的刚硬表明了两件事，第一应畏惧什么，叫人因着良善归向上帝；第二应如何大大感恩上帝的怜悯，他对一些人处以惩罚恰恰表明他对另一些人恩赐了什么。如果他向一些人索还的，不是一种公正的惩罚，那么他对另一些没有向其索还的人，就无物可恩赐。无论如何，上帝的惩罚是公正的，在他没有任何不公；而他赦免的，如果他想要索还，谁也没有权利说他不应索还，但他白白赐给了我们，对这样的上帝，哪个人能说自己的感谢是足够的呢？

造出可灭的器皿是为了使其他人归正

2.19，"我们被上帝所召的，不但是从犹太人中，也是从外邦人中"（罗9：24）——即"蒙怜悯、他早就预备得荣耀的器皿"。那些〔蒙召的〕并非都是犹太人，而是从犹太人中召的；也并非全是外邦人，而是从外邦人中召的。因为从亚当出来一个罪人和恶人的团块，它远离上帝的恩典，犹太人和外邦人都属于它的一块。如果窑匠从同一团泥取一块做成贵重的器皿，又拿一块做成卑贱的器皿，并且很显然，在犹太人中，就如在外邦人中一样，有些器皿是贵重的，有些是卑贱的，那么可以推出，他们应该属于同一个团块。

然后他开始提出先知书的证据，按倒序证明各个情形。他原本先讲犹太人，再讲外邦人，但他提出证据时先为外邦人作证，再为犹太人作证。"就像何西阿书上说，那本来不是我子民的，我要称为我的子民；本来不是蒙爱的，我要称为蒙爱的。从前在什么地方对他们说，你们不是我的子民，将来就在那里称他们为永生上帝的儿子。"（罗9：25—26）应该认为这是指着外邦人说的，因为他们不像犹太人，犹太人在耶路撒冷祭献，他们不曾有专门的地方用来祭献。但使徒们被派到外邦人中，好叫那些"他赐给他们权柄，作上帝的儿女"（约1：2）的人能够相信，两者在各自的地方，所以不论他们在哪里接受信心，都要在哪里献上赞美的祭。①

他说："以赛亚指着以色列人喊着说。"（罗9：27）但是为了防止有人以为所有以色列人都坠入可灭境地，他也教导说，有些器皿做成贵重的，其他的都是卑贱的。他说："以色列人虽多如海沙，得救的不过是剩下的余数。"（罗9：27）其他器皿就是造出来预备毁灭的一群。他说："因为主要在世上施行他简洁的话，叫他的话都成全，速速地完结"（罗9：28）——也就是说，为了拯救那些信的人，② 仅凭他们单纯的信心就赐给他们恩典，完全不依赖于那数不胜数的烦琐戒律，它们就像压迫奴隶一样压在众人身上。当他说："我的轭是容易的，我的担子是轻省的"，就藉着恩典为我们在世上施行了他简洁的话，叫他的话成全，速速地完结。稍后他说："这道离你不远，正在你口里，在你心里。就是我们所传信主的道。你若口里认耶稣为主，心里信上帝叫他死里复活，就必得救。因为人心里相信，就可以称义；口里承认，就可以得救。"（罗10：8—9）这就是主施行在地上的简洁的话，速速成全的话。正是这种简洁和速速成全使盗贼得称为义，他虽然整个身体被钉在十字架上，但心与口这两个肢体未受阻碍，心里相信，可以称义，口里承认，就必得救，于是即刻就听到配听的话：③ "今日你要同我在乐园里了。"（路23：43）假如他领受恩典之后，还在人世间活很长时间，他必行出美好作为。然而世人没有前来领受这样的恩典，反而这个作为盗贼被钉在十字架上的人，倒藉着恩典被从十字架上接走，进入了乐园。

他说："又如以赛亚先前说过：若不是万军之主给我们存留余种，

---

① 参见《诗篇》五十篇14节。
② 参见《哥林多前书》一章21节。
③ 参见《路加福音》二十三章32—43节。

我们早已像所多玛、蛾摩拉的样子了。"（罗9：29）他这里说的"给我们存留余种"，另一处表述为"得救的不过是剩下的余数"，其他欠债该受惩罚的，就如可灭的器皿那样毁灭了。他们之所以没有如所多玛与蛾摩拉的人那样全体毁灭，并非因为他们有什么功德，而是出于上帝的恩典，他留下余种，长出另外的庄稼，遍布全地。此后他也说到这一点："如今也是这样，照着拣选的恩典，还有所留的余数。既是出于恩典，就不在乎行为，不然，恩典就不是恩典了。这是怎么样呢？以色列人所求的，他们没有得着，惟有蒙拣选的人得着了，其余的就成了顽梗不化的。"（罗11：5—7）蒙怜悯的器皿得着它，而可怒的器皿成了顽梗不化的；然而，他们与所有外邦人一样，出于同一个团块。

不是众人都蒙召，而是从众人中召，包括犹太人和外邦人

2.20，圣经有卷经书的某个段落与眼下讨论的问题极为相关，可作为奇妙的证据，证明以上的解释。有人说那卷经书出自耶稣西拉，有人称之为便西拉智训，里面写有这样一段话："所有人都来自于泥土，亚当也是从泥土造的。满有规训的主将他们分离，并改变他们的方式。有些人，他祝福他们，抬升他们，使其圣洁，领到主前；有些人，他咒诅他们，使其卑贱，转向纷争。就如泥土在窑匠手中，按他的计划制作、塑造成各样形态；人在造主手中也是如此，任他按自己的论断处理对待。与恶相对的是善，与死相对的是生，同样，与罪人相对的是义人。看哪，至高者的作品都是二二成双，一一相对。"（便33：10—15）

这里提到的第一点就是上帝的规训（disciplina）。它说："满有规训的主将他们分离"——若不是从幸福的乐园分离，还会从哪里分离呢？——"改变他们的方式"（便33：11），所以他们如今是有生有灭的必朽者。其次，他们所有人构成一个单一的团块（una massa），这源于罪的传递和必死性的惩罚（所有人都在罪性和必死性里），尽管他们都是上帝创造产生的，都是好的。诚然，在所有人身上，都有一种身体的美和联结，各个肢体和谐共处，使徒甚至用这种和谐来表明如何维持彼此的爱①；在所有人身上，还有一种生命的灵，赋予属土的各肢体以生命；人的整个本性被安排得如此神奇，灵魂处于支配地位，身体处于服从地位。但是，由于罪的惩罚，也因为原罪，肉身的情欲使一切事物都陷入永久的混乱，如今它辖制了作为一个完整团块的整个人类。当然，后面也说："有些人，他祝福他们，抬升他们，使其圣洁，领到主前；有些人，他咒诅他们，使其卑贱，转向纷争。"（便33：12）

如使徒所说："窑匠难道没有权柄从一团泥里拿一块做成贵重的器皿，又拿一块做成卑贱的器皿吗？"（罗9：21）同样，上面所引的那段话也用了同样的比喻："就如泥土在窑匠手中，按他的计划制作、塑造成各样形态；人在造主手中也是如此。"（便33：13—14）然后使徒说："难道上帝有什么不公平吗？"这里也请注意所引那段话后面的话："任他按自己的论断处理对待。"（便33：14）不过，虽然公正的审判分派给那些被定罪的人，但因为这事要转成对那些蒙怜悯之人的益处，好叫他们［在圣洁上］有进步，所以请留意后面的话："与恶相对的是善，与死相对的是生，同样，与罪人相对的是义人。看哪，至高者的作品都是二二成双，一一相对。"（便33：15）由此，两个坏事同时发生，就产生好事，导致［圣洁上的］进步。然而，因为他们是藉着恩典才是好的，这就好比［作者］是说："得救的不过是剩下的余数。"接着他就站在那个余数的角度说："而我是最后一位看守者，就像在摘葡萄者之后进园收拾的人"（便33：16）。哪里证明这不是出于功德，而是出于上帝的怜悯？他说："主保佑我，我自己有盼望，我就像一个摘葡萄

---

① 参见《哥林多前书》十二章12—27节。

人，满了自己的酒榨"（便 33∶17）。虽然他是最后一个看守人，然而，如经上所说，"那在后的将要在前"，① 从以色列剩下的民②中被摘的民，在主里有盼望的民，在葡萄丰收季后收取葡萄，满了自己的酒榨，这民兴起，遍布全地。

使徒在《罗马书》的主旨

2.21，使徒，包括那些已经称义的人——藉着他们我们才对恩典有一定理解——的主要思想没有别的，就是一点，但凡夸口的，当指着主夸口。③ 主对出于同一团块的人，定此人的罪，称彼人为义，谁能质问主的作为呢？可以肯定，意志的自由选择起很大的作用。但是那些已经被出卖给罪的人，④ 自由意志在他们身上有什么用呢？使徒说，"情欲与圣灵相争，圣灵与情欲相争，这两个是彼此为敌，使你们不能做所愿意做的"（加 5∶17）。有命令说我们要行为正直，并且事实上也提供了正直行为可得的奖赏——我们配得永远有福的生活。但是没有因着信心得称为义，⑤ 谁能行为正直、良善？有命令说，我们要相信，好叫我们藉着爱领受圣灵的恩赐之后，就能够行善作义。但是没有被某种呼召，即明确的证据触动，谁能相信呢？谁能自主地使自己的心灵被这样的显现触动，促使他的意愿接受信心呢？谁会在心里拥抱没有吸引他的事物呢？谁有能力决定自己会遇到吸引他的事物，或者一旦遇到什么事物被能被它吸引？这样说来，当有事物吸引我们，使我们由此向上帝前行时，这是由上帝的恩典启示并供给的；不是靠我们自己的同意和努力，也不是藉我们行为的功德获得的，因为不论是我们意愿的认可，我们艰

---

① 参见《马太福音》二十章 16 节。
② 参见《耶利米书》六章 9 节。
③ 参见《哥林多后书》十章 17 节。
④ 参见《罗马书》七章 14 节。
⑤ 参见《罗马书》五章 1 节。

苦的努力,还是我们燃烧着圣爱的行为,都是上帝给予的,是他恩赐的。他命令我们要祈求,好叫我们领受;要寻找,好叫我们寻见;要叩门,就给我们开门。① 而我们的这种祷告岂非常常不冷不热,甚至相当冷淡,几乎不存在,有时候就是根本不存在,以至我们注意到这种景况,心里却毫不难过?如果我们真的为此难过,那我们就已经是在祷告了。所以,向我们显示的不就是这样一点,正是他,就是命令我们祈求、寻找、叩门的那位,使我们能够做这些事吗?"这不在乎那定意的,也不在乎那奔跑的,只在乎发怜悯的上帝",因为事实上若不是他催促我们、唤醒我们,我们既不能定意,也不能奔跑。

恩典的拣选是隐秘的

2.22,如果说这里存在某种选择,就如我们从这话所理解的:"照着拣选的恩典,还有所留的余数"(罗 11:5),那并不是那些为了永生已经被称义的人作出选择;毋宁说,那些将要被称义的人被拣选出来,所以这选择是完全隐秘的,我们这些属于同一团块的人根本无法辨识。或者,如果说有人能辨识,那就我而言,我得承认对这个问题无能为力。因为就算我有幸得允对这种拣选有某种见解,我也无法明白,人若不是有比别人更多的禀赋或比别人更小的罪过或者两者兼而有之,他如何能被拣选得救恩。如果你愿意,我们可以再加上学识,它既是美好的,又是有用的。这样说来,凡是只被小罪掳掠和玷污的——有谁可能毫无罪过呢?——并且得赋才智,在博雅学科上颇有造诣的,看起来似乎应该被拣选得恩典。但是当我得出这个结论时,却发现我们这位上帝拣选了世上软弱的,叫那强壮的羞愧;又拣选了世上愚拙的,叫有智慧的羞愧,他以这样的方式嘲笑我,当我凝视他时,着实感到羞愧难当,

---

① 参见《马太福音》七章 7 节。

以至我自己也开始哂笑许多比某些罪人贞洁，比某些渔夫善于讲话的人。① 我们难道没有注意到，我们中许多忠心耿耿、行在上帝道上的人，根本不拥有多大的禀赋——我得说，不仅没有能与某些异端者相提并论的禀赋，甚至没有能与表演者相比的禀赋。另一方面，我们难道没有看到，有些人，包括男人女人，守婚姻的贞洁，过和睦的生活，他们或是异端者，或是不信者，甚至是真信仰和真教会的成员，然而他们在信心上完全不冷不热，以至我们惊奇地看到，那些经历了突然皈依的妓女和表演者，不仅在忍耐和节制上胜过他们，甚至在信望爱上也胜过他们？

结论就是，意愿（voluntates）是被拣选的。但意愿本身，若不是遇到吸引并激动灵魂的事物，它不可能被触动。而它能与之相遇这一点却不在人的权能之下。扫罗原本想做的，不就是攻击、抓捕、捆绑并杀害基督徒吗？多么疯狂、暴烈、盲目的意愿！② 然而，一听到从天上传来的一个声音，他就扑倒在地，有了这样一种经历：他那原本被凶残败坏了的心灵和意愿，发生逆转，指向信心，从而他即刻就从一个臭名昭著的迫害福音者转变为举世瞩目的福音传播者。③

"这样，我们可说什么呢？难道上帝有什么不公平吗？"他喜欢向谁索还，就向谁索还，喜欢赐给谁就赐给谁，但他从不索还不亏欠的，也从不赐予不应得的，"难道上帝有什么不公平吗？断乎没有！"那为何对此人是这样子，对彼人是那样子呢？"你这个人哪，你是谁？"如果你没有支付所亏欠的，你有理由心怀感恩；如果你支付所亏欠的，你也没有理由抱怨。让我们全然相信，即使我们不太明白，这位创造并确

---

① 这段话与《忏悔录》VIII，11，27 回忆的一个场景非常相似，在那里，"节制"以某种异象向奥古斯丁显现，将各类贞洁者（比作世人眼里的许多软弱而愚拙的人）引到他心眼面前哂笑他——因为他担心自己不能作贞洁者——使他羞愧难当。本作品与《忏悔录》的写作时间差不多，最多间隔一两年。
② 参见《使徒行传》八章 3 节；九章 1—2 节。
③ 参见《使徒行传》九章 3—22 节。

立整个世界——包括属体事物和属灵事物——的上帝，依据数目、分量和尺度安排万物。① 然而"他的判断何其难测，他的踪迹何其难寻"（罗 11：33）。我们要说"哈里路亚"，然后一起颂唱圣歌；我们不要说"为何这样？""为何那样？"因为万物都是按着各自的时令被造的。②

---

① 参见《所罗门智训》十一章 20 节。
② 参见《便西拉智训》三十九章 21 节。这一节以及前面提到的《所罗门智训》十一章 20 节——这是奥古斯丁最喜爱的经文之一——意在表明管理整个造物界的秩序，尽管这秩序并非总是一目了然地显现出来。

| 第二卷 |

前言

我想我已经充分回答了你关于使徒经文所提出的问题。现在我要开始另一卷讨论你关于《列王纪》的经文提出的问题。《列王纪》就像旧约的许多甚至所有书卷那样,多以寓意表达,蒙着奥秘的面纱。虽然由于我们已经转向基督,① 这面纱可以除去,但如今我们仍然看得模糊,只有到了那时,我们才能面对面地看见。② 面纱确实阻挡了我们的视野,但仍模糊可见,可以说透过镜子看见,就如这位使徒所说:"我们如今仿佛对着镜子观看,模糊不清"(林前 13:12),它既没有显露最清晰的踪迹,也不是完全隐藏真相。那就让我们同样以主作为我们的向导开始这一卷,也藉着你的祷告振作精神,而不是因你的要求灰心丧气,更何况我从你的来信看出,你并非寻求这些经文的寓意解释。若是要求那种解释,恕我实难从命,因为得从那些书卷的整个故事中去推导主旨和意图,就算我心渴望,此事涉及的范围之广仍然令人生畏;如果必须那样做,就得付出多得多的努力和时间。但是蒙您体恤,我只需解释您提到的那些话所表达的历史含义,只需提供我对它们的理解。

---

① 参见《哥林多后书》三章 16 节。
② 参见《哥林多前书》十三章 12 节。

第一个问题。上帝的灵以不同方式影响先知

1.1，第一个问题出自《列王纪上》，你要求我解释一下为何它说"耶和华的灵感动扫罗"（撒上 10：10），因为它在另外地方说："有恶灵（spiritus malus）从耶和华那里来扰乱他。"（撒上 16：14）①

经文是这样记载的："扫罗转身离别撒母耳，上帝就赐他一个新心。当日这一切兆头都应验了。扫罗到了那山，有一班先知遇见他，上帝的灵大大感动他，他就在先知中受感说话。"（撒上 10：9—10）事实上，当撒母耳接受命令油膏扫罗时，就已经向他预言了这些事。② 我认为这里没有什么可疑问的，因为圣灵（风）随着自己的意思吹，③ 与任何灵魂接触都不能玷污说预言的灵，"它因纯洁无处不至"（智 7：24）。

然而，它并非以同样的方式感动每个人。有的人，通过圣灵教导他们，有形像（异像）向其显明；有的人，通过使他们的心灵获得领悟，有的人，则通过以上两种方式启示他们，还有的，以其他我们不知道的方式感动他们。圣灵的教导有两种方式，第一种是通过梦的方式，不仅对许多圣徒如此，对法老④和尼布甲尼撒王⑤也如此，他们俩都（在梦中）看见自己无法理解的事物。第二种是通过出神状态的显灵方式，某些拉丁语作家把它译为惊异（pavorem）（此种译法相近但并不准确），当心灵脱离身体感官，人的灵遇上了圣灵，就很可能接受并凝思异像，比如但以理原本不理解的事向他显明出来，⑥ 彼得看见一器物系

---

① 拉丁词 spiritus 在下文中有时大写，有时小写，根据上下文不同的含义，变动大小写形式。奥古斯丁本人在 II，1，5 谈到这个词的多义性，但没有得出一个明确的结论。
② 参见《撒母耳记上》十章 5—6 节。
③ 参见《约翰福音》三章 8 节。
④ 参见《创世记》四十一章 1—8 节。
⑤ 参见《但以理书》二章；四章 1—15 节。
⑥ 参见《但以理书》七至八章。

着四角从天而降,① 他后来也明白了向他显现出来的异像表示什么意思。② 而心灵的领悟只以一种方式发生,就是把通过异像显明之事物的含义和相关性启示出来;这是更为确定的预言,使徒认为它是一种更高层次的预言。③ 正因如此,约瑟才有资格理解唯有法老能看见的异像,④ 但以理向王解释了他看见却不明白的异像。⑤ 心灵还有一种被感动的方式,即它不是通过观察理解事物的形像,而是通过沉思事物本身,正如理解智慧、公正以及一切不变的、神圣的事物那样,但这种方式不属于我们现在所讨论的预言。而有些人,通过双重恩赐获得预言,也就是他们既在灵里看见事物的异像,又能随即明白它们的含义,或者至少在显灵过程中得到清晰的话语指点,《启示录》里的一些预言就是以这样的方式显示的。⑥ 然而,对于无知无觉者,说预言的灵以该亚法的方式感动他,当该亚法作大祭司时,预言到主,说一人替百姓死是有益处的,尽管他说这话本意是指另外的事,但他不知道这一点,他说这话不是出于他自己。⑦ 圣经里有大量这样的例子,我只是举出最出名的几例,阁下自是了然于胸。因为你并非要从我了解这些事,而是通过提问考察我对它们的理解,希望确证我努力的成果,同时准备随时纠正我的错误。而以上所引用的这句经文"有灵感动他",意指一种不可预料的灵启,似乎来自某个隐蔽的神秘领域。

那么,在这些方式中,我们认为以扫是以哪一种被感动的呢?从经上所写的话"上帝改变了以扫的心"(撒上 10:9),可以清楚看出。这话表明他的心有了另一种禀性,上帝通过改变他,使他拥有这样的

---

① 参见《使徒行传》十章 10—16 节。
② 参见《使徒行传》十章 28 节。
③ 参见《哥林多前书》十三章 2 节。
④ 参见《创世记》四十一章 1—36 节。
⑤ 参见《但以理书》二章 29—45 节;四章 16—24 节。
⑥ 参见比如《启示录》一章 12—20 节。
⑦ 参见《约翰福音》十一章 49—51 节。

心，好叫他能领会充满意义和预示的异像，从而能参与预言活动。

惯常说预言与临时被感化

1.2，我们知道，先知的预言——比如以赛亚、耶利米和其他诸如此类的先知——与出现在以扫身上的短暂的预言有巨大的区别，就如同样的话从人口中说出，与出于神迹的需要从先知巴兰骑的驴说出①是完全不同的。因为那头驴当时得到这种能力，是为了表明上帝所命令的事，不是为了表明一个动物可以动辄就在人面前说话。如果说这个例子太过古怪，那么以下这样的情形就要寻常多了，即，在某个特定时刻藉着暂时的感化赐给某个恶人说预言的能力，而赐予者乃是随己愿甚至可以叫驴也开口说话的那位。因为动物与人之间的区别远远大过坏人与那些被拣选但仍属人类的人之间的区别。一个人即使说了某些略带智慧的话，我们不会马上就认为他是智慧人。同样，有人即使偶尔说了一次预言，也不应就此把他算作先知，主在福音书里亲口说，有人欢喜领受了道，但没有深植的根，只能是暂时的。② 就如后面的经文指出："此后有句俗语说：扫罗也列在先知中吗？"（撒上10：12）所以，如果有某种属神的迹象出现在人身上，既超出人的功德，又不合乎人的习惯，我们就不要停止惊奇，或许上帝希望这样的迹象出现是为了预示某种事物。

扫罗和彼得。上帝的灵若无限定词应理解为善的

1.3，确实，扫罗先是领受了说预言的灵，后来又被攻击他的恶灵感动，如果对此有什么疑问，那么我得说，这两件事都没有什么可吃惊的。前者是出于一个计划，要传达某种意思，而后者表示某种应受的惩

---

① 参见《民数记》二十二章28—30节。
② 参见《马太福音》十三章20—21节。

罚。人的灵魂原本就是一个可变的造物，它里面的这些改变不应令我们吃惊，尤其是在它还承受必朽、必死之肉体的时候。我们难道没有看到彼得的例子，如福音书记载的，他先是作了如此了不起的认信，以至配听到这样的话："西门巴约拿，你是有福的！因为这不是属血肉的指示你的，乃是我在天上的父指示的"（太16：23），但不久，他因完全按属肉的方式思想主的受难，即刻就听到这样的话："撒但，退我后边去吧！你是绊我脚的，因为你不体贴（思想）上帝的意思，只体贴（思想）人的意思。"（太16：23）或许，对于领悟能力强的人来说，彼得前后行为的这种对比——起先因上帝父的启示，能明白基督就是上帝的儿子，但后来又害怕他会死——就是一个范例，在多大程度上理解这个范例，就能在多大程度上分辨那些以形像的方式出现在出神之人的灵里面的异像，比如起先感动扫罗的预言启示，以及后来攻击他的恶灵搅扰。①

1.4，诚然，有时甚至提到耶和华的灵是恶的，对此我们必须如同理解以下经文一样地理解："地……属耶和华"（诗24：1）——意思是说，地作为一个造物，在上帝的管理之下。如果说关于术语使用问题这个例子不够恰当，因为地不是恶的（凡上帝所造的，都是好的②），那么另一个例子应该是恰当的，那就是扫罗本人的例子：尽管他败坏凶恶，对圣大卫忘恩负义，被嫉妒的毒针折磨得残暴之极，甚至要谋害大卫，但他仍然被称为耶和华的受膏者，就如大卫在他死后为他报仇时所称呼的。③ 不过，我倾向于认为，之所以把激动扫罗的邪灵称为耶和华

---

① 这个句子有点难懂，似乎是以晦涩的方式说，正如一（好）人彼得，可以在瞬间从好行为转向坏行为，同样，另一（坏）人扫罗，也可以先是善灵的宿主，后来成为恶灵的宿主。人的可变性——奥古斯丁在稍前的行文中已经提到这一点——使得他既可接受好的感化，也可以接受坏的感化。亦见Ⅱ，1，6。这里，根据奥古斯丁，彼得的行为可以作为一个"范例"（valet），由此理解扫罗身上发生的事。
② 参见《提摩太前书》四章4节。
③ 参见《撒母耳记下》一章13—16节。

的灵,乃因为它是藉着耶和华隐秘的审判来激动扫罗的。因为上帝甚至使用恶灵作他的代理者,去报复恶人,试炼好人——以一种方式实施前者,以另一种方式成就后者。即使从他出来一个有恶意的邪灵——因为它有恶意,想要害人——它若不是从造主领受权柄,就不可能行恶,创造万物的主按照万物的功过安排一切,使其各就其位,因为正如没有恶意出于上帝,也没有权柄不是出于上帝。虽然意愿某事是在人的权能之下,然而使其向某人做成某事或者从某人承受某事的,不在他的权能之下。① 即使是上帝的独生子,当他将要在谦卑中受难时,对那个傲慢地说话并声称自己有权柄杀死他也有权柄释放他的人说:"若不是从上头赐给你的,你就毫无权柄办我"(约19:11)。魔鬼也一样,他想要害义人约伯,就他想要害人而言,他是魔鬼,但他仍然向耶和华上帝祈求权柄,他说:"你且伸手伤他的肉"(伯2:5),尽管若是许可,行伤害之事的是魔鬼。正因为他要这样祈求许可,所以一旦得到了主的许可,他就把主的手——即,他想要领受的那种权柄——称为自己的手。这与主在福音书对门徒说的话是一致的:"撒但想要得着你们,好筛你们像筛麦子一样"(路22:31)。上帝的灵——即,代理上帝向扫罗行全能的法官判定应向他行的事——由此被称为恶灵。这是因为那灵从意愿看不属于上帝,它是邪恶的,但就创造来说它属于上帝,它是被造的,就它所领受的权柄说,它领受权柄不是因为它自己的正义,乃是因为万物之主的正义。

我们也读到圣经的话这样记载:"撒母耳起身回拉玛去了。耶和华的灵离开扫罗,有恶灵从耶和华那里来缠住他,扰乱他。扫罗的臣仆对他说:看哪,耶和华的恶灵在扰乱你。"(撒上16:13—15)他的臣仆之所以会说:"耶和华的恶灵"(撒上16:15),是因为前面的经文说

---

① 奥古斯丁在《订正录》评论这段话说:"我说这话是因为若不是我们意愿发生的事,我们不会说它在我们的权能之下。首先且最重要的是意愿本身。"

"有恶灵从耶和华那里来"（撒上 16：14）。所谓"耶和华的"，意思其实就是"从耶和华来的"，因为立志为害——缠住扫罗——由得它自己，但若不是得到至高的公正许可，它没有能力做这样的事。如果上帝——如使徒自己所说——任凭人逞着心里的情欲，①，这是他公正的审判，那么毫不为奇，如果他任凭他们受制于那些想要伤害他们的人的情欲，这同样也是公正的审判，无论如何，他那不变的正义始终如一。

或者圣灵之名应理解为与圣父和圣子同一本体的

1.5，应当注意的是，把上帝的灵称为恶灵是有明确限定词的。而当一个灵被单纯地称为"上帝的灵"时，即使没有加上"善"字，仅凭"上帝的灵"就被理解为善的。由此可见，上帝的灵被称为善灵是就它的实体而言，而被称为恶灵则是就它所发挥的功能而言。然而，我们仍然可以提出这样一个问题：当说到一个灵是"上帝的灵"，并因这个原因就被理解为善的，即使没有任何其他说明，此时这个灵是否就应当理解为圣灵，就是三位一体里与圣父和圣子同体的圣灵，论到他经上有话说："主的灵在哪里，那里就得以自由"（林后 3：17），又说："上帝藉着圣灵向我们显明了"（林前 2：10）；"像这样，除了上帝的灵，也没有人知道上帝的事"（林前 2：11）。许多段落都这样提到"上帝的"灵，都是指圣灵，即使没有任何限定，因为上下文充分表明所指的是谁，所以有时候即使没有限定为"上帝的"，仍然应理解为上帝的灵，圣洁的源泉。比如，经上说："（圣）灵与我们的心同证我们是上帝的儿女"（罗 8：16）；"我们的软弱有（圣）灵帮助"（罗 8：26）；"这一切都是这位（圣）灵所运行，随己意分给各人的"（林前 12：11）；以及"恩赐原有分别，（圣）灵却是一位"（林前 12：4），在所有这

---

① 参见《罗马书》一章 24 节。

些句子里，既没有加"上帝的"一词，也没有专门加"圣"字，但我们都把他理解为圣灵，除了他还会是谁呢？

但有人举出例子想要表明，凡是讲到上帝的灵而没有任何限定的，并非就是这些例子中所意指的圣灵，而是指这样的灵，它虽然是善的，却是被造的。我不知道这种说法能否成立，因为他们所引的经文并不令人信服，缺乏更清晰的证明。比如这节经文："上帝的灵运行在水面上"（创1：2）。我看不出有什么原因不能把这里的灵理解为圣灵。① 因为"水"这个词表示未成形的质料，是从无中被造的，而万物都从它形成，既如此，我们凭什么不能认为这是指造主的圣灵呢？他运行在这物质上，不是通过空间的移动，从一处到另一处，任何无形的事物都不能用这种方式描述，而是通过支配万物的旨意，它卓越而超绝，好叫万物被造。更重要的是，那个表述——按圣经的习惯——包含某种预言意味，预示将来要产生一个民在水和圣灵里洗礼的奥秘。没有充分的理由相信，经上所写的"上帝的灵运行在水面上"，如某些人理解的，是指这样的灵，它赋予世界的物质整体以生命力，以便产生有生命的万物，维护有形造物各具形态。因为这样的灵，不论是什么，都只是一个造物。甚至对于经上另一句话"耶和华的灵充满全地"（智1：7），也不乏有人希望同样理解为这样的灵，即一个无形的造物，藉着某种无所不包的同情（conspiratio）激活并维护一切可见事物。但是我同样看不出这里为何不能理解为圣灵，因为上帝在先知书里亲口说："我充满天地"（耶23：24）。上帝不可能离开他的圣灵而充满天地。所以，若说"他充满全地"是指着他的圣灵说的，又有什么可吃惊的呢？其实，他的充满有时候是使人成圣，比如对司提反（"被圣灵充满"［徒7：55］）以及其他与他类似的人；有时候是把成圣的恩典充满某些圣徒；有时候则通过作见证、发命令的方式充满，就像他对万物那样。因此我

---

① 参见《〈创世记〉字疏》I, 5, 11—7, 13 =《杜尔西提乌斯的八个问题》8。

不知道是否可以通过某节含义隐晦的经文来表明，当说到"上帝的灵"或者"耶和华的灵"而没有任何限定时，指的并非圣灵，而是其他事物。但是即使没有想到这一点，我也确定地认为，这样说并不草率，即经上时常提到上帝的灵而没有别的限定，不论把他理解为那位与圣父圣子同体的圣灵，还是某个无形的造物，无论如何都不能把他理解为恶灵，除非有限定词说他是恶的。因为，就上帝使恶为善所用，以便实施他的审判来说，恶灵也被称为上帝的灵，用以惩罚恶人，操练和试炼好人。

上帝的灵在扫罗身上为何一会是善的一会是恶的

1.6，经上记载，当上帝的灵临到扫罗，他就说预言；善灵之后又有恶灵，恶灵之后又有善灵。我们对此不应感到吃惊。这样的事并非因为圣灵是可变的，他与圣父圣子同在，是不可变的；乃是因为人心是可变的，因为上帝分配万物，既分给恶人，按他们的过犯，或者被定罪，或者得改正，也分给好人，这是出于他慷慨的恩典。不过，也可能是这样，这位上帝的灵始终在扫罗里面，只是因为他没有能力领受这灵的圣洁，所以对他来说是恶的。但是这种说法看起来似乎不对。另一种理解更安全也更正确：不考虑人性的可变性，上帝的善灵总是产生好的结果，不论在预言还是在其他上帝特有的作为中，而恶灵——其本身也被称为上帝的灵，因为它服务于神的公正，这公正正当分配并使用万物——产生恶的结果。下面这话尤其清楚地表明这一点："上帝的灵离开他，有恶灵从耶和华那里来扰乱他"（撒上 16∶14）。绝不可能同一个［灵］既离开［某人］又来扰乱他。但在某些手稿中，尤其在那些似乎是从希伯来文直译的文本中，① 只说"上帝的灵"而没有限定，但

---

① 这里以及 II，1，7 都提到从希伯来文翻译的手稿。奥古斯丁本人没有读过希伯来文圣经，读希腊文本也有困难，因此不得不依赖于译本。

因为它扰乱扫罗,所以应该理解为恶灵,而大卫只要拿起琴一弹,就使他恢复元气。但显然,之所以没加上"恶",是因为稍前已经提到恶灵,并且根据经文的上下文可以理解为恶灵。这类手稿中是这样记载的:"当上帝的灵扰乱扫罗的时候,大卫就拿琴用手而弹,扫罗便舒畅爽快,恶灵离了他"(撒上 16:23)。这里没有提到"上帝的灵",只说"恶灵",之所以没有提到,或许是因为它显现为某种离开的东西,或者因为前面已经提到过了。就如以下这段经文:"扫罗的臣仆对他说,看哪,上帝的恶灵扰乱你。我们的主可以吩咐面前的臣仆,找一个善于弹琴的来,当上帝的(恶)灵扰乱你时,使他用手弹琴,你就好了。"(撒上 16:15—16)两个例子中,当再次说到"当上帝的灵扰乱扫罗时",就没有必要加上"恶",因为前面说的话已经很明显了。

追赶大卫的扫罗被善灵感动说预言

1.7,但是有一个问题颇为重要,不能一掠而过,那就是,当扫罗满心嫉妒、愤懑难忍,追赶无辜的大卫时,上帝的灵临到(感动)他,他一面走一面就说预言。这里"上帝的灵"只能理解为善灵——圣先知们常常藉着他分辨预示将来之事的形像和异像——并非只是因为它提到扫罗因此"说预言"(撒上 19:23)。因为在译自希伯来文的手稿中,可以看到恶灵也会使他说预言:"次日,上帝的恶灵降在扫罗身上,他就在家中说预言"(撒上 18:10);在另一些经段里,预言并非都是好的,也往往有坏的,也有称为巴力(Baal)的先知的,① 那些以巴力之名说预言的人是受指责的。② 因此,并不是因为它说"他一面走一面说预言"(撒上 19:23),就必须理解为这是善灵,而是因为它说"上帝的灵感动他"(撒上

---

① 参见《列王纪上》十八章 19 节。
② 参见《耶利米书》二章 8 节。

19∶23)而没有对"上帝的灵"作出限定。而且前面的段落也没有说到"上帝(从上帝来)的恶灵",使我们在后面这个段落里可以把"上帝的灵"理解为"恶灵";甚至前面的段落更确凿地证明上帝的灵是善的,是真正说预言的灵。比如,大卫来到撒母耳那里,而扫罗派信使抓大卫。但由于撒母耳在先知中间,当时正与一群先知说预言,被派去的信使领受了同样的灵,也开始说预言,这灵感动第二拨甚至第三拨人。① 后来,当扫罗自己来到后,"上帝的灵也感动他,他一面走,一面说预言"(撒上19∶23)。事实上,当它说"上帝的灵也感动他们,他们也说预言"(撒上19∶20)时,这个灵就是众先知身上的灵,撒母耳也在其中。由这些话可知,这位灵肯定得理解为善灵,因此对于这个问题必须谨慎讨论,即,当他们被派去抓人并杀他时,他们如何配得这样一位灵感动;扫罗派了这些人并且亲自前来想要流无辜者的血,这样一个人怎么配领受那样的灵,怎么配说预言。

有圣灵的某种恩赐却没有爱。没有爱,圣灵的任何恩赐都与人无益

1.8,毫无疑问,这里出现了使徒保罗在描述最妙的道②时解释得非常清楚的事情:"我若能说万人的方言,并天使的话语,却没有爱,我就成了鸣的锣、响的钹一般。我若有先知讲道之能,也明白各样的奥秘,各样的知识,而且有全备的信,叫我能够移山,却没有爱,我就算不得什么。我若将所有的周济穷人,又舍己身叫人焚烧,却没有爱,仍然与我无益。"(林前13∶1—3)很显然,他在这段经文里是在讲圣灵所分配的恩赐,如他稍前所说的:"圣灵显在各人身上,是叫人得益处。这人蒙圣灵赐他智慧的言语,那人也蒙这位圣灵赐他知识的言语,

---

① 参见《撒母耳记上》十九章20—21节。
② 参见《哥林多前书》十二章31节。

又有一人蒙这位圣灵赐他信心，还有一人蒙这位圣灵赐他医病的恩赐，又叫一人能行异能，又叫一人能作先知，又叫一人能辨别诸灵，又叫一人能说方言，又叫一人能翻方言。这一切都是这位圣灵所运行，随己意分给各人的。"（林前12：7—11）非常清楚，说预言是圣灵的恩赐之一。然而，如果有人拥有这种恩赐，但不拥有爱，那他不算什么。就如这里所表明的，有可能出现这样的事，甚至某些不配得永生和天国的人也拥有圣灵的某些恩赐，但由于他们没有爱——没有爱，这些恩赐就不值一提——这些恩赐与他们一无益处。同样，没有爱，就如所表明的，说预言不能引向天国，而有爱，即使没有说预言的能力，也引向天国。保罗谈到基督的肢体时，说："岂都是使徒吗？岂都是先知吗？"（林前12：29）毫无疑问，即使没有说预言的恩赐，他也可以算为基督的肢体。但是他若没有爱——没有爱，人就不算什么——那他能［在他们中］占有什么位置呢？基督的身子由各肢体构成，当谈到这些肢体的一个问题时，它从不曾说"岂有爱吗？"它仍是说："岂都是天使吗？岂都是先知吗？岂都是行异能的吗？岂都是得恩赐医病的吗？"（林前12：29—30）如此等等。

或者有说预言的能力却没有爱

1.9，假设有人说，一个人当然有可能没有说预言能力却有爱，因此他属于并算作基督的肢体；但是他不可能有说预言的能力却没有爱，因为一个有说预言能力却没有爱的人就是无（nihil）。这就好比说一个人有灵魂（animus）但没有心灵（mens）就是无——不是说可以找到一个有灵魂却没有心灵的人，而是说，如果能找到这样的人，他也必是无。这也类似于说，如果一个物体有形状但无颜色，就不可能被看见——不是说存在一个没有颜色的物体，而是说它就算存在，也不可能被看见。这或许就是经上说这话的原因：如果一个人能说预言却没有爱，他就什么都不是——不是说一个没有爱的人就不能说预言，而是说如果这样的人说预言，对他也毫无益处。

为了回答这个问题，我们必须表明一个恶人拥有说预言这种恩赐。即使我们没有找到这样的人，扫罗本人就是充分的证据。不过，我们讨论过的巴兰似乎是个恶人，因为圣经记载了他被神的审判定罪，而他就有说预言的能力。因为他缺乏爱，所以他有一个意愿，要咒诅以色列民——他们的仇敌提供价钱，贿赂他向他们发咒诅，他就预备了咒诅；然而事与愿违，他竟藉着赐给他的这种说预言能力，对以色列民发了祝福之言。① 那些［祝福的］话在很大程度上印证了福音书里记载的话——到了那日，必有许多人说这话——"主啊，主啊，我们不是奉你的名传道，奉你的名说预言，奉你的名行许多异能吗？"（太7∶22）但他必这样对他们说："我从来不认识你们，你们这些作恶的人，离开我去吧！"（太7∶23）我们并不认为他们所说的那些事有什么虚谎，因为不会有欺骗的机会，但我们没有读到这样的人说"我们爱你"。也就是说，即使他们是不敬神的恶人，他们也会说"我们奉你的名说预言"。但是他们不会说"我们遵行你所定立的爱律。"因为如果他们这样说了，回答他们的必然不会说"我不认识你们"；他会说："你们若有彼此相爱的心，众人因此就认出你们是我的门徒了。"（约13∶35）

异端分子和分裂分子可能有圣灵的任何一种恩赐，唯独没有爱

1.10，因此，扫罗的这个例子驳斥了一些傲慢的异端分子，② 他们

---

① 参见《民数记》二十二章至二十四章。
② "一些傲慢的异端分子"（superbis nonnullis herelicis）是指多纳图教派（Donatists），如奥古斯丁解释的，他们不相信罪人可以拥有上帝的恩赐，尤其是圣礼。但是大公教徒承认多纳图教派的圣礼；如果一个多纳图派信徒回归大公教信仰，不会要求他领受由大公教主持的第二次洗礼，使他在多纳图派主持下领受的第一次洗礼受到亵渎，似乎第一次洗礼是无效的。参见其他各处的"洗礼"一词。引人注目的是，这里的"一些"（nonnullis）与构成大公教会的"众多"信徒形成对比，后者遍布整个罗马世界，不像多纳图派只局限于北非。这是奥古斯丁经常提到的一种对比。参见比如 *Answer to the Wrings of Petilian* Ⅱ, 39, 93—94；Ⅱ, 45, 106.

否认出自圣灵的任何恩赐可以给予那些无圣徒之份的人,而我们会对这些无圣徒之份的人说,他们可以拥有洗礼的圣礼,当他们回到大公教会之后,他们所受的洗礼无论如何不会被玷污,也不必再受圣礼,似乎他们不曾受洗似的。但他们绝不能因为我们没有指责他们,仍然承认他们领受的圣礼,就以为救恩是理所当然的;他们应当认识到,有一个藉着爱联合起来的统一团契,必须加入这个爱的团契;没有爱,就算他们能够拥有任何东西,就算所拥有的东西是圣洁而可敬的,他们自己仍然不算什么。他们在今生所领受的恩赐也是暂时的,他们越是滥用这些恩赐,就越是不配得到永生的回报。而没有爱,就不可能正当使用任何事物;爱包容一切。① 因此它不分离统一体,它本身就是统一体的最强纽带。因为那个仆人并非没有得到一个塔兰特(talentum)的恩赐(或许这里的塔兰特可以理解为别的什么,而不是真正的神圣恩赐),然而,凡有的,还要加给他,叫他有余;没有的,连他所有的也要夺过来。② 他所没有的,不可能夺走;但他所没有的,是这样一种东西,因为他缺乏它,所以可以合理地夺走他所有的;他在自己的行为中缺乏爱,而没有爱,一切都与他无益,所以,不论他有什么,都要夺走。

为何恶灵被称为耶和华的灵

1.11,所以不必惊奇,这位扫罗王,当他最初受膏时领受了说预言的灵,③ 后来,当他因悖逆被定罪,④ 耶和华的灵就离开他,从耶和华而来的恶灵就扰乱他,这灵因其所施行的功效,本身也被称为"耶和华的灵",因为主利用诸般灵,包括邪灵,结出善果,不论是定某些人的罪,是修正他们,还是试炼他们;虽然恶意不是出于上帝,但凡权

---

① 参见《哥林多前书》十三章 7 节。
② 参见《马太福音》二十五章 29 节。
③ 参见《撒母耳记上》十章 10 节。
④ 参见《撒母耳记上》十五章 22—23 节。

柄，无一不是出于上帝。经上还说从耶和华来的睡眠控制了扫罗的兵丁，当扫罗睡着了，大卫就从他头边拿走他的枪和水瓶，[①] 这不是说主里面有睡眠，然后导致扫罗入睡，而是说当时他们已经被睡意控制，在上帝的命令下，睡虫就进入他们里面，使他们入睡，免得有人知道大卫的仆人出现在那里。同样，不必惊奇，这个扫罗也领受说预言的灵，尽管他追杀一位义人，来到一群先知所在的地方，想要抓他并杀他。因为这非常清楚地表明，没有人能不为这样的恩赐所动，即使他没有爱，也如同被上帝完全悦纳一般；即便扫罗的那个恩赐可能是出于某种隐秘而神奇的原因赐给的，但它足以表明，这样的恩赐也可以赐给一个邪恶、嫉妒、忘恩负义的人，他以恶报善，甚至在领受了灵之后，仍然没有改邪归正，弃恶从善。

第二个问题：关于上帝，任何言说都不配

2.1，现在我们要来看看为何经上说："我立扫罗为王，我后悔了"（撒上 15：11）。凭你的理解力你自然不会不明白这话的意思，但你出于父亲般的慈爱和善意的关心，要考察我对这话的基本理解，所以就提出这样的问题：上帝既具有对万事的完全预知，他怎么可能对某事后悔呢？如果这话是就上帝而言，那我会认为这话与他不相匹配——如果可以说有什么能与他相配。就他永恒的权能和神性而言，奥秘非凡，完全超出任何人所使用的语言之上；不论用什么言语来谈论他，甚至包括一些在人眼里也看为可鄙视的措辞，都是属人的，目的在于警示人，显明人的软弱性，叫人知道，即使圣经里看似在合宜地谈论上帝的那些话语，与其说适合神的高远，不如说适合人的理解，因此它们本身必然被更有卓见的心灵超越，正如在某种意义上它们已经被超越那样。

---

① 参见《撒母耳记上》二十六章 7—12 节。

预知是上帝的特性吗？何谓上帝的知识。何谓上帝的忿怒、怜悯和嫉恨

2.2，谁不知道，对预知一切的上帝来说，不可能有任何后悔？显然，对于这里的两个词，后悔和预知，我们相信一个即预知适合于他，而否认在他有后悔。但是有人可能会更仔细地考察这两个词，质疑为何预知这个词就可以归于上帝，然后发现上帝那不可言喻的尊荣甚至完全超越于预知这个词所能囊括的含义。果真如此，那就不必吃惊，用这两个词来描述上帝其实都是为了人的缘故，因为就他本身而言，两个词都不适合他。预知是什么，不就是对将来之事的知识吗？然而，对上帝来说，他既在一切时间之外，哪有什么将来呢？如果说上帝的预知包含这些事，那它们对他就不是将来，而是现在，因此这种知识就不能称为预知，只是知识而已。然而，如果将来的事既不是与他同在，也不是存在于时间造物的秩序之中，但他凭着知道预见它们，那么他知道它们两次，一次根据他对将来事物的预知，一次根据他对当下事物的知识。这样，就有某物在时间里影响上帝的知识，而这是非常荒谬而错误的。因为若不是他两次知道事物，一次在它们还未存在之前通过预知知道它们，一次在它们已经存在之后通过知道认识它们，就不可能有这样的情形，即他预知将来要发生的事，当它们发生后，他就知道它们。这样就出现这种情形——完全不合乎真理的情形——有某物在时间里影响上帝的知识，因为时间性的事物，是被预知的，也被知道是现在的，但当它们还未存在之前，不是被知道，只是被预知。但是，那些将要发生的事，当它们发生之后，仍是被预知的，所以如果没有新的事物影响上帝的知识，他的预知必然保持原来的样子，就是他所预知的事物还没有发生之前的样子，既然这种预知不涉及将来的事物，那它怎么能称为预知呢？因为他原本看为将来的事如今就是现在的事，稍后它们就将成为过去的事。但预知绝不可能说是关于过去之事的知识，正如不可能说它是关于现在之事的知识一样。这样,它就沦落到这样一个境地,原本是对将来之事的预知,却成了关于这些事物的现在状态的知识。既然原先是上帝的预知,后来变成了知识,那它就是可变的,是暂时的,然而,上帝是至真至高的存在者,任何方面都是不可变的,他的任何新运动都是非时间性的。①

所以,我们不应说上帝的预知,只能说上帝的知识。我们要力图弄明白为何如此。就我们自己来说,若不是指被感知并理解的某事留在我们的记忆中,我们记得自己已经感知或理解了它,因而当我们想要回忆时就能回忆,我们通常不会说这是我们的知识。如果这样的事物也以这样的方式存在于上帝,从而可以说他现在理解、过去也理解,现在知道、过去也知道,那么时间就被纳入了,更有甚者,可变性也悄悄进来了,而这与上帝的实体是完全相背、格格不入的。上帝乃是以不可言喻的方式知道并预知。同样,上帝也以不可言喻的方式"后悔"。不过,尽管上帝的知识大大超越于人的知识,把两者相提并论委实可笑,但我们仍然把两者都称为知识。确实,人的知识是这样一种知识,使徒说到它:"知识终必归于无有"(林前13:8),但上帝的知识绝不可能用这样的话来描述。同样,人的愤怒是身心混乱、精神痛苦的,而上帝的愤怒——福音书里说到它:"上帝的震怒常在他身上"(约3:36),使徒也说:"上帝的忿怒,从天上显明在一切不虔不义的人身上"(罗1:18)——则以神奇的公正惩罚受制于忿怒的造物,而他自己保持永恒的平静。同样,一个人的怜悯(misericordia)暗示某种心理忧愁(cordis miseriam),拉丁词就源于这个意思,所以使徒劝告我们不仅要与那些喜乐的人同乐,也要与那些哀哭的人同哭;②但凡有点常识的人,谁会说上帝有哪怕一点点忧愁,尽管圣经里各处都证实他是怜悯的

---

① 时间是运动的尺度。参见《忏悔录》XI, 24, 31。
② 参见《罗马书》十二章15节。

上帝？同样，我们所理解的人的嫉恨，总是带有恶意的咒诅，但上帝的嫉恨并没有那个意思，也就是说，同一个词并非都指同一个含义。

用人事的术语指称神事，但要剔除其不完全性。智慧与知识如何区分

2.3，再举例子，不免乏味，总之，有数不胜数的例子表明，尽管人事与神事彼此差距十万八千里，但许多神事都用指称人事的术语来描述。同样的语词用于两类不同的事物，并非没有理由，因为当我们了解指称人事的术语——那是日常用语的一部分，经过不断经验为我们所知——它们就开启通向对至高者的理解之路。当我从人的知识中抽掉可变性，剔除某些标志从一种思想转入另一种思想的过渡元素；当我反思从而用心灵辨别不久前还不知道的东西，并经记忆的累积从一事物跳跃到另一事物（所以使徒说我们所知道的有限①）；当我把所有这一切都剔除，只留下某个真理的元气（vivacitas）——这真理是确定的，不可动摇的，以它那统一而永恒的沉思照亮万物；或者不能说我留下它，因为人的知识并不拥有它，我乃是集中我所有力量凝视，终于对上帝的知识有了那么惊鸿一瞥。然而，知识这个术语——基于这样的事实，即通过知道，某事向某人展现——仍然既可以指人的知识，也可以指神的知识。不过，在人中间，知识通常区别于智慧，如使徒所指出的："这人蒙圣灵赐他智慧的言语，那人也蒙这位圣灵赐他知识的言语"（林前12：8）。然而，在上帝，它们绝不是二，而是一。在人，它们通常并且恰当地以这样的方式区分，智慧属于对永恒之事的理解，知识属于对那些我们通过身体感官经验之事的理解。②虽然有人会提出另外的区分，但若不是两者有分别，使徒也不可能作出这种区分。如果真是这

---

① 参见《哥林多前书》十三章9节。
② 这是奥古斯丁对知识（scientia）和智慧（sapientia）的经典区分。参见《基督教教导》Ⅱ，7，9—11；《论三位一体》ⅩⅡ，4，22— ⅩⅣ，19，26。

样，如果知识这个词用于我们感官所经验到的事物，那么在上帝就没有任何形式的知识，因为上帝不是像人一样由身体和灵魂构成。不过，更好的说法是，上帝的知识是另一种形式的知识，不同于属于人类的这种知识。同样，被称为"上帝"的恒在者，[①] 完全不同于——比如——"上帝站在诸神的会中"所指的对象。也就是说，使用了同样的术语，并不意味着含义上可以混淆。

同样，我从人的忿怒剔除混乱，只留下惩罚的力量，于是，在一定程度上我渐渐知道所说的上帝的忿怒是什么。关于怜悯也一样，如果你去掉你与你所怜悯者同享的痛苦之情，就留下平静的善好，即帮助别人，使他脱离忧愁，于是就有了神圣怜悯的概念。我们也不能否定或嘲笑上帝的嫉恨，因为我们看到圣经里有这样的记载；但我们要从人的嫉恨中剔除灵魂里忧伤的祸患和病态的焦虑，只剩下审判本身——依据这样的审判，任何对贞洁的败坏都必须受到惩罚——这样，我们就能上升到对"上帝的嫉恨"有某种基本理解。

上帝如何"后悔"

2.4，因此，当我们读到这样的话，上帝说："我后悔"，我们就要思考通常用在人身上的是什么样的后悔。毫无疑问，它包括意图的改变，但在人身上，它的出现伴随着灵魂的悲伤，因为他在心里指责自己草率行事。因此我们要抽掉那些源于人的软弱和无知的因素，只留下这样的意图：让某个特定的事物不是它原来的所是。这样我们的心灵才可能对大纲——我们要在这个大纲内理解上帝"后悔了"——略知一二。

[①] "被称为上帝的恒在者"：id ipsum quod deus dicitur。对奥古斯丁来说，Id ipsum（直译：事物本身）这个术语用来指上帝时，具有非同寻常的含义。参见 Exposition of Psalm 121 [122], 5："何谓'恒在者'？就是始终以同样的方式存在，而非时而是此物，时而成为彼物。"这个术语有时译为"自身同一者"或者简称"同一者"。亦见《忏悔录》IX, 10, 24；《论三位一体》III, 2, 8.

因为当说到他后悔时，意指他不愿意某个特定事物还是他原本造它时的样子。但另一方面，它原本是这样，它就应该是这样；当它不再允许是这样，它就不再应该是这样，这是出于某种恒久而稳定的公正判断，上帝藉着这样的判断按照他不变的旨意安排一切可变之物。

为何后悔和嫉恨看起来比预知、忿怒等等更不适用于上帝

2.5，但是因为我们提到人的预知和知识时通常都带着赞美，也因为人类一般对大人物的忿怒更多的是惧怕，而不是指责，所以我们认为这样的事物可以用来描述上帝。而对于嫉恨或后悔某事的人，我们往往加以指责或纠正，认为这些情感是该受批评的东西，所以读到上帝竟然也有这类情感，不免感到吃惊。但是圣经具有整体观，它之所以使用这类术语，是为了避免当那些褒义词用在上帝身上时，我们按属人的方式来理解。因为当我们读到这些贬义词时，我们断不敢认为它们用于上帝时所表示的含义，与它们表现在人身上时是一样的，由此我们也学会去质疑我们原本以为适合并恰当使用于上帝的术语。因为如果某个事物因其在人身上是贬义的，因而不能用到上帝身上，那么我们也不能因为经上批评人说："他们心里没有改变"（诗55∶19），而称上帝是不可变的存在。

同样，有些在人身上是可赞美的东西，却不可能存在于上帝，比如知耻（pudor），它是年轻人的大好装饰；比如敬畏上帝，不仅在旧约里受到赞美，使徒也说："敬畏上帝，得以成圣"（林后7∶1），但它们当然完全不存在于上帝身上。所以，就如某些品质在人身上是可赞美的，但不适用于上帝；同样，有些品质在人身上是可指责的，但可以恰当地理解为属于上帝——并非它们用于人时所指的那个意思，只是使用了同样的语言，含义和用法却大相径庭。因为稍后，这位撒母耳——上帝曾对他说："我立扫罗为王，我后悔了"——对扫罗谈到上帝说："因为他迥非世人，决不后悔"（撒上15∶29）。这清楚表明，即使当上帝说"我后悔"时，也不能从人的意义上理解，对此我们已经尽我们所能作了详尽讨论。

第三个问题：为何藉着巫师能把撒母耳召来

3.1，你还问，附在巫师身上的污鬼是否有能力让扫罗看见撒母耳并与他说话。① 要说这个，那更加令人震惊的是，所有污鬼之王撒旦——还曾要求试探使徒②——能够与上帝说话，并且请求让他去试探最大的义人约伯呢。③ 所以，这个问题并不难，因为无处不在的真理想要藉着什么造物说话，就藉着什么造物说话，想要对什么造物说话，就对什么造物说话，所以，上帝对谁说话并不是至关重要的问题；关键在于，他说的是什么，因为即使是皇帝，对于他小心翼翼挑选出来为其谋福祉的清白之人，他也并非与他们很多人说话，但他确实与很多他下令处决的犯人说话。所以，若说这样的事毫无疑问，那么对于污鬼能够与某位圣人的灵魂说话这样的事，就更毋庸置疑了。因为上帝这位创造主和圣化者（sanctificator），远超乎他的所有圣者。但是如果这样的事——他允许一个邪灵召来一位义人的灵魂，把它从最遥远的死者避难所召上来——令人不安，那么撒但带着主并把他置于神殿之顶，④ 这样的事岂不是更令人吃惊吗？不论他以何种方式做成这事，他唤来撒母耳这样的事也同样以隐秘的方式发生，除非有人说，比起把死去的撒母耳从他安息之地唤醒，魔鬼更容易得允把活着的主从他想要带走的地方带走，安置到他想去的地方。如果福音书里的记载没有使我们不安，因为这是主希望并允许它发生的，与他的权能和神性没有任何损害，正如他把自己交出去，让自己被犹太人抓捕，被他们得胜、嘲笑、钉十字架、

---

① 参见《撒母耳上》二十八章7—19节。
② 参见《路加福音》二十二章31节。
③ 参见《约伯记》一章6—12节。
④ 参见《马太福音》四章5节。

刺穿，尽管他们是悖逆的，不洁的，所行的正是魔鬼的作为，那么可以正当地相信，圣灵依据神意的某种安排，就允许这位圣先知的某种形像出现在这个王面前——不是无意的或者在魔力的支配和辖制之下，而是有意为之，是服从上帝的隐秘安排，这种安排向巫师隐藏，也向扫罗隐藏——因为圣灵要用神圣审判击打他。试想，既然许多在世的善人也常被召唤来到恶人面前，依据公正要求与他们合作，同时保持自己的德性之美纯洁不污，有效地对付他们的恶行或者满足应急之需，那么一个死去善人的灵魂因在世恶人的要求显现出来，这灵魂怎么会失去自己的尊贵呢？①

撒母耳显现的可能是幻象，不是灵

3.2，关于这件事，还可以有一种更便捷的回答，一种更简单的解释，即，我们不相信撒母耳的灵真的从安息之地被唤醒，而认为魔鬼用诡计引来的只是一种幻影和假象，圣经之所以用撒母耳的名字来指称，乃因为事物的影子通常都以其代表的事物之名来指称。比如，凡是用金属、木头或者其他某种材料绘制、塑造的作品，梦中所见的事物，以及所有与那些事物极其相似的事物，通常都用事物本身的名称来指称。试问，对于一个人的画像，谁会不愿意称之为人呢？事实上，每当我们看到具体个人的画像，我们都毫不犹豫地使用它们的专有名字，当我们盯着一幅加框的画或壁画，我们就说，那是西塞罗，那是萨卢斯特（Sallust），那是阿基里斯（Achilles），那是赫克托耳（Hector），那是西摩伊斯河（River Simois），② 那是罗马，尽管它们只是画出来的像而

---

① 在教父学作品中，这样的观点比较罕见，即为了追求某个符合公正原则的目标，善人可以与恶人以这样的方式合作，善人不因与恶人接触而失去自己的美德。这是某种政治神学的开端，或者至少是这种神学的一个方面。
② 萨卢斯特（公元前86—34年），罗马历史学家和政治家。阿基里斯、赫克托耳以及西摩伊斯河都出现在荷马的《伊利亚特》。

已。同样，虽然基路伯是天上的权势，却按上帝的命令用金子造出它们的形像，放置在约柜前，表示大能，① 这些形像也被称为基路伯，不会称为别的东西。同样，凡做了梦的，不会说我看见了奥古斯丁的像，辛普里奇的像，而是说，我看见了奥古斯丁，看见了辛普里奇（尽管当他看见这样一个事物时，我们自己毫不知情），但大家都理所当然地知道，他所看见的不是他们本人，不过是他们的像而已。法老说他在梦里看见麦穗和母牛，② 而不是说看见麦穗和母牛的像。这样说来，既然用真实事物的名称来指称这些事物的像，这是通用的做法，那就不必奇怪，圣经说所显现的是撒母耳，但可能只是藉着魔鬼的计谋显现的撒母耳的幻象——这魔鬼装作光明的天使，他的差役就装作仁义的差役。③

魔鬼如何知道将来的事

3.3，若说藉着扫罗的邪灵预言真实的事令人费解，那犹太人不认识基督，魔鬼却认识基督，④ 岂非也可以说不可思议了。因为上帝如果愿意，他甚至可以藉着最卑贱最低级的灵让某人知道真实事物，虽然它们只是暂时的、属于此世可朽生命的事，所以他作为全能而公义的上帝，通过自己使者隐秘的运作，把某种预言的权柄赐给这些灵，好叫它们向人宣告从天使听来的信息，而作为对得到这些预告的人的惩罚，他们必因预先知道了还未到来就威胁着他们的恶而受苦，这是完全合宜的，没有任何不当。当然，这些灵只能听到万物之主宰者和统治者命令或允许它们听到的事。因此，《使徒行传》里的巫鬼也向使徒保罗作见证，企图成为传福音者。⑤ 不过，这些鬼灵混杂着谎言，它们预告有幸

---

① 参见《出埃及记》二十五章18节。
② 参见《创世记》四十一章17—24节。
③ 参见《哥林多后书》十一章14—15节。
④ 参见《马太福音》八章29节。
⑤ 参见《使徒行传》十六章16—17节。

得知的真理，有教训的目的，也同样有蒙骗的目的。或许正是因为这个原因，当撒母耳的像预言扫罗要死时，又说他将与他一起，而这显然是假的。事实上，我们在福音书里读到，人死后，善人与恶人之间有深渊隔开，如主证实的，在那个傲慢的财主——他在阴间受痛苦折磨——与那个生前浑身生疮、常在财主家门口乞讨如今安息的乞丐之间，有深渊限定。① 或者如果撒母耳告诉扫罗"你必与我在一处"（撒上 28：19），不是指同等的快乐，而是指同样的死的状态，因为两者都是人，都是必死的，那么这就是一个死人预言一个活人之死的问题了。

阁下明智，我相信您明白可以根据哪一种解释来理解那节经文，前提是不违背信仰。② 但唯有进一步作更深入更复杂的研究——这超出了我的能力范围，时间也不允许——才有可能发现，人的灵魂离开此世又被咒语召回后，是否能够穿戴身体向活人显现，从而不仅可以被人看见，还能被人认出是谁；如果可能，还可以发现，义人的灵魂是否并非受制于巫术咒语，而是顺服于至高律法的隐秘命令，屈尊显现。所以，如果可以肯定这样的事不能发生，那么在讨论和解释圣经的这段经文时这两种理解都不能成立，但是如果排除前者，有一点还是很清楚的，即撒母耳的假形像是以恶灵的样子显现的。不论它能不能发生，撒但的技俩及其设计假象的狡诈手法意在想方设法蒙骗人的感官，我们当然不应反对更加仔细地研究，但必须十分小心（我们仍应认为，这类事是藉着那个巫师的恶计得逞的），只要不提出更多的问题让我们思考并寻找答案。③

第四个问题：祷告时身体的姿势

4. 至于你问经文"大卫王进去，坐在耶和华面前"，这里的"坐

---

① 参见《路加福音》十六章 26 节。
② 参见《八十三个问题汇编》问题五十九 LIX，1 及注释 175。
③ 当奥古斯丁在《杜尔西提乌斯的八个问题》6 再现这个问题时，他在第 5 节补充说，他发现另一节经文（便 46：20）与这个巫师的故事有关。

在耶和华面前"是指什么，它若不是指约柜所在的地方——约柜可以理解为更庄严更可悦的耶和华之面——或者指他坐下来准备祷告，因为若不是在耶和华面前——即在心灵深处——祷告，就不是正当的祷告，那还能是指别的什么意思呢？"在耶和华面前"也可以理解为没有人能听见某人祷告的地方。所以，不论祷告的处所是安排在约柜所在的地方，或者远离旁人的隐秘之地，还是心灵深处，他"坐在耶和华面前"都是很好的表达。或许有人会提出一个问题，他为何坐着祷告，尽管圣以利亚祷告求雨时也是坐着的。①

我们从大量例子得知，祷告时只要心灵在上帝面前，全神贯注，②身体保持何种姿势并不重要。我们可以站着祷告，如圣经所说："那税吏远远地站着"（路18∶13）；可以跪着祷告，如我们在《使徒行传》里读到的；③可以站着祷告，如我们所看到的大卫和以利亚那样。我们若不是也可以躺着祷告，《诗篇》里就不会这样写道："我每夜流泪，把床榻漂起"（诗6∶6）。因为当有人寻求祷告时，他总是把他的肢体安放妥当，使他此时身体的状态最适合唤醒他的心灵。但是由于祷告人的欲望不是源于寻求，而是源于被赐，④所以当人突然想到某事，无以言表的叹息激发祷告的欲望，不论它是如何临到此人，他不可能把祷告搁置，然后去寻找适当地方或坐或站或卧。因为心灵的专注为自己创造某种独处，这个时候，它往往甚至对自己身处何地、身体呈什么姿势全

---

① 参见《列王纪上》十八章41—45节。
② "只要心灵在上帝面前，全神贯注"：dum animus deo praesens peragat intentionem suam。Bibliotheque Augustinienne 的译文为 pourvu que l'ame, attentive a Dieu, exprime ses desirs（只要灵魂专注于上帝，表达自己的欲求）。这几个关于祷告的关键词的两种译法似乎都是可行的。
③ 参见《使徒行传》二十章36节。
④ "不是源于寻求，而是源于被赐"：non quaeritur sed infertur。这与奥古斯丁在本作品 I, 2 解释的对恩典的理解相一致。

无意识。①

第五个问题：以利亚问上帝关于寡妇儿子之死的话

5. 关于圣以利亚说的话："耶和华啊，这位寡妇的见证者，因为我住在她家，你就降祸于她，杀死她的儿子"（王上17：20）。如果掌握这句话正确的表达方式，它的意思就没有任何奇怪之处。因为说这话的，不是认为上帝会降大祸于那位寡妇的人——这位寡妇非常慷慨地接待了先知，尤其在那个时候，他处于如此困顿处境中，她却把自己仅有的一点食物全部供给他。这话的意思就如同他说："耶和华啊，我住在这位寡妇家，你是她的见证者，难道你会降祸于她，杀死她儿子吗？"这样就可以明白，耶和华确实是那位寡妇之心的见证人，他看见她心里大有敬虔，这也是他亲自差遣以利亚到她那里的原因；他使她儿子死不是为了降祸，而是为了施行神迹，荣耀他的名，由此他就可以向那些当时活着的人以及那些后来到来的人举荐这位伟大先知，正如主说拉撒路不是为死而死，而是为了上帝在他儿子里得荣耀。② 事实证明确实如此，因为由于以利亚的笃信，没有发生使那位慷慨接待他的寡妇悲痛欲绝的事；相反，上帝宽宏地向寡妇表明，她所接待的是怎样一位上帝的仆人。如经文接下来所说："以利亚三次伏在孩子的身上求告耶和华说：耶和华我的上帝啊，求你使这孩子的灵魂仍入他的身体。事就这样成了。"（王上17：21—22）以利亚祈求得如此简明又如此信赖，就是让孩子活过来，这个祈求清楚地表明前面的话是以什么语气说的。寡妇本人表明，她儿子之所以受死的原因，以利亚说的那句话——不是以肯定的语气，而是以否定语气说的——已经作出推定。因为当她失而复得儿子后，就说："现在我知道你是属上帝的人，耶和华藉你口所说的话

---

① 这里暗示祷告有时引向出神的自我遗忘状态，这在约翰·卡西安的《谈话集》IX, 31 得到充分阐述："僧侣明白自己或自己在祷告什么，那就不是完全的祷告。"
② 参见《约翰福音》十一章4节。

是真的"（王上17：24）。圣经里有大量段落，若不是以那样的方式说，就得出相反的含义，比如："谁能控告上帝所拣选的人呢？有上帝称他们为义了。"（罗8：33）如果你作出肯定回答，你就发现会产生多大的危害。因此，说这话必定如同有人问："难道是称他们为义的上帝吗？"所以就可以明白："断乎不是！"这样，我想，以利亚的意思就清楚了，否则，如果读的语气不对，意思就会含糊不清。①

第六个问题：关于派去蒙骗亚哈的说谎的灵

6. 关于蒙骗亚哈的说谎言的灵，② 我们的理解——我想前面我们已经讨论得足够清楚③——就是，全能的上帝按照各人的功过公正地分配惩罚和奖赏，不仅动用良善而圣洁的天使作相应的工，甚至使用恶天使作适合的工，因为这些恶天使，因其逆性的欲望，乐意做害人的事；但他们最多只能在那按着尺度、数目和重量安排万物的主④判断为最佳方案时才得允行事。而先知米该雅说的，就是向他启示出来的。⑤ 因为充满奥秘、晦涩难懂的事按人的本性能理解的方式向先知启示，在启示过程中，也藉着事物的形像教导，如同藉着话语一样。

上帝总在成就这样的事，同时他又无处不在，并且以他的整体无处不在，而圣天使以及他所造的至高至纯的众灵凝视他的单纯、不变、永恒的真理，在那永恒公正的真理里看见他们为低级造物的福祉在时间范围内应完成的作为。另一方面，堕落的灵，没有坚守真理，因其不洁和软弱——他们的欲望和所受的惩罚必然导致他们的软弱——而无法从里

---

① 奥古斯丁对《列王纪上》十七章20节经文作了重新解释，并且他拒不认为先知有可能指责上帝的神圣决定，对此现代注经者不敢认同，但他们都接受他对《罗马书》八章33节的理解。这个难题的部分原因，至少关于后半节经文的理解，在于拉丁文里少了一个问号。
② 参见《列王纪上》二十二章19—23节。
③ 特别参见Ⅱ，1，4，11；3，1．3．
④ 参见《所罗门智训》十一章20节。
⑤ 参见《列王纪上》二十二章19—23节。

面凝视他的面或沉思他的真理,就借助被造物寻找外在的记号,受它们感动做或不做某事;① 但他们受制于永恒律法,那是支配整个宇宙的大法,所以他们受到辖制和约束,必须等候上帝的许可,或者顺服上帝的命令。至于这一切为何如此,那问题过于复杂,解释起来太费时间了。

以上所说,恐不能满足阁下您的期待,并且也可能令您感到乏味无趣。因为您可能只是希望我就您所提出的问题写一卷书回复,但我给您寄回了两卷书——好长的回信!——并且或许并未非常仔细而及时地回答您的问题。因此,我恳请您为我的过失不住地、勤勉地祷告。我也恳请您对拙作提出简洁明了、深思熟虑的意见,就算非常直接、不留情面,我也不会认为它过于苛刻而拒不接受。

---

① 关于鬼灵依据外部记号实施行为的能力,参见奥古斯丁 *The Divination of Demons* 3,7;4,9。

杜尔西提乌斯的八个问题

导论

在奥古斯丁的作品中,《杜尔西提乌斯的八个问题》比较特别,它几乎全都是由他以前作品的摘录构成。该作品写于425年,是对杜尔西提乌斯(Dulcitius)转给作者的八个问题的回复。杜尔西提乌斯是一名保民官,霍诺留斯(Honorius)皇帝派他来实施针对多纳图教派的法令。① 在《订正录》Ⅱ,65奥古斯丁说,考虑到该作品比较特别,除了问题5是全新的,问题1—4、6—8都只有部分内容不是摘录,所以他原本没打算把它列入他的作品集。奥古斯丁在开场白里解释说,他之所以以这种方式回复杜尔西提乌斯的问题,是因为不这样回复对他来说工作量太大(当时他已是70出头的高龄),而且无论如何,对收信人也没有更多的益处。

相比于《答辛普里奇的问题汇编》,奥古斯丁在本作品中似乎完整地保留了收信人的问题。从这些问题可以看出,杜尔西提乌斯出于公职的需要,对圣经很熟悉,对神学问题也有所涉猎。他的一些问题具有持久的重要性。第一个问题就属于这样的问题。杜尔西提乌斯问,地狱的折磨对那些受洗之后又犯罪的人是否会终止。他自己的观点认为,这些折磨其实不是永恒的,他引用了两节经文,《马太福音》五章26节和

---

① 参见 *Answer to Gaudentius*, *a Donatist Bishop* Ⅰ,1,1。奥古斯丁还写信给杜尔西提乌斯(Letter 204),谈到对多纳图教派的处理。

《哥林多前书》三章 15 节，作为证据支持这一观点，但第三处经文，即《马太福音》一章 25 节，他觉得有点模棱两可。奥古斯丁引用《信心与行为》14，23—16，29 以及《论信望爱》（《手册》）18，67—69 回答他。他研究保罗《哥林多前书》三章 11—15 节充满奥秘的经文——他在另外地方集中讨论这个问题①——得出这样的结论：仅有信心不足以得救，还必须加上出于爱的行为；地狱的火是永恒的，那些在地狱里受苦的人就是在那火里永远受苦；某类净化的火，或者是真实的，或者是隐喻的，等候那些离开了此世的好却仍依恋那些好的人。最后的总结他是专门为杜尔西提乌斯写的，他告诫说，那些受洗后又犯重罪的罪人，对他们的爱不能抵消保罗在《哥林多前书》六章 9—10 节以及《以弗所书》五章 5—6 节的严厉教导：上帝的国是向他们关闭的。

杜尔西提乌斯的第二个问题是关于为死者灵魂献上的祭品的价值。奥古斯丁引用了《对死者的关照》1，1—2 以及《论信望爱》29，109—110 作为回答，这个问题的压力在于，唯有那些世俗生活既不特别好也不极端坏的人才会从这些祭品中受益。反过来，对真正良善和真正邪恶的人，这些祭品没什么益处。因此一个人所过的属世生命决定了为死者所献之祭品的价值。奥古斯丁忽略了杜尔西提乌斯在问题后所附的评论——即，在有些人看来，如果死者的灵魂能够自己为自己献祭，好过依赖于别人为它献祭。

第三个问题有两部分：当主来临时，他是否会即刻审判？那些被提到云里与基督相遇的人，如《帖撒罗尼迦前书》四章 17 节所描述，是否必须先经历死亡？奥古斯丁肯定地回答了第一部分问题，简单地参考了信经。关于第二部分，他转向他的书信 193，9—13，在那里他承认，圣经和信经有经文指出并非所有人都要死（或已死，比如以诺和以利

---

① 关于他注经的概述，参见 Bibliotheque Augustinienne 1, 8, 503—505。

亚),也有经文认为复活前必然先死,他无法将两者统一起来。耶利米在他写于390年代中期的书信59,3解释了《贴撒罗尼迦前书》四章17节,认为它是指,有些人确实可以避免死,他们完整的身体就会得荣耀。奥古斯丁应该非常了解耶柔米的信,但他没有提到它来支持他自己也倾向的这种观点。

第四个问题,杜尔西提乌斯问,大卫在《诗篇》112篇2节为何会预言正直者的子孙将被称为有权的和有福的,而事实上义人和不义者都有被咒诅的子孙和被祝福的子孙。奥古斯丁的回复摘自一篇布道书,是他对《诗篇》111[112]2—3节的解释,本质上是告诫,不要在今世对谁受咒诅谁得祝福作出草率的判断。

对杜尔西提乌斯的第五个问题,奥古斯丁特意为他作了回答,没有从现存的作品中摘录,所以他把它放到最后,然后直接跳到第六个问题,关于《撒母耳记上》二十八章7—19节巫师的问题。他在《答辛普里奇的问题汇编》Ⅱ,3已经回答过类似的问题,这里又重述了那个回答。最后他补充说,写了《问题汇编》之后,他在《使西拉智训》里发现又一处提到巫师故事的经文。

杜尔西提乌斯的第七个问题问,既然撒拉只是勉强避免了与亚比米勒发生关系,而与法老其实已经发生了关系,如《创世记》二十章2—4节以及十二章14—20节分别记载的,那怎么可以说她避免了羞耻?奥古斯丁先是基于《以斯贴记》二章12—13节,说她很可能并未与法老同房。关于亚比米勒,他简单地回顾发生在附近毛里塔尼亚·西提芬西斯(Mauritania Sitifensis)的一件事:一个人被梦阻止,未与他所绑架的寡妇发生关系。然后,奥古斯丁从自己的作品《答摩尼教徒法斯图斯》ⅩⅩⅡ,33引了一段较长的话(ⅩⅩⅡ,33—40),为撒拉的丈夫亚伯拉罕辩护——他似乎使撒拉处于有失体面的境地。引文详尽讨论了这两件事,基本上是按寓意把这位先祖道德上可疑的行为——至少表面上看来如此——解释为正当行为。粗略看,奥古斯丁对这个问题的回答的前半部分是新材料，是注经和轶事的奇妙结合，目的是为了维护这对先祖夫妇的尊贵和体面。

杜尔西提乌斯的第八个问题是，运行在水面上的上帝的灵，如《创世记》一章 2 节所描述的，是三位一体中的第三位格，还是某个低一级的灵。奥古斯丁的回复出自《〈创世记〉字疏》I，5，11—7，13，理所当然地认为这就是圣灵，并且提出可能的解释，为何可以说圣灵运行在水面上——这里的水是一个符号，表示创世之初，或者未皈依的因而是变动的灵魂。然而，圣灵运行在这未完成的事物上，这不是指位置意义上，而是指爱和权能意义上说的。既然《创世记》一章 2 节提到了圣灵，奥古斯丁发现，如他在《忏悔录》XIII，5，6 所发现的，《创世记》一章 1 节暗示了三位一体中的另一位格，而在《创世记》一章 3—4 节他发现再次提到三位一体。

最后，奥古斯丁转向杜尔西提乌斯的第五个问题：主既预知一切，知道大卫会成为这样一个大罪人，为何会说他拣选了大卫，他是合他心意的人（用《使徒行传》十三章 22 节的话说）？（杜尔西提乌斯的问题和奥古斯丁的回复使我们更好地认识到《使徒行传》十三章 22 节的引文其实是对不同版本的一个合并，就如旧约三处经文——《撒母耳记上》十三章 14 节；《列王纪上》八章 16 节，以及《诗篇》八十九篇 20 节）。奥古斯丁回答，这话在历史意义上适用于大卫，尽管他确实犯了大罪，但在预言意义上可以用于基督，在希伯来圣经里，经常以大卫之名提到基督，而他是真正合乎父心意的人。奥古斯丁将大卫与基督等同，这是遵循早期教会的一个长期传统。①

---

① 这一传统在 Angelo Di Berardino, ed., Encyclopedia of the Early Church, trans. by Adran Walford (New York 1992) I, 220 – 221 有概述，方便查阅。

订正录 Ⅱ,65

　　本书我题为《杜尔西提乌斯的八个问题》,原本并不打算列入我的作品集,因为它基本上摘自我先前写的其他作品,只有一个问题,我的回答不是出于我的任何其他作品,而是即兴讨论的。本书这样开篇:"我最亲爱的孩子杜尔西提乌斯,在我看来,我已经尽可能……"。

八个问题

前言

我最亲爱的孩子杜尔西提乌斯,在我看来,我已经尽可能毫不耽搁地回复你的问题。没错,我于古历四月初三①收到阁下从迦太基寄来的信,当时正值该年的复活节期间,我在家里与至亲朋友相聚。然而,那个节期后,我立即出发去了迦太基,在那个城市,成堆的工作——真是没完没了——使我没有时间口述任何问题。从那里回来之后,我又与自己的信众待了两周时间,因为我离开这么久(我三个月后才得允返回),他们坚持要我处理诸多其他事务。之后我就赶紧回复你寄来的问题,不再迟延。那些问题我在以前的作品中早就有过讨论,从那些作品中我找出回答或者至少是某种看法。唯有一个问题我没有从以前作品中找到现成答案,那就是:主既有难以言喻的对将来事件的预知,却为何说"我拣选了大卫,他是合我心意的"(行 13:22),尽管大卫犯有如此大的过错。我不记得何处讨论过这个问题,对它说过什么,是在某个作品里还是在某封书信里。因此,我不得不重新思考这个问题,我就把它留到本文的最后,打算先把我已经在其他书卷中有现成答案的问题处理好。这样,我既不会挫伤阁下的热心,那是我特别宝贵的财富,同

---

① 即 3 月 30 日。

时，也使我不必另外开笔，因为我实在不堪负荷，何况那对你也没有多大帮助。

第一个问题：受洗后犯罪的人是否能离开死谷

1. 你的第一个问题是："那些受洗后犯罪的人能离开死谷吗？"你说，"因为有相当数量的人对此有不同看法，他们说罪人的折磨，就像义人的报赏，不会有尽头。他们想要主张的是，惩罚必持续到永远，就如奖赏一样。但是福音书里有话反驳他们，说：'若有一文钱没有还清，你断不能从那里出来'（太5∶26）。这意思是说，只要把这钱还清了，人就可以离开那里。我们坚持这一点，也坚信使徒的话：'虽然得救，乃像从火里经过一样'（林前3∶15）。但是我们在另外地方读到：'他不认识她，直到她生了儿子'（太1∶25）①，这话我们无法按这个意思解释，所以我希望对这个问题有更加确定的回答。"这就是你这个问题的全部内容。

没有行为的信心不足以使人得救

2. 对此，我从我题为《论信心与行为》（De fide et operibus）的书中摘出回答，②我在该书中谈到这个问题，我说："雅各激烈反对那些认为只要信心不要行为就能得救的人，他甚至把他们比作鬼魔，说：'你信上帝只有一位，你信得不错；鬼魔也信，却是战惊'（雅2∶19）。还有比这话说得更简明、更真切、更激烈的吗？因为我们还在福音书读到，鬼魔承认基督是上帝的儿子——彼得曾因承认这信心受到主称赞③——却受到他斥责。④雅各说：'我的弟兄们，若有人说自己有信

---

① 合和本译文为"没有和她同房，等她生了儿子"，与此处有较大出入——中译者注。
② 《论信心与行为》14，23—16，29。
③ 参见《马太福音》十六章16节。
④ 参见《马太福音》八章28—32节。

心,却没有行为,有什么益处呢?这信心能救他吗?'(雅2:14)他又说:'没有行为的信心是死的'(雅2:20)。这些人从他们死的信心期望得到永生,他们要在错误中沉迷多久呢?

使徒的一段经文极难理解

3. "因此我们要仔细留意使徒保罗以下这段话该如何理解,它的困难之处显而易见:'那已经立好的根基就是耶稣基督,此外没有人能立别的根基。若有人用金、银、宝石、草木、禾秸在这根基上建造,各人的工程必然显露,因为那日子要将它表明出来,要在火里显明,这火要试验各人的工程怎样。人在那根基上所建造的工程若存得住,他就要得赏赐;人的工程若被烧了,他就要受亏损,自己却要得救;虽然得救,乃像从火里经过的一样。'(林前3:11—15)他们认为,这段话应该这样理解,那些在基督里有信心又有善工的人,可看作在这根基上用金银宝石建造;而那些作恶的人,虽然也有同样的信心,可看作用草木禾秸建造。基于此,他们相信,幸亏这些人有根基,可以藉着某种火的惩罚得洁净,从而得救。

反驳没有行为的信心能使人得救的观点

4. "果真如此,我们承认,他们正是本着某种可敬的仁爱力求接纳每个人受洗,无一例外,不仅包括违背主的教导主张错误婚姻观的男女通奸者,还包括从事那种最可耻职业的公开卖淫者。然而,对于这些人,除非他们先行脱离娼妓职业,绝不会有哪个教会,哪怕是最漫不经心的教会,惯于接纳他们。果真按照以上的推理,那请问,他们为何没有全被接纳呢?谁不更希望他们至少得到某种持续特定时间的火完全洁净——幸亏有一个已经建好的根基,即使他们用草木、禾秸建造——而不希望他们永久毁灭呢?

然而,若是这样,那些毫不含糊、清楚明白的话就是错的:'我若有全备的信,叫我能够移山,却没有爱,我就算得什么'(林前 13:2)'我的弟兄们,若有人说自己有信心,却没有行为,有什么益处呢?这信心能救他吗?'以下这些也是错误的:'不要自欺!无论是淫乱的、拜偶像的、奸淫的、贪婪的、醉酒的、辱骂的、勒索的,都不能承受上帝的国'(林前 6:9—10)。以下这些也是错的:'情欲的事都是显而易见的,就是奸淫、污秽、邪荡、拜偶像、邪术、仇恨、争竞、忌恨、恼怒、结党、纷争、异端、嫉妒、醉酒、荒宴等类。我从前告诉你们,现在又告诉你们,行这样事的人必不能承受上帝的国。'(加 5:19—21)这些话都是错的。因为如果他们只是相信且受了洗,尽管他们沉迷于这样的恶行,却仍要藉着火得救;因此那些已经在基督里受洗的人,即使行这样的事,也必承受上帝的国。那么经上所说的话就是徒劳的:'你们中间也有人从前是这样,但如今……已经洗净'(林前 6:11),如果他们即使在洗净之后,仍然行那些事。彼得所说的话也是徒劳的:'这……洗礼……也拯救你们;这洗礼本不在乎除掉肉体的污秽,只求在上帝面前有无亏的良心'(彼前 3:21),因为根据这种观点,洗礼甚至可以救那些全无良心的人,他们充满各种羞耻而罪恶的事,没有藉着悔改脱离他们的恶行,但他们因着在洗礼中所建造的根基,必然得救,虽然是过了火。

我也不明白主为何说:'你若要进入永生,就当遵守诫命'(太 19:17),或者为何谈到与善行相关的事,[①] 如果即使不遵行这些事,人仅凭信心——没有行为的信心是死的——也可以得生命。最后,他要对那些被安置在他左边的人说的话:'进入那为魔鬼和他的使者所预备的永火里去'(太 25:41)怎么可能是真实的呢?他斥责他们不是因为他们不相信他,而是因为他们没有行善事。[②] 没有谁基于信心就能指望永

---

① 参见《马太福音》十九章 18—19 节。
② 参见《马太福音》二十五章 41—43 节。

生，没有行为的信心是死的。因此他说，他要把所有混合在一起并且使用相同牧草的人作出分别，就显出那些必对他说'主啊，我们什么时候见你遭受如此这般的事，却不伺候你呢？'（太 25：44）的人。他们相信他，但没有奋力去行善事，就如同凭着死的信心去得永生。或许要进入永火①的就是那些不曾行怜悯之事的人，而不是那些拿走不属于自己之物的人，或者那些在自己身上毁坏上帝的殿②并且对自己不怜悯的人？没有爱，怜悯的作为会有什么价值呢？！如使徒所说：'我若将所有的周济穷人，却没有爱，仍然与我无益'（林前 13：3）。或者难道一个不爱自己的人会爱人如己么？③ 因为人若爱邪恶，必恨自己的灵魂。④ 这里也不能认为，所说的是一种永火，而不是永远的惩罚本身（不少人都被愚弄了）。他们认为那些人真的经过某种永恒的火，并且向他们——因其死的信心——许诺因火得救。换言之，这火本身是永恒的，但他们之被烧——即火的结果——对他们来说却不会是永远的。但是主作为主也预见到这一点，他这样总结自己的话，说：'这些人，要往永刑里去；那些义人，要往永生里去'（太 25：46）。所以，必然有一种永刑，类似于火烧；真理说，那些——如他所宣告——并不缺乏信心但缺乏善工的人，要往这永刑里去。

使徒的经文应怎样理解

5. "这样说来，如果所有这些以及整部圣经里可以看到时时说起且说得清楚明白的其他事，都是错的，那么关于草木、禾秸的理解——即，那些忽略善工单纯守着基督里的信心的人会因火得救——就是对的。然而，如果它们既正确又明显，那么就必须对使徒那段话另寻他

---

① 参见《马太福音》二十五章 45—46 节。
② 参见《哥林多前书》三章 17 节。
③ 参见《马太福音》十九章 19 节。
④ 参见《诗篇》十一篇 5 节。

义；那段话必定属于彼得所说的那些经文，彼得说，保罗作品中说的有些事是难明白的，人们不可自取沉沦。① 因此，他们违背圣经里最清晰的证据，保证那些十恶不赦、顽梗地坚守自己的邪恶而不思悔改的人能得救。

6. "这里或许有人会问我，我认为保罗的话本身是什么意思，我觉得应该如何理解它们。我承认在这个问题上，我宁愿听从那些更聪明更有学识的人，他们能作出完美的解释，以至我前面提到的所有那些事，以及我没有提及的其他任何事，都能保持正确无误。② 关于这些事，圣经完全公开地证明，信心若不是如使徒所描述的，即出于爱作工③，就没有功效；而没有事工就不可能得救，既非离开火，也非依靠火，如果有由火而来的得救，那救他的是真正的信心。经上说得非常明白而确凿：'若有人说自己有信心，却没有行为，有什么益处呢？这信心能救他吗？'

不过，关于使徒保罗那段难以明白的话，我也愿意尽可能简明扼要地说说我自己的想法，同时务必把我上面所说的话考虑在内，即我更愿意听从比我优秀者的观点。

基督就是聪明工头建造的根基。④ 这话并非没有解释，因为经上说得很清楚：'那已经立好的根基就是耶稣基督，此外没有人能立别的根基'（林前3∶11）。既然基督是根基，那基督里的信心肯定也是。藉着信心，基督住在我们心里，就如这位使徒所说。⑤ 如果基督里的信心是根基，那么使徒所描述的'因爱而作的事'（加5∶6）也是。因为这

---

① 参见《彼得后书》三章16节。
② 奥古斯丁谦虚地承认，在这个问题上他更愿意听从别人，这是完全真心实意的。他经常表达这样的观点。参见比如 Letters 157, 41; 166, 9; 202A, 15。亦见第三个问题3, 6和注释697
③ 参见《加拉太书》五章6节。
④ 参见《哥林多前书》三章10节。
⑤ 参见《以弗所书》三章17节。

不是鬼魔的信心，尽管他们也相信，也战惊，也承认耶稣是上帝的儿子①，他们的信心不可视为根基。为何如此？岂非因为它不是因爱而作为的信心，只是因恐惧而表现出的相信？而基督里的信心，基督恩典的信心，即因爱而作工的信心，只要它作为一种根基建立，就不会让任何人毁灭。

但是如果我力图更详尽地讨论何谓用金银、宝石或者草木、禾秸在这根基上建造，恐怕会让解释更加难以明白。但求主的帮助，我尝试尽可能简洁而明了地阐述我的思考。

记得有个故事，一个人问良善的夫子，他该做什么善事才能得永生，他得到回答说，②如果他想要进入永生，就当遵守诫命；他又问是什么诫命，回答说：'不可杀人，不可奸淫，不可偷盗，不可作假见证，当孝敬父母，又当爱人如己'（太19：18—19）。如果他以基督里的信心遵行这些事，他无疑就有那因爱作工的信心。因为他若不曾领受上帝的爱——没有这爱，他也不可能爱自己——就不可能爱人如己。但是如果他还想行主所加的额外的事，就是主说的：'你若愿意作完全人，可去变卖你所有的，分给穷人，就必有财富在天上，你还要来跟从我'（太19：21），那他就是用金银和宝石在根基上建造。因为那样的话，他就会只为上帝的事挂虑，只想怎样叫上帝喜悦，③并且在我看来，这样的所思所想就是金银宝石。但是如果他对自己的财富有某种属肉体的情感，那么就算他捐出很多财富，而不是通过欺骗和偷盗增加财富，或者因害怕减少、失去财富，陷入犯罪或不齿行为（若是那样，他就是离开了那个坚实的根基）——就算那样，由于他对财富有一种属肉的情感，如我所说的，而这必然使他在缺乏这些财物时感到痛苦，所以可以说他就是用草木、禾秸在根基上建造；尤其是如果他还有妻

---

① 参见《马太福音》八章28—29节。
② 参见《马太福音》十九章16—18节。
③ 参见《哥林多前书》七章32节。

子，为了她的缘故他必会为世上的事挂虑，想怎样叫妻子喜悦。① 他既然带着属肉的情感爱这些［财富］，放弃它们时必然不会毫无痛苦。因此，人若以这样的方式拥有财富，有因爱作工的信心作为根基，他不会出于任何计算或欲求选择财富而舍弃根基，但必然承受失去财富之痛，通过这种痛苦得到救恩，就像过了火一样。一个人，对那些事物的爱越少，或者拥有它们就如同不拥有它们，就越是不受这种痛苦困扰。② 但是人若为了守住它们或者得到它们，犯谋杀、通奸、淫乱、拜偶像或者诸如此类的罪，必不会因他的根基从火里得救；相反，因为他的根基已经毁坏，他必遭受永火的折磨。

那些教导没有行为的信心使人得救的人徒劳地引出另一段使徒经文

7. "但是，他们为了证明仅有信心就足够，又引用使徒的话：'若是那不信的人要离去，就由他离去吧！无论是弟兄，是姐妹，遇着这样的事都不必拘束'（林前7：15）；换言之，为了在基督里的信心，就算是自己的妻子，在法律里结合的对象，若是因丈夫是基督徒而不愿意与他一起生活，就可以离弃她，而没有任何罪过。③ 但另一方面，如果她对丈夫说，你若不去抢劫让我变富，我就不再作你妻子；或者，即使是基督徒，你若不像过去在我们家做过的那样拉皮条，我就不作你妻子；或者，如果她知道丈夫曾为取悦她、满足她的情欲或使她生活安逸，甚至为了让她出门穿得更光鲜，而犯过别的罪行或无耻作为，不照样做，她就不愿再一起生活，他们倒不认为可以合理地休她。事实上，如果一个人在受洗之后，真诚地忏悔自己的死行，④ 有爱发动行为的信心作为

---

① 参见《哥林多前书》七章33节。
② 参见《哥林多前书》七章29节。
③ 关于非信徒与基督徒的这个婚姻问题，在《八十三个问题汇编》的问题八十三也有简略讨论。参见那里的注释489。
④ 参见《希伯来书》六章1节。

他的根基,那么当妻子对他说这些话时,毫无疑问,支撑他的必是他对神圣恩典的爱,而不是他妻子的身体,他必勇敢地砍掉叫他跌倒的肢体。① 不论他在这种分离中因对妻子有属肉体的情感故要承受多大的心里伤痛,都是他必须承受的损失,这就是他藉着得救的火,就如禾秸燃烧。但是如果他有妻子,如同没有妻子,② 出于怜悯,不是出于情欲,以便救妻子,③ 并且以合宜之分对待妻子,④ 那么当他解除这样的婚姻时,必不会有任何属肉的伤痛,因为当他在婚姻内时,他所挂虑的只有上帝的事,所想的是怎样叫上帝喜悦。⑤ 他既因那样的挂虑建造金银宝石,就不受任何损失;他的建筑既不是由禾秸所造,就不会被任何火烧着。

8. 因此,不论人们只在此生遭受这些事,还是来生也有类似的事跟随他们,对这些经文作如此理解,在我看来,应该与真理之法并无二致。即使有另一种我所没有想到的理解可以选择,只要我们坚持这一种,我们就没有义务对不法的、不服的、犯罪的、不洁的、弑父母的、杀人的、行淫的、亲男色的、抢人口的、说谎话的,起假誓的,以及别样敌正道——就是照着可称道之上帝所交托的荣耀福音说的⑥——之事的,说:'只要你们相信基督,领受他洗礼的圣礼,你们就必得救,即使没有改变最堕落的生活。'

迦南人的信心为何受称赞

9. "因此,那个迦南妇人并没有为我们确立先例,因为主给了她所求的,他原本对她说过:'不好拿儿女的饼丢给狗吃'(太15:26),

---

① 参见《马太福音》五章30节。
② 参见《哥林多前书》七章29节。
③ 参见《哥林多前书》七章16节。
④ 参见《哥林多前书》七章3节。
⑤ 参见《哥林多前书》七章32节。
⑥ 参见《提摩太前书》一章9—11节。

因为他洞悉人的内心，看到她被他称赞就有改变。因此他没有说：'狗啊，你的信心是大的'，而是说：'妇人，你的信心是大的'（太15：28）。他改变了说话方式，因为他看到她的禀性改变了，他注意到他对她的责备结出了果子。然而，如果他称赞的是她没有任何作为的信心——即，不是由爱生发的信心，而是死的信心，如雅各断然称呼的，不是基督徒的信心，而是鬼魔的信心——那我倒要吃惊了。最后，如果他们不愿意看到迦南妇人在基督满怀鄙视地责备她之后改变了她的错误行为，如果他们遇到某些人尽管相信基督却不仅不隐瞒自己最可耻的生活方式甚至公然承认，还毫无悔改之心，那就让他们医治他们的儿女，如果他们能，就像迦南女人的女儿被医治，但是当他们仍作娼妓的肢体时，断不可使他们成为基督的肢体。①"

某些人的观点：受洗的信徒，虽然陷在罪里，仍经火得救

10. 同样，在我写给我的孩子你的弟兄劳伦修（Laurence）② 的题为《论信望爱》的书里，我也谈到这个问题：③ "还有人认为，那些没有离弃基督的名，又在教会里受了基督的洗，也从未因分裂或异端言行被教会清除出去的人，尽管他们活在最污秽的罪里，既未在悔改中洗净自己，也未以施舍补救自己的罪，却执迷不悟直到生命的最后一天，这些人也会经火而得救。也就是说，他们虽受火的刑罚，且刑罚延续的时间视其罪情而长短不一，却不会受永火的刑罚。在我看来，有如此看法却又属于在公教会的人是被人的良好愿望引入了歧途。我们若查考圣经，就会得出截然不同的答案。我曾专门写书阐述这一问题，该书的题目是《论信心与行为》。在书

---

① 参见《哥林多前书》十五章28节。
② 关于这位请求奥古斯丁写作所提作品的劳伦修，我们对他一无所知。说他是杜尔西提乌斯的弟兄，无疑是指他们两人都属于基督家里的人。
③ 《论信望爱》18，67—69。

中，我借上帝的帮助尽自己所能从圣经的角度阐明，能救我们的信心正像使徒保罗清楚说明的：'原来在基督耶稣里，受割礼不受割礼全无功效，惟独使人生发仁爱的信心才有功效。'（加5：6）但这信心若是行恶，却不行善，那么无疑正如使徒雅各所说的：'信心若没有行为就是死的。'① 这位雅各还说：'我的弟兄们，若有人说自己有信心，却没有行为，有什么益处呢？这信心能救他吗？'（雅2：14）再者，假如恶人只凭信心就可以经火得救，假如这就是保罗所谓'虽然得救，乃像从火里经过一样'（林前3：15）的意思，即信心没有行为也可使人得救，那么他的使徒同伴雅各所言就一定是错的了。若然如此，保罗自己在另一处所写也必定是错的了，他写道：'不要自欺，无论是淫乱的、崇拜偶像的、奸淫的、作娈童的、亲男色的、偷窃的、贪婪的、醉酒的、辱骂的、勒索的，都不能承受上帝的国。'（林前6：9—10）这些在恶道上一意孤行的人若仍可以凭信基督而得救，他们不能承受上帝的国又怎能是真的呢？

火试验今生各人的工程

11. "但因使徒们这些明白无误的宣告不可能是错的，那意思不甚明显的说法，即那些根基建在耶稣基督之上，不用金、银、宝石建造，却用草木、禾秸建造的人（是这些人，'虽然得救，乃像从火里经过的一样'，是那根基救了他们），就有必要经过解释才能与以上引用的经文不矛盾。② 草木、禾秸可被合理地理解为对世俗事物的恋慕（无论这些事物本身如何正当），失去这些东西总会使其恋慕者心痛。假如心痛

---

① 参见《雅各书》二章17节。
② 奥古斯丁这里阐述了著名的解经原则：对于含义晦涩的经段要参照含义清晰的经段来解释。这一注经法则至少在二世纪末为人所知，如德尔图良《论道成肉身》21所见证的，奥古斯丁又在《基督教教导》Ⅲ，26，37引用它。

虽如火烧，基督却仍在此人心中占有根基的地位，也就是说，他仍然爱基督胜过一切，且虽然痛火中烧，却宁愿失去自己所恋慕的东西，也不愿失去基督，那么，他就像经火一样得救了。但在遇试探中，有人宁愿为自己保住不能长存的属世之物，而不是基督，那么就没有以基督作自己的根基，而是把属世的事物放在首位。而建造房子首先要立的必须是根基。使徒此处说的火，必定是这两种人均须经过的火，一种是在根基上用金、银、宝石建造的，另一种是在根基上用草木、禾秸建造的。因为他随即补充道：'这火要试验各人的工程怎样。人在那根基上所建造的工程若存得住，他就要得赏赐；人的工程若被烧了，他就要受亏损，自己却要得救。'这火要试验的不只是一种人的工程，而是两种人的都要试验。

12. "苦难的试验正是另一处圣经明确谈到的火：'炉火试炼陶人的陶器，言谈试验人的人格。'（便27：5）这火在今生中正如保罗所说的那样试炼人。两个信徒若同受火的试验，一个"为主的事挂虑，想怎样叫主喜悦"（林前7：32），也就是在基督的根基上用金、银、宝石建造，另一个"为世上的事挂虑，想怎样叫妻子喜悦"（林前7：33），也就是在同一根基上用草木、禾秸建造。前者的工程不会烧毁，因为他不恋慕那些失去就会痛心的事物；后者的工程则被烧毁，因为他所恋慕的东西一旦失去，必会让他伤心不已。但我们假设的是连后者也宁愿失去这些东西而不愿失去基督，不因怕失去那些东西而离弃基督，纵然他会因失去它们而痛心，也还是得救了，但要经火才能得救，因为他恋慕且失去的东西所带来的痛苦，对他来说如同大火烧身。不过这大火不致毁灭他，因为有那不可动摇、不可朽坏的根基保守他。

死后炼狱的火

13. "这类事情在此生之后发生并非没有可能。是否有些信徒将会因恋慕必朽坏的事物经炼狱之火，[①] 是否依他们恋慕的程度，经火长短、得救早晚不一，这是值得探讨的问题，不管是能就这些问题得出肯定的答案，还是仍旧让人存疑。然而，那些所谓'不能承受上帝的国'的人却绝不属于这种情形，除非他们经过必要的悔改而得赦免。我说'必要'的意思是，他们在施舍上不是不结果子，因为圣经极为看重施舍的美德，以至主事先就告诉我们，他只赐奖赏给那些在他右边而多行施舍的人，只将匮乏降给那些在他左边而少行施舍的人，[②] 他对前者说：'你们这蒙我父赐福的，可来承受那创世以来为你们所预备的国'（太25：34）；又对后者说：'你们这被咒诅的人，离开我，进入那为魔鬼和他的使者所预备的永火里去！'（太25：41）"

我想，从我这两篇作品引来这些话作为对你这个问题的回答应该是充分的。

14. 关于主所说的'若有一文钱没有还清，你断不能从那里出来'（太5：26），我没有必要再回答，因为你自己已基于类似的福音书经文'他不认识她，直到她生了儿子'（太1：25）作了回答。事实上，我对这个问题的想法丝毫不向你隐瞒，如果可能我希望——或者毋宁说，如果可能我愿意——在这个问题上被真理战胜。因为那种观点所说的——即，那些在大公教会里死去的人，虽然在此世终其一生都过着极其可耻的有罪生活，但总会在某个时候免除报复性的惩罚，即使是很长时间之后——与我们的爱密切相关，那些与我们在基督身体和宝血的圣礼里相联的人，虽然我们痛恨他们的堕落行径，无法通过教会规训纠正他们，或者使他们离开主的圣

---

① 经炼狱之火：per ignem quendam purgatorium。整个句子的语调表明，奥古斯丁认为是否存在炼狱之火是可争论的问题。但在《上帝之城》XXI, 13 他明确认为，至少对某些人，必然有死后的惩罚，但先于最后审判，而且这惩罚不是永远的——尽管他没有说它如火一般。

② 参见《马太福音》二十五章31—46节。

餐，但我们仍然爱他们。然而，我希望让真理来作主，真理不会违背圣经最清晰的陈述。因为凡是与圣经抵触的，就没有任何理由被说成或被视为真理。但此时，在我们听到或读到那样的经文之前，我们要留意使徒所说的"不要自欺！无论是淫乱的、拜偶像的……等等，都不能承受上帝的国"。如果说相反的话能对使徒的这段直白的话提供另一种意思，那么使徒本人实际上已经教导我们并希望以此武装我们抵制那样的理解，他说："你们确实地知道，无论是淫乱的，是污秽的，是有贪心的，在基督和上帝的国里都是无分的。有贪心的，就与崇拜偶像的一样。不要被人虚浮话欺哄"（弗5：5—6）。但是当我们听到有人说某些淫乱的、污秽的、有贪心的，经火得救，从而'在基督和上帝的国里'有分，我们不能对使徒的话充耳不闻，他大声说：'无论是淫乱的，是污秽的，是有贪心的，在基督和上帝的国里都是无分的'（弗5：5）。为了防止我们在那样的言语中寻找安慰，他随即又说：'不要被人虚浮的话欺哄'（弗5：6）。"

第二个问题：为死者献上的祭是否对死者本人有益

1. 你的第二个问题是："为那些安息的人献的祭对他们的灵魂有什么益处吗？因为显然，我们因自己的行为，或者被提或者沉沦，就如我们读到的，在阴间没有人可以再认信主。[①] 关于这个问题，有许多人说，如果今世的事物对死后有什么益处，那么灵魂通过承认自己的罪为自己获得的宽恕比通过别人献祭为他们求的宽恕更大。"

2. 我最近为诺拉主教圣保利努（Paulinus Nolanum）写的一本书谈到这个问题，当时他问我在殉道者纪念碑旁埋葬死者的习俗是否对死者

[①] 参见《诗篇》六篇5节。

的灵有什么益处。① 我从中摘录一段给你：② "尊敬的保利努，我的主教弟兄，你让我们最虔诚的女儿福罗拉（Flora）家的人转给我的信，我已收到多时，未能及时回复，深表歉意。你问我人死后如果将他的尸体埋葬在某个圣徒的纪念碑旁，是否对他有什么益处。因为我提到的那位寡妇关于他已经过世的儿子向你问到这个问题，而你回信安慰她并告诉她，她对虔诚的年轻人西奈基乌斯（Cynegius）的尸体怀有情感，是出于母爱，理所当然；她希望把儿子的尸体安置在至圣的宣信者弗利克斯（Felix）大教堂③，也已如愿以偿。借此机会，你也写了一信给我，让同样的受信人转交，就这件事提出一个问题，恳请我尽可能回答，同时也坦率地表达了你自己的思考。你说，在你看来，虔诚的信徒为他们所爱的人做这样的事，他们的动机并不可笑。你还说，事实上，普世教会一直在为死者祈愿、代祷，这样做不可能毫无意义。由此可以推出，一个人死后，如果通过他所爱之人的信心，提供这样一个地方埋葬他的尸体，对此人应是有益的，由此也显明所求之圣徒的帮助。

3. "但是，虽然这可能是事实，你并没有充分表明，使徒所说的话，即：'因为我们众人必要在基督台前显露出来，叫各人按着本身所行的，或善或恶受报'（林后 5：10），如何与你的这个观点相一致。使徒这话显然是在告诫，要在生前行能对死后有益的事，而不要留待各人要为自己生前所做的一切负责的时刻。不过，有人觉得这个问题可以这样解答：正是当人还活在这个身体里时，就通过某种生活为自己积德，死后那些德行才能对死者有所帮助，因此人死后，那些为他们而敬虔所做的事之所以对他们有帮助，是因为他们还在身体里时所行的也是敬虔

---

① 保利努（约355—431年）出生在波尔多（Bordeaux）附近，任那不勒斯附近诺拉主教时去世。他与奥古斯丁经常通信，但他诱发出奥古斯丁《对死者的照料》一文的书信却已佚失。
② 《对死者的照料》I, 1—2。
③ 这个教堂是保利努为纪念弗利克斯所建，弗利克斯是三世纪诺拉的神父和宣信者（confessor），保利努推动了对他的崇拜。

之事。而有些人，这些事对他们毫无益处，比如那些罪大恶极的人，他们根本不配得到这些事的帮助，还有那些功德显赫的人，他们根本不需要这样的帮助。所以，一个人死后，不论为他虔诚地做什么事，都依据他生前所过的那类生活，或者对他有益，或者对他无益。因为这些事的有效性是这样的：如果生前没有这方面的装备，死后去求就是徒劳。因此教会以公义之灵为死者尽心尽力做这些事，并不荒唐。但是当主照着各人的行为报应各人时，[①] '各人按着本身所行的，或善或恶受报'。因为那为他花费、在他死后对他有益的，原是他生前所过的生活中已获得的。"

复活前灵魂的隐遁之所

4. 此外我还对劳伦修[②]说：[③] "在人死后和最后复活前的一段时间里，灵魂处于某种隐遁状态，在此状态中，它或享安息，或受痛苦，全因人在世生活的行为如何而易。同样无可否认的是，活着亲友若生活敬虔，在教会中代死者献上中保的牺牲或施舍，会使死者的灵魂得安慰。[④] 但这些只对生前有同类功德的灵魂产生益处。这类仪式之所以存在，是因有些人的一生既不是好得乃至死后无需这些仪式，也不是坏得乃至死后即使有这些仪式也对他无帮助。不过，也有些人一生好得无需这类仪式，还有些人一生败坏得即便有这类仪式也无助于他们。因此，是人们今生一切的善恶使其死后或得安慰或受苦痛。所以，没有人能指望今生不行善，死后却可以得上帝的赏赐。这样，教会为举荐死者所行的仪式与保罗的话并不矛盾，保罗说：'因为我们众人必要在基督台前

[①] 参见《罗马书》二章6节。
[②] 关于这个劳伦修，见注释674。
[③] 《论信望爱》29，109—110。（参考许一新的中译本《论信望爱》，三联书店，2014年3月，下同——中译者注）
[④] 这里就如后面的行文一样，把圣餐与施舍相提并论。不过，奥古斯丁是在非常宽泛的意义上理解施舍。参见《论信望爱》19，72。

显露出来，叫各人按着本身所行的，或善或恶受报。'我所说的使这类仪式对人产生益处的德行，是人活在肉身里时获得的。这类仪式并非对每个人都有益处。为什么不是人人都因此受益呢？只是因为各人在肉身里的生活各式各样。于是，以一切受了洗的死者①的名义献在坛上或施舍的财物，对于极好的人来说是感恩祭，对于不太坏的人来说是挽回祭，而对于极坏的人来说，虽于死者无补，却可以安慰活着的人。在这些仪式产生益处的情形下，其益处或在于使死者得到完全的赦罪，或至少使死者所受的刑罚比较容易忍受。"

第三个问题：是否主到来之际就有将来的审判，那些被提到云里与主相遇的人是否不会有死

1. 你的第三个问题是："是应该相信主一到来就会有一场当下的审判，还是相信两者之间有一个时间间隔？"你说，"因为我们读到在他到来的日子，那些还活着的人要被提到云里，在空中与基督相遇，从而永远与主同在，② 所以我想知道，审判是否在他到来之际就施行，以及那些被提到云里的人是否会进入死地，除非我们可以把这种变化理解为死的替代。"

2. 我们在信经里承认基督必从父的右边降临审判活人和死人，我想，这信经应该足以回答你这个问题，即是否应该相信审判在主到来之际就直接发生。因为这就是他到来的原因，若不是为了这个他为之而来的目的，他到来之际还会作什么？③

然而，关于那些将被提到云里的人，你可以读读以下我在一封信里

---

① "一切受了洗的死者"向今天的读者表明，奥古斯丁时代的基督徒很可能理所当然地认为：那敬虔仪式只对那些受过洗的人有益（但并非对所有受过洗的有益），未受洗的完全没有指望。
② 参见《贴撒罗尼迦前书》四章 17 节。
③ 要注意，奥古斯丁为了回答杜尔西提乌斯关于主到来后是否即刻审判的问题，诉者于信经，而不是圣经，后者对这个问题讲得并不那么清晰（参见比如《使徒行传》十章 42 节；《提摩太后书》四章 1 节；《彼得前书》四章 5 节。）

所写的论述，那是我写给我的孩子梅尔卡托尔（Mercator）的，你肯定熟悉他。① 他向我问到关于佩拉纠主义者的几个问题，这些人否认死是对罪的惩罚。所以我说，②"使徒对那些人谈到死人复活，他说：'以后我们这活着还存留的人必和他们一同被提到云里，在空中与主相遇。这样，我们就要和主永远同在'（帖前4:17）。于是那些人就提出一个问题——不过是出于他们自己的原因，并非出于佩拉纠主义者的原因。③因为如果他们［即那些活着还存留的人］也不会死——原本是说两位先知（以诺④和以利亚⑤）不会死，但如果这样的事也同样可以指着那些还存活的人说，那我就完全不明白这对他们这些佩拉纠主义者有何帮助。事实上，就圣使徒的话来说，他似乎认为到了世界末了时有一些人还活着，那时主到来，死人复活的事就发生；这些人既然被发现还活着，就必然即刻进入到赐给其他圣徒的不朽之中，他们就与圣徒一起，如使徒所说，被提升到云里。⑥ 每当我思考这些话，我想不出还有其他看起来合理的解释。

3. "但在这个问题上，我愿意听听更博学者的观点，⑦ 看看使徒是

---

① 梅尔卡托尔生活在罗马，曾写文字反驳佩拉纠主义者。至于奥古斯丁为何说杜尔西提乌斯熟悉他，原因不太清楚，或许只是客套话而已。
② Letter 193, 9—13.
③ 不联系奥古斯丁所引用的 Letter193 的前一节，这里以及下一个句子就很难理解。该信的5—8节说，大家一般认为，以诺和以利亚在最后审判之前要经历死亡，但无论如何，上帝可以随己意免去人死之惩罚。因此佩拉纠主义者不可能基于这两个例外之人的例子建立一种观点。
④ 参见《创世记》五章24节。
⑤ 参见《列王纪下》二章11节。
⑥ 参见《帖撒罗尼迦前书》四章17节。
⑦ 这个观念在本节末再次提到，在第6节又重提，并将它扩展为在基督教背景下反思学与教的关系，以此作为整个问题的尾声。事实上，他在本作品的最后一段又提到这个观念。奥古斯丁喜欢把自己最多看作辅助性的教师，基督和圣灵才是最重要的大教师。参见 Exposition of Psalm 126 [127], 3; Homily on the Fist Epistle of John 3, 13. 他在Instructing Beginners in Faith 2, 3 对自己的教学技巧表示担忧。然而，在《基督教教导》pref. 4—9，他承认人类教师与上帝计划的智慧两者都是必不可少的，由此，人类彼此教导，而不是从上帝本身接受教导。亦见问题 1. 6。

否也会对那些认为有些人将直接进入永生而不经历第一次死亡然后复活的人说:'无知的人哪,你所种的,若不死,就不能生'(林前15:36)。我们在许多抄本中都读到过这话:'我们都要复活'(林前15:51),然而,若不是我们都死了,怎么可能都复活呢?显然,没有先死了,就不会有复活。一些抄本里说的——'我们都要入睡'(林前15:51)——使这个意思更加清楚,更加明显。圣经里找到的任何其他类似的话似乎都这样要求:如果没有死,没有人能进入不朽。所以,请思考使徒所说的:'我们这活着还存留到主降临的人,断不能在那已经睡了的人之先。因为主必亲自从天降临,有呼叫的声音和天使长的声音,又有上帝的号吹响;那在基督里死了的人必先复活。以后我们这活着还存留的人必和他们一同被提到云里,在空中与主相遇。这样,我们就要和主永远同在'(帖前4:15—17)。关于这些话,如我所说,我愿意听听博学之士的看法,如果他们能够解释它们的意思就是,所有现在活着或者将来在我们之后活着的人,都要死,那我愿意改正我在这个问题上曾经相信的观点。因为我们绝不是永远正确的教师,有错就改,善莫大焉;我们所写的作品,虽然不具有圣经那样的权威,但也是用来训练和教导人的,使我们和其他人能克服自己的软弱和不足。

4. 然而,如果说使徒的这些话里不可能找到别的意思,他已经很清楚地表明,他希望按文字本身大声表露的意思去理解,即,到了世界的末了,当主降临之时,必有一些人不必脱去身体,而是穿着它进入不朽,好叫这必死的被生命吞灭了,[①] 那么毫无疑问,这与我们在信心之法[②]里所认信的那个观点是一致的,即,主来要审判活人死人——不是

---

① 参见《哥林多后书》五章4节。
② 参见《八十三个问题汇编》问题五十九1及注释175。"信心之法"似乎就是信经。

说活人就是那些义人，死人就是不义的人（虽然义人和罪人都要审判），① 而是说，他降临时会找到那些还留存在身体里活着的人，和那些已经离开身体死了的人。果真如此，那么像'你所种的，若不死，就不能生'、'我们都要入睡'这样的话就必须正确理解，使它们与这个观点不相矛盾——根据这个观点，我们相信有一些人将与身体一同活着进入永恒，不尝死味。②

5. "然而，不论发现哪一种观点更合乎真理，更富有洞见，与我们目前讨论的问题，即是否所有人都要遭受应得的死，或者有些人可以摆脱这种境况，有什么关系呢？因为有一点是显而易见的，若没有先前的罪，死——不仅灵魂的，也包括身体的——就不会随之而来；而义人从死里复活，获得永福的生命，是藉着奇妙无比的恩典之权能，如果他们不曾经历死，这种恩典的奇妙可能就大为逊色。关于你信中提到的那些人，我们就谈到这里，但我不认为他们会说，即使亚当没有犯罪，他仍会在身体里经历死。

6. "与复活相关的其余问题，以及关于那些被认为不会死、直接从这必朽坏的变成那不朽坏的、不经历死之环节的人的其余问题，都必须仔细考察。如果你曾经或者将来听到、读到甚至尽自己能力思考后想到某个确定的答案，并且是通过理性的、确凿的推论找到的答案，我恳请你一定要毫不犹豫地寄给我。因为我必须向仁爱的阁下承认，我更愿意学习，胜过教导。使徒雅各也这样告诫我们，他说：'你们各人要快快地听，慢慢地说'（雅1：19）。所以，为了学习，必有真理的甜美

---

① 这里涉及一个问题，它从属于"是否有一些人不会死，只是被提升到云里"这个问题，即奥古斯丁反对把信经里的话"他必降临审判活人死人"中的"活人"和"死人"作寓意解释（理解为义人和不义的人）。
② 参见《马太福音》十六章28节。

(suavitas veritatis) 吸引我们。① 然而，为了教导，必有仁爱的必须（necessitas caritatis）催促我们。但愿那必须的——由此一人教导某些东西给另一人——过去，我们众人都蒙上帝的教训，② 只要我们学习与真正敬虔有关的事，就会如愿以偿，即使看起来似乎是某个人在教导它们，因为栽种的算不得什么，浇灌的也算不得什么，只在那叫他生长的上帝。③ 这样说来，若不是那叫人生长的上帝，即使栽种和浇灌的使徒们都算不得什么，更何况我或你或这个世代的任何人呢，纵然我们自己看起来是在做教导人的人。"

第四个问题：《诗篇》为何祝福义人的后代

1. 你的第四个问题是："为何大卫说'他的后裔在世必强盛，正直人的后代必要蒙福'（诗112：2）？因为我们知道，义人的后裔过去有被咒诅的，现在也有被咒诅的，而不义人的后代过去有蒙福的，现在也有蒙福的。"

2. 对于这个问题，我要引用对一篇《诗篇》的解释，那是我布道时讲到的。我说：④"'敬畏耶和华，甚喜爱他命令的，这人便为有福！'（诗112：1）唯有上帝的论断既是真实的，又是有怜悯的，他知道人在遵行他的命令上取得多大进步，因为如圣约伯所说，'人在世上就是一场试炼'（伯7：1）。经上又有话写着：'可灭的身体压制着灵魂，属世的居所挤迫着心灵，使它思虑众多'（智9：15）。但是主是论断我们的那一位。我们不应草率论断，等到主降临，照亮我们的黑暗、隐秘之

---

① "必有真理的甜美吸引我们"：invitare nos debet suavitas veritatis。这个表述很美，指向奥古斯丁的一个信念，即真理不仅有理智性质，也有某种感性色彩。参见《忏悔录》Ⅲ，6，10；Ⅳ，15，27（dulcis veritas，甜美的真理）。
② 参见《约翰福音》六章45节。
③ 参见《哥林多前书》三章7节。
④ *Exposition of Psalm* 111 ［112］，2—3。

所，揭开我们内心的念头，然后各人都必拥有从上帝而来的称赞。① 因此，唯有他能看见各人在他的命令里取得多大的进步。然而，凡深爱那合式居所（coaedificatio）之和平的，② 不应失去盼望，因为他是'甚喜爱他命令的'人（诗112：1），并且有'和平归于地上良善的人'（路2：14）。

3. "因此'他的后裔在世必强盛。'使徒见证将来收成的种子乃是怜悯的作为，他说：'我们行善，不可丧志；若不灰心，到了时候就要收成（加6：9）'；又说，'少种的少收'（林前9：6）。但是弟兄们啊，不仅撒该用他一半的所有买得天国，③ 而且寡妇用她仅有的两个小钱也买得天国，④ 两者在那里还拥有同样多的东西，还有比这样的事更奇异的吗？同样的国，既值富人的所有财富，⑤ 又值穷人的一杯凉水，⑥ 还有比这事更神奇的吗？但是有些人只求属世的好，他们做这些事，或者指望从主得此世的回报，或者求使人喜悦的事。而'正直人的后代必要蒙福。'这是指这样一些人的作为，他们的上帝是以色列的良善上帝，因为他们心里正直⑦（所谓正直的心，就是当父纠正时不抵挡，当父应许时相信他），而不是另一些人的作为，他们的脚不稳，他们的步失闪、滑倒，如另一诗篇所说，他们看到罪人得平安就嫉妒，⑧ 他们行事只求可朽的奖赏，如果没有这样的奖赏，就认为自己的作为落空了。而敬畏主的人，因为皈依正直的心，所以为上帝的圣殿作好了预备，既

---

① 参见《哥林多前书》四章4-5节。
② "合式居所之和平"：pacem illius coaedificationis。这里奥古斯丁提到的是 Exposition of Psalm 111 [112]，他在该作品中引用《以弗所书》二章19-22节经文，讨论灵性圣殿的建造，这是基督徒的使命。
③ 参见《路加福音》十九章8节。
④ 参见《马可福音》十二章42节。
⑤ 参见《马太福音》十三章44节。
⑥ 参见《马太福音》十章42节。
⑦ 参见《诗篇》七十三篇1节。
⑧ 参见《诗篇》七十三篇2—3节。

不求属人的荣耀，也不求属世的财富，然而'他家中有荣耀，有钱财'（诗112：3）。他的心就是他的家，在这个家里，他丰丰富富地拥有对上帝的赞美和对永生的盼望，比他住在嵌木屋顶大理石地板的房子听人的奉承话——而且充满对死的畏惧——更丰富。因为'他的公义存到永远！'（诗112：3），那就是他的荣耀，那就是他的财富。另一个人的紫衣袍、细麻服和豪华宴①都过去了，而他的财富还在；当他们的生命终了之后，那人必带着烧灼的口舌哭喊，只求指头尖的一滴水。②"

至于你的第五个问题，我答应在回答完所有问题之后再来讨论。

第六个问题：撒母耳是否真的被巫师从阴间召上来

1. 你的第六个问题是："根据记载，巫师是否把先知撒母耳本人从阴间召上来了？"

2. 已故的米兰主教辛普利奇曾问过我这个问题。你可以看看我写给他的回信，如下：③ "你还问，附在巫师身上的污鬼是否有能力让扫罗看见撒母耳并与他说话。④ 要说这个，那更加令人震惊的是，所有污鬼之王撒但——还曾要求试探使徒⑤——能够与上帝说话，并且请求让他去试探最大的义人约伯呢。⑥ 所以，这个问题并不难，因为无处不在的真理想要藉着什么造物说话，就藉着什么造物说话，想要对什么造物说话，就对什么造物说话，所以，上帝对谁说话并不是至关重要的问题；关键在于，他说的是什么，因为即使是皇帝，对于他小心翼翼挑选出来为其谋福祉的清白之人，他也并非与他们很多人说话，但他确实与很多他下令处决的犯人说话。所以，若说这样的事毫无疑问，那么对于污鬼能够与某位

---

① 参见《路加福音》
② 参见《路加福音》十六章24节。
③ 参见《答辛普利奇的问题汇编》第二卷第三个问题。
④ 参见《撒母耳上》二十八章7—19节。
⑤ 参见《路加福音》二十二章31节。
⑥ 参见《约伯记》一章6—12节。

圣人的灵魂说话这样的事，就更毋庸置疑了。因为上帝这位创造主和圣化者（sanctificator），远超乎他的所有圣者。但是如果这样的事——他允许一个邪灵召来一位义人的灵魂，把它从最遥远的死者避难所召上来——令人不安，那么撒但带着主并把他置于神殿之顶，① 这样的事岂不是更令人吃惊吗？不论他以何种方式做成这事，他唤来撒母耳这样的事也同样以隐秘的方式发生，除非有人说，比起把死去的撒母耳从他安息之地唤醒，魔鬼更容易得允把活着的主从他想要带走的地方带走，安置到他想去的地方。如果福音书里的记载没有使我们不安，因为这是主希望并允许它发生的，与他的权能和神性没有任何损害，正如他把自己交出去，让自己被犹太人抓捕，被他们得胜、嘲笑、钉十字架、刺穿，尽管他们是悖逆的，不洁的，所行的正是魔鬼的作为，那么可以正当地相信，圣灵依据神意的某种安排，就允许这位圣先知的某种形像出现在这个王面前——不是无意的或者在魔力的支配和辖制之下，而是有意为之，是服从上帝的隐秘安排，这种安排向巫师隐藏，也向扫罗隐藏——因为圣灵要用神圣审判击打他。试想，既然许多在世的善人也常被召唤来到恶人面前，依据公正要求与他们合作，同时保持自己的德性之美纯洁不污，有效地对付他们的恶行或者满足应急之需，那么一个死去善人的灵魂因在世恶人的要求显现出来，这灵魂怎么会失去自己的尊贵呢？

撒母耳显现的可能是幻象，不是灵

3. "关于这件事，还可以有一种更便捷的回答，一种更简单的解释，即，我们不相信撒母耳的灵真的从安息之地被唤醒，而认为魔鬼用诡计引来的只是一种幻影和假像，圣经之所以用撒母耳的名字来指称，乃因为事物的影子通常都以其代表的事物之名来指称。比如，凡是用金属、木头或者其他某种材料绘制、塑造的作品，梦中所见的事

---

① 参见《马太福音》四章 5 节。

物,以及所有与那些事物极其相似的事物,通常都用事物本身的名称来指称。试问,对于一个人的画像,谁会不愿意称之为人呢?事实上,每当我们看到具体个人的画像,我们都毫不犹豫地使用它们的专有名字,当我们盯着一幅加框的画或壁画,我们就说,那是西塞罗,那是萨卢斯特(Sallust),那是阿基里斯(Achilles),那是赫克托耳(Hector),那是西摩伊斯河(River Simois),那是罗马,尽管它们只是画出来的像而已。同样,虽然基路伯是天上的权势,却按上帝的命令用金子造出它们的形像,放置在约柜前,表示大能,① 这些形像也被称为基路伯,不会称为别的东西。同样,凡做了梦的,不会说我看见了奥古斯丁的像,辛普里奇的像,而是说,我看见了奥古斯丁,看见了辛普里奇(尽管当他看见这样一个事物时,我们自己毫不知情),但大家都理所当然地知道,他所看见的不是他们本人,不过是他们的像而已。法老说他在梦里看见麦穗和母牛,② 而不是说看见麦穗和母牛的像。这样说来,既然用真实事物的名称来指称这些事物的像,这是通用的做法,那就不必奇怪,圣经说所显现的是撒母耳,但可能只是藉着魔鬼的计谋显现的撒母耳的幻像——这魔鬼装作光明的天使,他的差役就装作仁义的差役。③

魔鬼如何知道将来的事

4. "若说藉着扫罗的邪灵预言真实的事令人费解,那犹太人不认识基督,魔鬼却认识基督,④ 岂非也可以说不可思议了。因为上帝如果愿意,他甚至可以藉着最卑贱最低级的灵让某人知道真实事物,虽然它们只是暂时的、属于此世可朽生命的事,所以他作为全能而公义

---

① 参见《出埃及记》二十五章 18 节。
② 参见《创世记》四十一章 17—24 节。
③ 参见《哥林多后书》十一章 14—15 节。
④ 参见《马太福音》八章 29 节。

的上帝，通过自己使者隐秘的运作，把某种预言的权柄赐给这些灵，好叫它们向人宣告从天使听来的信息，而作为对得到这些预告的人的惩罚，他们必因预先知道了还未到来就威胁着他们的恶而受苦，这是完全合宜的，没有任何不当。当然，这些灵只能听到万物之主宰者和统治者命令或允许它们听到的事。因此，《使徒行传》里的巫鬼也向使徒保罗作见证，企图成为传福音者。① 不过，这些鬼灵混杂着谎言，它们预告有幸得知的真理，有教训的目的，也同样有蒙骗的目的。或许正是因为这个原因，当撒母耳的像预言扫罗要死时，又说他将与他一起，而这显然是假的。事实上，我们在福音书里读到，人死后，善人与恶人之间有深渊隔开，如主证实的，在那个傲慢的财主——他在阴间受痛苦折磨——与那个生前浑身生疮、常在财主家门口乞讨如今安息的乞丐之间，有深渊限定。② 或者如果撒母耳告诉扫罗"你必与我在一处"（撒上28：19），不是指同等的快乐，而是指同样的死的状态，因为两者都是人，都是必死的，那么这就是一个死人预言一个活人之死的问题了。

阁下明智，我相信您明白可以根据哪一种解释来理解那节经文，前提是不违背信仰。但唯有进一步作更深入更复杂的研究——这超出了我的能力范围，时间也不允许——才有可能发现，人的灵魂离开此世又被咒语召回后，是否能够穿戴身体向活人显现，从而不仅可以被人看见，还能被人认出是谁；如果可能，还可以发现，义人的灵魂是否并非受制于巫术咒语，而是顺服于至高律法的隐秘命令，屈尊显现。所以，如果可以肯定这样的事不能发生，那么在讨论和解释圣经的这段经文时这两种理解都不能成立，但是如果排除前者，有一点还是很清楚的，即撒母耳的假形像是以恶灵的样子显现的。不论它能不能发生，撒但的技俩及

---

① 参见《使徒行传》十六章16—17节。
② 参见《路加福音》十六章26节。

其设计假像的狡诈手法意在想方设法蒙骗人的感官,我们当然不应反对更加仔细地研究,但必须十分小心(我们仍应认为,这类事是藉着那个巫师的恶计得逞的),只要不提出更多的问题让我们思考并寻找答案。"

5. 这就是当时回答巫师和撒母耳的问题我所写的内容。但是我当时说,我们应当认为在这件事上巫师通过恶计使撒母耳的幻像呈现出来,同时我们要极为谨慎,不应反对更加仔细的考察,我这样说是完全有道理的,我自己后来的研究就证明了这一点,因为我在《便西拉智训》里发现,当我们的先祖按时间顺序受到赞美时,撒母耳本人也受到赞美,说他甚至死后也作了预言。①

第七个问题:撒拉如何逃脱亚比米勒和法老的羞辱

1. 你的第七个问题是:"有人说撒拉没有避免羞辱,因为亚比米勒因一个梦才没有亲近她,②而法老得允与她发生了关系,③对此该如何回答呢?"

2. 我不知道他们怎么能说法老得允与她发生了关系,圣经并没有迫使我们相信这一点。他确实娶她为妻,亚伯拉罕随即因她而从埃及人得到许多礼物变富了,④但是经上没有写,法老与她同房,与她发生了关系,因为上帝通过许多大难折磨他,不让他做这样的事。⑤事实上,王娶来为妻的女子并不会马上与王发生肉体关系。如我们在《以斯贴记》里读到的,她们的身体与王的身体交媾之前,要花几个月甚至整

---

① 参见《便西拉智训》四十六章20节。
② 参见《创世记》二十章2—4节。
③ 参见《创世记》十二章14—20节。
④ 参见《创世记》十二章15—16节。
⑤ 参见《创世记》十二章17节。从圣经经文看,更可能的情形是:正因为法老确实与撒拉发生了关系,所以上帝降灾难折磨他。

年的时间抹油、清洗、洒香水。①《以斯贴记》所记载的事在这个时间段一直奉行，直到法老深感懊悔和害怕，把妻子还给她丈夫。② 然而，因为亚米比勒是被一个梦禁止与她发生关系的，③ 那些主张撒拉没有避免羞耻的人认为这个王若不与她发生肉体关系，就不能入睡，从而做梦。④ 似乎远未到妇人的身体预备好取悦于王之时，如我上面所说的，上帝就不可能让他入睡并在他们结合之前通过梦境警告他。

在毛里塔尼亚·西提芬西斯发生的事

3. 让我来告诉你一件发生在毛里塔尼亚·西提芬西斯（Mauritania Sitifensis）的事。⑤ 没错，我们圣祖先们的上帝也就是我们的上帝。有一个年轻望教者，名叫凯尔提西乌斯（Celticius），他为了找个妻子，抓住一个过着自制生活的寡妇。还没有发生性关系之前，他就困顿入睡，受到一个梦的恐吓，于是原封不动地把她送回到西提飞（Sitifi）的主教面前，这位主教正在焦急万分地四处寻找她。我所提到的这两人至今仍然在世。一个受了洗，并且因向他显现的神迹皈依了上帝之后，又由于令人敬佩的德性升至主教之职；另一个则一直圣洁守寡。

4. 摩尼教徒法斯图斯（Faustus）曾诽谤我们的先祖亚伯拉罕把自己的妻子卖给两个王与他们同房，我这里附上我对他的反驳：⑥ "但是

---

① 参见《以斯贴记》二章 12—13 节。这是教父学奉行的圣经经文互参的一个杰出范例，尽管时间和文化都存在很大冲突——似乎圣经所描述的世界是静态的，似乎法老的埃及与以斯贴的波斯这两国的皇家婚礼之间没有任何区别（且不说对后者的描述是否具有历史准确性的问题）。
② 参见《创世记》十二章 19 节。
③ 参见《创世记》二十章 3—4 节。
④ 奥古斯丁所反驳的那些人似乎显示出这样一种意识，即性交对许多男人来说是筋疲力尽的过程，所以他们完成后就倒头入睡。后面这句话指出，男人也完全可能在计划性交之前就入睡，下一段落（即第 3 节）是对这一论点的例证，至少有部分是。
⑤ Mauritania Sitifensis，位于北非，希坡的西面。它的主要城市是 Sitifi。若不是奥古斯丁讲到凯尔提西乌斯的故事，不会有人知道它。
⑥ *Answer to Faustus, a Manichean* XXⅡ, 33.

当他讲到一名公义、诚信的丈夫，说他是为了贪婪和口腹之欲出卖自己妻子的臭名昭著的贩卖者——认为他在不同时间欺骗了两位王，亚比米勒和法老，因他的妻子撒拉美貌出众，就说她是他妹子——并声称他是卖她为娼，当此人这样论断时，他不是用说真话的嘴区分善恶，乃是以一张恶毒的嘴把整个事件变为一次罪行。可以肯定，亚伯拉罕的这次行为，看起来像是卖妻——但只是在那些无法根据永恒之法分辨义行与罪行的人看来如此。在他们，甚至坚毅可以看作顽梗，勇敢的美德无异于草率的恶习，更不要说那些看不清对错的人对那些看起来行为不正的人提出的其他种种非议。事实上，亚伯拉罕并没有认同妻子的羞辱，也没有作价卖她的贞洁。相反，正如她并不是被迫把自己的使女给丈夫，以满足他的性欲，而是主动地让她跟了他，以完成生育的职分，① 同时，尽管她要求丈夫服从，而不是屈从他的情欲，却并没有破坏自然顺序，即他的权威所在；② 同样，他也完全没有对她的灵魂产生任何怀疑，那里居住的是端庄谦恭的美德。他称这位以贞洁之心依恋他的贞洁配偶为妹子而非妻子，③ 是考虑到如果他被不敬虔的外邦人害了，她能避免被俘，④ 因为他确信他的上帝不会让她遭受任何邪恶或不耻。他的信心和盼望也没有让他失望，因为法老受到怪诞之事恐吓，又因她之故遭受众多灾祸，当他在神圣干预之下得知她是他妻子后，就原封不动并且心怀敬意地归还。⑤ 同样，当亚比米勒在梦里受到警告和教训后，也做了同样的事。"⑥

---

① 参见《创世记》十六章 1—3 节。
② 即，根据自然顺序，丈夫是妻子的权威，他有权命令妻子，而不是相反。奥古斯丁没有告诉我们，撒拉命令丈夫服从时为何没有篡夺那样的权威，但他至少希望我们知道，这种顺序仍然是不容侵犯的，因为不能想象这对先祖夫妻会违背它。
③ 参见《创世记》十二章 19 节；二十章 2 节。
④ 参见《创世记》十二章 12 节；二十章 11 节。
⑤ 参见《创世记》十二章 17—19 节。
⑥ 参见《创世记》二十三章 3—16 节。

第八个问题：关于运行在水面上的上帝的灵，他就是圣灵吗？

1. 最后你问如何解释运行在水面上的上帝的灵。① 你说："有些人认为这是圣灵，有些人则称之为此世的灵，说书卷的作者不可能把造主列在他的造物之列，也不可能分派给他一个具体的处所，因为他与圣父圣子同在，在永恒中无所不在。"

2. 我写过十二卷的《创世记》注释，其中第一卷谈到该问题，并且尽我所能不是按寓意解释讨论，而是按基于真实事件的信心讨论。② 我把其中相关部分摘录在这里。我说："上帝拥有一种仁爱（benignitas），那是至高无上的、圣洁的、公义的；上帝对他所造的作品倾注爱，不是出于什么缺乏，而是出于他的圣善（beneficentia）。因此，在'上帝说要有光'（创1：3）这话之前，圣经先说：'上帝的灵运行在水面上。'（创1：2）我们可以认为，作者用'水'这个词是想指整个物质世界。这样他就可以表明，我们所能认识的各从其类的万物是从何处被造和形成的；称之为水，是因为我们看到地上的万物都是从潮湿中产生并发展为各自不同的类别。或者我们可以说，他用这个词是想表示某种灵性生命，这种生命在接受它所转向的形式之前就如同处于一种流动状态。可以肯定，'上帝的灵运行'在这个造物界上面。因为凡是他已经开始但还没有形成和完成的事物都从属于造主的善意，所以，当上帝在他的道里说'要有光'时，造物界就按它自己的能力在上帝的善意和仁爱中得以建立。因此，一点没错，这使上帝喜悦，如经上所说的：'就有了光；上帝看光是好的。'（创1：3—4）因此，混沌状态的世界，就是因将要从中产生出一切而被称为天地的，在它最初被造的时候，创造它的就是圣三一体。当圣经说'起初，上帝创造天地'（创1：1）时，我们把'上帝'这个名理解为父，把'起初'这个名

---

① 参见《创世记》一章2节。
② 《〈创世记〉字疏》I，5，11—7，13。

理解为子，他就是起初、开端，不是父的开端，而是他所创造的属灵存在者的最初、最原始的开端，所以也是一切造物的开端；当圣经说'上帝的灵运行在水面上'时，我们看到了一个完整的三一体的呈现。同样，在造物的转向和完全——由此它们的类各从其序——中，圣三一体也呈现出来：'上帝说'这个表述显明的是上帝的道和产生道的父；'上帝看它是好的'这样的表述显明的是圣善（sancta bonitas），因这圣善，上帝对整个造物界按各自本性所获得的完全感到喜悦。

3. "但是圣经为何先提到造物——当然，仍然处于未完成状态——然后提到上帝的灵？因为先有经文说：'地是空虚混沌，渊面黑暗'，（创1：2）然后又说：'上帝的灵运行在水面上。'或许由于一般的爱（amor）是缺乏的（egenus）、贫穷的（indigus），因而爱的流露使它屈从于它所爱的对象；因此，提到上帝的灵——应该藉此来理解上帝的善和爱——说他运行在造物之上，就不会有人认为上帝爱他的被造作品是出于任何缺乏或需要，而非出于他的大恩大惠。当使徒圣保罗准备讨论爱（caritas），说他要指示一条'最妙的道'① 时，指的就是这个意思。他在另一处还谈到'基督的爱是过于人所能测度的。'（弗3：19）既然必须显示上帝的灵运行在某某上，那么先记载一个已有开端的作品是完全合乎自然的，这样可以说，他运行其上，不是通过任何空间关系，而是通过他超然而卓越的大能。"

第五个问题（最后一个问题）：为何被选的大卫合上帝的心意

1. 现在要回到我稍稍推迟讨论的问题。你问："主对将来事件的预知永远不会错，那他为何说'我选了大卫，他是合我心意的人'（徒13：22）②？因为这个人犯有那么大的罪过。"

---

① 参见《哥林多前书》十二章 31 节（Vulg.）：Et adhuc excellentiorem viam vobis demonstro（现今我要把更妙的道指示你们），奥古斯丁译作 supereminentem viam（更高的道）。
② "我选了（elegi）大卫，他是合我心意的人"后面成了"我寻得（inveni）大卫……"

2. 事实上，如果我们认为这话说的就是那个大卫，就是以扫被定罪死了之后继任的以色列的王，那就更有理由说这是因为上帝拥有对将来事件的预知，他正是在他身上看见了如此大的敬虔和真的懊悔，① 才把他算作那些有福人中的一员，论到这些人，他说："得赦免其过，遮盖其罪的，这人是有福的！凡心里没有诡诈，耶和华不算为有罪的，这人是有福的！"（诗 32∶1—2）因此，当上帝预知他将犯罪，也预知他会因其敬虔的谦卑和真诚的懊悔遮盖他的罪，② 为何他不能说"我寻得大卫，他是合我心意的人"呢？一个人做了如此多的善事，过如此敬虔的生活，并且因着那种敬虔，为自己的罪献上痛悔之灵的祭，③ 上帝就不算他为有罪的。因着这一切，这话说得一点没错："我寻得大卫，他是合我心意的人。"虽然曾有一段时间，他不合上帝的心意，因为他犯了罪，但他仍然是合上帝心意的，因为他以恰当的悔改偿清了自己的罪。他身上唯有这一件事——虽然上帝不算他有罪——不合上帝的心意。所以，一旦这件事被除去，即不算他有罪，岂不完全可以因此而最真切地说："我寻得大卫，他是合我心意的人"？

大卫被称为基督

3. 但是如果我们希望把它理解为在比喻意义上指着基督说的，那就没有任何障碍，除非我们要提出这样的问题，为何基督可以专门以这个名字称呼。对此我们可以回答，这是因为按肉身说，基督出于大卫的后裔，④ 我们可以举例证明这个名字属于基督。比如，我们看到，在先知以西结的书里，完全是公然地把基督耶稣称为大卫，我们读到上帝父说："我必立一牧人照管我的羊，牧养他们，

---

① 参见《撒母耳记下》十二章 13 节；二十四章 10 节。
② 参见《撒母耳记下》十一章 12 节；二十四章 10 节。
③ 参见《诗篇》五十一篇 17 节。
④ 参见《约翰福音》七章 42 节。

就是我的仆人大卫。他必牧养他们,作他们的牧人。我耶和华必作他们的上帝,我的仆人大卫必在他们中间作王,这是耶和华说的。"(结34：23—24)在另一处他说："有一王作他们众民的王。他们不再为二国,决不再分为二国。也不再因偶像和可憎的物,并一切的罪过玷污自己,我却要救他们出离一切的住处,就是他们犯罪的地方,我要洁净他们。如此,他们要作我的子民,我要作他们的上帝。我的仆人大卫必作他们的王,众民必归一个牧人。"(结37：2—24)先知何西阿在宣告犹太人如今处于何种时代,以后他们必相信基督时,也以大卫的名字预言同一位基督,他说："以色列人也必多日独居,无君王,无首领,无祭祀,无柱像"(何3：4)。没有人怀疑这些就是犹太人。但想一想使徒保罗对外邦人说的话："你们从前不相信上帝,如今因着他们［即犹太人］的不信,你们倒蒙了怜悯。这样,他们也是不相信,叫他们因着施给你们的怜悯,现在也就蒙怜悯"(罗11：30—31)。对此,先知久远之前的预言作了补充："后来以色列人必归回,寻求他们的上帝耶和华和他们的王大卫。在末后的日子,必以敬畏的心归向耶和华,领受他的恩惠"(何3：5)。你看这里也以大卫的名字预言基督,因为当那些事被预言时,作为以色列王的大卫在很久以前就已经睡着了。但是将要以肉身的耶稣降临的主,原是他的后裔,因此在预像的表述上也把他称为大卫。

不过,从使徒保罗描述来看,《使徒行传》里的这一见证似乎只能指继扫罗作王的大卫。因为除了其他事外,他还说："后来他们求一个王,上帝就将便雅悯支派中基士的儿子扫罗给他们作王四十年。既废了扫罗,就选立大卫作他们的王,又为他作见证说:'我寻得耶西的儿子大卫,他是合我心意的人,凡事要遵行我的旨意。'"(徒13：21—22)然而,他又说："上帝已经照着所应许的,为以色列人立了一位救主,就是耶稣"(徒13：23)。这样他就表明,这见证应当在更高的层次上理解为主耶稣，他才真正遵行了上帝父的所有旨意，① 而不是指大卫王。虽然，如前面所说，因着他敬虔的悔改，他的罪得赦免，不算他为有罪的，可以合理地说他被寻着，合上帝的心意，但是他如何遵行了上帝的所有旨意呢？虽然圣经记载他的时代他的事迹时对他高度称颂，但他也受到责备，因为没有毁掉邱坛，上帝的百姓以往违背上帝的命令在那里献祭，② 而上帝曾命令只能在圣约的帐幕里献祭，③ 尽管在那些邱坛也举行献给上帝的祭。此后不久，出于大卫嫡系的希西家王废去这些邱坛，恢复他自己的大荣耀。④

我已尽我所能回答了你的全部问题。如果你发现了或者将来能发现更好的回答，请你告知我，我将十分感谢。因为如我以前提到自己所说的，我更愿意学习，而不是教导。⑤

---

① 参见《约翰福音》四章 34 节。
② 参见《列王纪上》三章 2 节。
③ 参见《申命记》十二章 4—14 节。
④ 参见《列王纪下》十八章 4 节。
⑤ 参见问题三 6 以及第 273 页注 5。

| 中译者后记 |

本书《时间、恶与意志——问题汇编》由奥古斯丁的三篇作品构成:《八十三个问题汇编》(388—395年)、《答辛普利奇的问题汇编》(396—398年)以及《杜尔西提乌斯的八个问题》(425年)。这三篇作品不仅形式上完全一致,即都是对别人提出的各类问题的回答和讨论,而且内容和主题上也存在密切的关联性和相当的共通性。英译者的总序以及每篇作品的导论对此都有较为详尽的阐释和说明。中译本之所以取名为"时间、恶与意志",出于以下考虑:本书汇编了奥古斯丁对各种问题的思考与回答,而其中两个非常重要并且在整部《问题汇编》中占据显著地位的主题是"恶"与"意志",这也是奥古斯丁早年特别关注并专门著文的两大主题。此外,在《问题汇编》中,奥古斯丁也论到时间问题,虽然不是作为最主要的论题详尽论述,但是"时间"与他的早期著作《论音乐》(已完成翻译,原本打算收在本书一起出版,出于某些原因未收入)和完成于401年的主要作品《忏悔录》存在密切关系,是关涉人的生存状态的基本维度。因此,本书以这三个主题为题,以示聚焦。当然,本书在内容的丰富性上远非这三者所能囊括。

本书在翻译过程中需要说明的几个问题:

1. 圣经的版本问题,本书在翻译圣经经文时主要参考和合本圣经,但奥古斯丁所用的圣经版本与和合本有不少出入,有些差别甚至可谓巨大,所以中译本还是按照拉丁文和英文直译,某些关键出入之处在注释里以"中译者注"的方式特别标出，请读者留意。

2. 奥古斯丁的圣经引文涉及一些外经篇目，比如《所罗门智训》（简称为"智"）、《便西拉智训》（简称为"便"）等，也据拉丁文和英文直译，同时参考了《圣经后典》，张久宣译，商务印书馆，2004年。

3. 圣经篇名的书写格式：正文中用缩写式，比如约1：10；注释里用全写式，比如《约翰福音》一章10节。

4. 注释里关于作品名称的翻译，凡已有中译本的书名，都译为中文，比如《忏悔录》、《上帝之城》等，未有中译本的，保留英文形式。

5. 《论信望爱》的引文参考了许一新的中译本，北京三联，2014年3月。特此致谢！

6. 《〈创世记〉字疏》的引文参考本人的中译本，中国社会科学出版社，2018年11月。

7. 本中译本采用的英译本：The Works of Saint Augustine, A translation for the 21st Century, Introduction, Tranlationa and Notes by Boniface Ramsey, New City Press, Hyde Park, New York；拉丁文本：Jacques Paul Migne, S. Aurelii Augustini Opera Omnia：Patrologiae latinae.

本译著是国家社科重点项目"新柏拉图主义哲学基本经典集成及研究"（批准号17AZX009）的中期成果。

中译本中的不足与讹误，敬请读者批评指正！

石敏敏
浙江工商大学
2020年6月